Um coração maior
que o mundo

Ronald Polito

UM CORAÇÃO MAIOR QUE O MUNDO

Tomás Antônio Gonzaga e o horizonte luso-colonial

prefácio:
Melânia Silva de Aguiar

Copyright © 2003 by Ronald Polito

Todos os direitos reservados. Nenhuma parte desta edição pode ser utilizada ou reproduzida – em qualquer meio ou forma, seja mecânico ou eletrônico, fotocópia, gravação etc. – nem apropriada ou estocada em sistema de bancos de dados, sem a expressa autorização da editora.

Preparação: Ricardo Jensen de Oliveira
Revisão: Eugênio Vinci de Moraes
e Beatriz de Freitas Moreira
Índice remissivo: Luciano Marchiori
Capa: Paula Astiz
Foto de capa: © Anna Maria Parsons, *Vênus de cocar*, detalhe de forro residencial colonial. Acervo do Museu Regional do IPHAN de São João del-Rei.

Dados Internacionais de Catalogação na Publicação (CIP)
(Câmara Brasileira do Livro, SP, Brasil)

Polito, Ronald
  Um coração maior que o mundo : Tomás Antônio Gonzaga e o horizonte luso-colonial / Ronald Polito ; prefácio Melânia Silva de Aguiar. – São Paulo : Globo, 2004.

  ISBN 85-250-3738-9

  1. Brasil – História – Período colonial 2. Gonzaga, Tomás Antônio, 1744-1810 – Crítica e interpretação 3. Literatura comparada – Brasileira e portuguesa 4. Neoclassicismo (Literatura) 5. Poesia lírica 6. Sátira brasileira I. Aguiar, Melânia Silva de II. Título. III. Título: Tomás Antônio Gonzaga e o horizonte luso-colonial.

03-7128   CDD-981.021

Índice para catálogo sistemático:
1.Brasil-colônia : História social 981.021

Direitos de edição em língua portuguesa para o Brasil
adquiridos por Editora Globo S. A.
Av. Jaguaré, 1485 – 05346-902 – São Paulo – SP
www.globolivros.com.br

SUMÁRIO

Prefácio *11*
Introdução *19*

PARTE I
O problema *23*

PARTE II
O sagrado *49*
Capítulo 1 — "Deus, que fez todas as cousas" *54*
Capítulo 2 — "Que Deus levante o braço e puna" *69*
Capítulo 3 — "É só a oculta mão da Providência" *86*
Conclusões parciais *98*

PARTE III
A sociedade e a política *101*
Capítulo 1 — "Sempre havemos admitir na introdução
　　　　　　　das cidades a providência de Deus" *106*
Capítulo 2 — "Um chefe destes só vem para castigo
　　　　　　　de pecados" *126*
Capítulo 3 — "A sorte deste mundo é mal segura" *146*
Conclusões parciais *159*

PARTE IV

Do público ao privado 163
Capítulo 1 — "A obrigação de se obedecer nasce
               da superioridade de quem manda" 168
Capítulo 2 — "Obrou o nosso chefe o que eu faria" 176
Capítulo 3 — "Eu sou monarca; dou leis, que é mais,
               num coração divino" 186
Conclusões parciais 212

PARTE V

O tempo: a história e a poesia 217
Capítulo 1 — "A glória de ser eu o primeiro que escrevo
               nesta matéria entre os portugueses" 222
Capítulo 2 — "Pela sã doutrina e pelo louvável fim com
               que talvez as escreveu o seu autor Critilo" ... 235
Capítulo 3 — "Respeita a mão, a mão discreta, que
               te segura a duração" 253
Conclusões parciais 281

Conclusão 286
Notas 297
Bibliografia 339
1. Livros citados ou consultados 339
2. Artigos citados ou consultados 345
3. Dicionários e obras subsidiárias 350
4. Fontes primárias 351
     4.1. Impressas 351
     4.2. Manuscrito 354
Índice remissivo 355

A obra crítica constitui-se segundo a sua própria necessidade, em seu nível particular de realização, dócil a seu objeto, mas independente por sua ambição.

JEAN STAROBINSKI

A meus pais

PREFÁCIO

O ESTUDIOSO DAS IDÉIAS e dos fatos ocorridos em Minas Gerais no século XVIII, em qualquer setor ou terreno pelo qual se aventure, sempre estará sujeito a uma busca penosa, no sentido de que as certezas aqui não se mostram com evidência, quando não — pior — nos escapam pelo viés das contradições próprias do tempo. Os versos de Cecília Meireles, no contexto poemático de seu acercamento do período, funcionam bem como emblema dessa dificuldade — "O passado não abre a sua porta/ e nem quer entender a nossa pena" —, já que esse passado, apesar de ter ocorrido ontem (afinal são só duzentos e tantos anos), fecha, zeloso, as entradas, impedindo o acesso pleno a suas verdades essenciais.

A descoberta e a exploração de documentos, recentemente empreendidas por pesquisadores devotados, têm franqueado algumas entradas bem-sucedidas no campo da literatura, das artes, da história das idéias, dos costumes e do cotidiano das Minas setecentistas, possibilitando um avanço e uma visão mais acertada dos modos de ser, de agir, de pensar da época. Em decorrência, "verdades" têm sido deslocadas, submetidos os fatos a novas interpretações, fundadas estas num leque mais vasto e mais rico de informações. A abertura para os estudos culturais, interdisciplinares, defendendo o não-confinamento dos campos do saber em compartimentos estanques, vem propiciando, por seu lado, um alargamento da visão histórica, dentro daquela compreensão de que as manifestações do homem, sob qualquer aspecto em que sejam tomadas, apresentam admirável coerência, até mesmo onde ocorrem contradições: elas são geradas no e pelo próprio sistema em que se inserem. A palavra, nos termos em que a concebe Bakhtin, é "fenômeno ideológico por excelência". É sempre, pois, referencial importante para a compreensão de concepções do mundo, esteja ela num poema, num documento oficial, numa carta de família, numa peça de teatro. Em seu *Marxismo e filosofia da linguagem*, ressalta Bakhtin:

> O valor exemplar, a representatividade da palavra como fenômeno ideológico e a excepcional nitidez de sua estrutura semiótica já deveriam nos fornecer razões suficientes para colocarmos a palavra em primeiro plano no estudo das ideologias. É, precisamente, na palavra que melhor se revelam as formas básicas, as formas ideológicas gerais da comunicação semiótica. (1986, p. 36)

Em *Um coração maior que o mundo: Tomás Antônio Gonzaga e o horizonte luso-colonial*, fruto de dissertação apresentada no mestrado em história social das idéias da Universidade Federal Fluminense, Ronald Polito abre uma importante via de comunicação com o século XVIII mineiro, e o faz de forma original e bem-sucedida. Elege para objeto de estudo os escritos mais significativos de Tomás Antônio Gonzaga, de natureza diversa: o *Tratado de direito natural* (ensaio), as *Cartas chilenas* (sátira) e *Marília de Dirceu e outros poemas* (composições sobretudo lírico-amorosas). Projetando o estudo dessas obras em sua relação umas com as outras, Ronald adota percurso original para a pesquisa, buscando, não significados isolados, mas um sentido para o todo. Justifica sua escolha baseado nas vantagens que tal perspectiva de análise oferece e no fato de que os estudos correntes sobre o poeta, mesmo quando utilizam fontes diversas, centram sua análise em determinada obra, não se preocupando em estabelecer as relações possíveis entre uma e outra, ou o que possam ter em comum ou de diferente. Assim, a proposta de Ronald se orienta para a exploração das relações intertextuais da(s) obra(s), de acordo com a divisão estabelecida para a intertextualidade por Dallenbach (geral, restrita, autárquica): voltada a primeira para o diálogo dos textos de um autor com outros textos, em geral; a segunda para as relações dos textos entre si; a terceira para as trocas ou diálogo interno, dentro, pois, da mesma obra. Para levar a termo a proposta, o autor, num trabalho ingente de movimentação de conteúdos, previamente selecionados e passo a passo cotejados, vai direcionando e amarrando gradualmente suas conclusões parciais, até chegar a um sentido ou conclusão final. O admirável nessa construção hermenêutica é o rigor com que o estudioso desenvolve sua análise, preso sempre ao(s) texto(s), a seus significados múltiplos (explícitos ou velados, temáticos ou expressos nas formas adotadas), mas sempre exatos e enriquecidos pela perspectiva comparatista adotada em todo o processo. Mais ou menos como tirar leite das pedras é o que parece ocorrer às vezes, tão tênues ou sutis são as sugestões de algumas passagens, que o estudioso, principalmente na porção lírica, com paciência infinita, pinça da estrutura superficial ou profunda do texto, trazendo-as à luz.

O livro, dividido em cinco partes (estas, por sua vez, comportando subdivisões em capítulos), focaliza os grandes temas com que trabalha nas obras selecionadas, remetendo cada uma das partes, por sua vez, a notas esclarecedoras, que testemunham a minudência do pesquisador no levantamento bibliográfico e no exame atento das posições críticas anteriores relativas a Gonzaga, base importante para a argumentação desenvolvida.

Assim, "O sagrado", "A sociedade e a política", "Do público ao privado", "O tempo: a história e a poesia" são os grandes eixos norteadores do livro, sempre tendo em vista as obras centrais da produção gonzaguiana, que vão fornecendo os elementos para a formação de um vasto painel de significados, instigante e insuspeitado.

Quando Tomás Antônio Gonzaga chega a Vila Rica, Minas Gerais, em 1782, para assumir suas funções de ouvidor, é homem feito, solteiro, perto dos 40 anos. Como folha de serviço e bagagem intelectual traz consigo o ter servido como juiz de fora em Beja e o ter escrito em Portugal poemas isolados e um *Tratado de direito natural*, com que pretendia ingressar em concurso para docente na Universidade de Coimbra. De 1782 a 1789, que foi o tempo em que permaneceu em Vila Rica, compôs o conjunto de poemas que constituiriam a primeira parte de seu *Marília de Dirceu*, obra que o consagraria como poeta. Já instalado em Vila Rica, escreveria as *Cartas chilenas*, uma série de cartas não assinadas, de natureza satírica, que não chegaram a ser publicadas em vida do poeta e circularam em manuscritos, para deleite, segundo consta, dos leitores de Vila Rica e arredores. Nelas, a figura de Luís da Cunha Meneses, governador de Minas de 1783 a 1788, aparece de corpo inteiro, com suas arbitrariedades e costumes dissolutos. Do exílio do poeta em Moçambique, decorrente de sua condenação pela participação nos episódios da Inconfidência Mineira, não se conhece produção extensa; dessa fase sabe-se do poema sobre o naufrágio do *Marialva, A Conceição*, de 1802, cujo manuscrito Manuel Rodrigues Lapa localizou na Biblioteca Nacional do Rio de Janeiro, e de que Ronald Polito veio a fazer a edição crítica.

Note-se, pois, que, se em Vila Rica, onde permaneceu sete anos, o poeta encontrou a grande inspiração para iniciar o que viria a ser sua obra mais conhecida — *Marília de Dirceu* —, dando ensejo a uma segunda parte produzida na prisão, no Rio de Janeiro, é também em Vila Rica que a veia satírica do poeta se revela, dando nascimento às famosas *Cartas chilenas*. Vila Rica tem assim papel decisivo na vida do ouvidor poeta, e alguns estudiosos, como Rodrigues Lapa, lembra-nos Ronald, acreditavam que essa estada de Gonzaga em Minas teria abalado a solidez de suas convicções políticas. Que algum ou alguns fatores marcantes atuaram sobre Gonzaga em Minas Gerais, no sentido de fazer desabrochar com mais vigor sua veia poética, até então pouco atuante, é fora de dúvida, e a convivência sobretudo com Cláudio Manuel da Costa e Alvarenga Peixoto terá tido aí sua importância. A troca de idéias e de leituras mais direcionadas para as mudanças políticas e sociais em processo, igualmente, terá tido o seu peso no balanço político da situação que estavam vivendo. Entretanto, e esta é uma das muitas conclusões a que chega Ronald em sua investigação, a solidez das doutrinas inicialmente abraçadas por Gonzaga não estaria, no fundo, assim tão abalada a partir de sua vivência em Vila Rica e das idéias libertárias em curso.

Observa Ronald — e vamos ficar apenas nesse exemplo, entre os muitos que atestam a validade da metodologia de trabalho por ele adotada — que o princípio teologal é, no *Tratado de direito natural*, o alicerce para o direito natural, justificando por essa via, de algum modo, a realidade social e política. Nessa perspectiva,

Gonzaga, segundo Ronald, distancia-se substancialmente das correntes do jusnaturalismo e do pensamento social e político da época. Para Gonzaga, o direito civil surge como uma necessidade de controle do estado de dissolução do antigo estado de natureza, a que se chegou com o primeiro pecado e a perda da justiça e da inocência originais. Seguindo-se a essas observações uma análise pormenorizada da argumentação desenvolvida por Gonzaga, a que não faltam referências a autores como Burlamaque e Heinécio, Ronald conclui pelo inusitado da postura gonzaguiana, em essência conservadora e de orientação nitidamente absolutista. Salienta ainda o estudioso a conveniência em alguns pontos, da parte de Gonzaga, da aproximação de algumas idéias do jurista alemão Pufendórfio (Samuel de Pufendorf, 1632-1694), que, como se sabe, em seu *De iure naturae et gentium*, obra clássica da escola jusnaturalista, sintetizou os ensinamentos do jurista, filósofo e diplomata holandês Hugo Grócio (Huig van Groot, 1583-1645). Observa Ronald:

> É interessante observar como Gonzaga, afastando-se agora de Heinécio, aproxima-se de Pufendórfio, autor que recusa em diversas outras passagens. Esse movimento entre os autores citados, longe de demonstrar ecletismo, sugere melhor como Gonzaga se apropria da tradição jusnaturalista visando a seus próprios objetivos. Admitido que o estado de sociedade, de "sujeição civil", é uma necessidade para a existência humana, é o meio capaz de permitir a paz entre os homens, mesmo o "medo" de Pufendórfio, como causa eficiente, mantém sua origem desconhecida, momento em que intervém a "providência de Deus" (...). (p. 117-8)

Na verdade, para Gonzaga, como de resto para a orientação absolutista, *omnis potestas a Deo*. O tema da organização das cidades, já que a vida urbana é realidade cada vez mais concreta, não está ausente das *Cartas chilenas*, revelando a visão realista de Gonzaga. Entretanto, observa Ronald, é ainda pela via moral de matriz teológica que Gonzaga escapa ao ceticismo relativo ao assunto.

Detendo-se, por sua vez, na porção lírica da obra de Gonzaga, Ronald destaca o caráter de relação mais mediatizada do gênero lírico com o social e o político. Ainda assim, o autor vai ressaltando em trechos de poemas, em fragmentos de trechos, índices de uma visão do mundo possível de ser aproximada dos textos anteriormente focalizados. Em todos os textos, conclui, "a sociedade civil, a cidade, surge como um valor essencial para toda obra". A concepção do rei justo, sábio, prudente; o elogio à tendência contrária à violência, própria dos reis portugueses; a aproximação das figuras "rei" e "pai", tudo isso atesta essa visão positiva da monarquia também nos poemas. Encontra-se na verdade em todos os textos, segundo Ronald, a necessidade de uma hierarquia social confluindo "para a legitimação das formas de dominação do rei sobre os vassalos (...)" (p. 160).

Seguindo essa linha de exame constelar da obra de Gonzaga, na sua tão rica microscopia analítica, Ronald percorre os muitos temas e textos propostos para estudo, "com vistas à caracterização do universo das idéias e das formas privilegiadas pelo autor". Condensando no fecho do livro suas conclusões, o autor observa, entre elas, a inconveniência das aproximações imediatas entre a obra do autor e o iluminismo. Entretanto, adverte com prudência:

> Se Gonzaga não é "iluminista", tampouco seria admissível compreendê-lo como estritamente escolástico, anti-

moderno ou conservador. Em realidade, seu pensamento é muito mais complexo e contraditório do que essas categorias — sempre simplificadoras das configurações ideológicas tal como ocorrem efetivamente — fazem crer. (p. 291)

Pela análise exaustiva de seu objeto de estudo e o equilíbrio das conclusões, pode-se afirmar que este livro de Ronald Polito, *Um coração maior que o mundo: Tomás Antônio Gonzaga e o horizonte luso-colonial*, franqueou muitas das portas de acesso ao século XVIII mineiro, facultando uma compreensão mais exata, ou mais justa, de uma série de questões. Questões infindáveis, sabe-se bem, nesse XVIII de mistérios e fascínio inesgotáveis...

MELÂNIA SILVA DE AGUIAR

INTRODUÇÃO

A IDÉIA DE SE REALIZAR UM TRABALHO sobre a obra de Tomás Antônio Gonzaga surgiu da constatação da necessidade de um estudo sistemático sobre os textos do autor com vistas a precisar as relações entre eles. Este trabalho busca, portanto, o estabelecimento de um significado para a obra de Tomás Gonzaga. Visa a preencher uma lacuna nos estudos gonzaguianos, qual seja, a análise do conjunto dos textos do autor, e não de cada um deles em particular, como até agora vem se fazendo na história das idéias e na história da literatura brasileira.

Nesta pesquisa são analisados os textos mais importantes do autor: o *Tratado de direito natural*, as *Cartas chilenas*, o livro *Marília de Dirceu* e demais poesias. Não apenas são textos bem diferentes entre si como igualmente foram escritos e realizados em condições e lugares distintos. O *Tratado de direito natural* e alguns poemas foram redigidos em Portugal entre os anos de 1770 e 1780; as *Cartas chilenas*, *Marília de Dirceu* e outros poemas, escritos no Brasil entre 1782 e 1792.

O objetivo central deste livro diz respeito à caracterização das idéias e formas veiculadas pelos textos de Tomás Gonzaga, através do mapeamento das semelhanças e diferenças internas aos textos e entre eles. Nesse sentido, escrita em lugares, épocas e condições distintas, a obra possui uma profunda constância de sentido, expressa em suas orientações teológica, filosófica, científica, política, social e literária, quando confrontada com o quadro geral das idéias e da literatura em Portugal e no Brasil da época.

Dividimos a dissertação em cinco partes. Na *Parte I* especificamos qual seja o problema da investigação, tendo em conta algumas leituras já efetuadas por outros estudiosos sobre os textos analisados e a formulação de uma hipótese geral de trabalho. A partir da consideração de temas, idéias e características dos textos, são observadas as possibilidades de tratamento intertextual, outras operações metodológicas e os quatro cortes de análise escolhidos.

Na *Parte II* é discutida essencialmente a categoria do sagrado no interior dos textos, sendo percorridos os temas da religião católica em relação ao pensamento jusnaturalista da época, e da religião, da religiosidade, do animismo e do politeísmo no interior da poética árcade.

A *Parte III* aborda as concepções de sociedade e de política veiculadas pela obra, observando suas relações com a categoria do sagrado. Trata-se de uma primeira aproximação da dimensão do mundo profano, particularmente visto através da esfera pública (política) da organização social.

A *Parte IV* aprofunda a anterior, considerando as relações entre as esferas pública e privada no interior dos textos e se detendo mais especificamente na esfera privada.

A *Parte V* analisa a idéia de história e a concepção de obra presentes nos textos, a partir da observação da forma de realização das idéias e dos registros literários utilizados.

As categorias do sagrado e do profano atravessam, via de regra, todo este trabalho, havendo mesmo uma certa hierarquia entre as partes, principalmente observável nas três primeiras, nas quais a precedência da categoria do sagrado é essencial, como se verá, para a compreensão do tipo de mundo profano imaginado pela obra. A quinta parte, privilegiando a interpretação que os textos fazem acerca de si mesmos, enquanto obras dadas no tempo e em relação à realidade das idéias e da literatura da época, busca a forma particular através da qual eles respondem a esses aspectos, articulando-a aos entendimentos anteriores.

Por fim, a *Conclusão* retoma as conclusões parciais destas cinco partes, buscando traçar um quadro do significado da obra de Tomás Gonzaga e verificar o alcance desta pesquisa e suas relações com os trabalhos sobre a obra do autor.

Para a realização desta pesquisa foram consultados os acervos de diversas instituições, as quais agradecemos na figura de seus funcionários, sempre muito prestativos. Consultamos obras na Biblioteca Nacional e no Real Gabinete Português de Leitura, no Rio de Janeiro; no Arquivo Público Mineiro e na Biblioteca da Faculdade de Letras da UFMG, em Belo Horizonte; no Centro de Estudos do Ciclo do Ouro — Casa dos Contos e na Biblioteca da Escola de Minas da UFOP, em Ouro Preto; na Biblioteca do IFCH da UNICAMP, em Campinas; na Biblioteca Mário de Andrade, em São Paulo; na Biblioteca dos Redentoristas e na Biblioteca Central da UFJF, em Juiz de Fora; e na Biblioteca Alphonsus de Guimaraens do ICHS da UFOP, em Mariana. Lembramos ainda o curso de pós-graduação em História da UFF na figura de seus professores e funcionários, sempre atenciosos.

Agradecemos também aos amigos que ouviram com paciência nossas inquietações, cedendo-nos livros ou auxiliando-nos em buscas bibliográficas, como Vinícius Pantuzza Silva, Deisa Chamahum Chaves e Aldo Eustáquio Assir Sobral. Agradecemos principalmente a Carlos Fico pela leitura desta pesquisa e a Joaci Pereira Furtado, que a leu em sua primeira versão e nos forneceu um sem-número de auxílios. Evidentemente, a responsabilidade pelos desacertos deste trabalho é exclusivamente nossa.

Agradecemos ainda aos profs. drs. Francisco José Calazans Falcon e Ronaldo Vainfas pela leitura do trabalho ora concluído. Por fim, não poderíamos deixar de lembrar especialmente a orientadora desta dissertação, profa. dra. Vânia Leite Fróes, pela extrema atenção com que nos escutou e pelo interesse manifestado em todo o processo.

Registre-se que esta pesquisa foi financiada pelo Conselho Nacional de Desenvolvimento Científico e Tecnológico — CNPq e pela Coordenadoria de Aperfeiçoamento de Pessoal de Ensino Superior — CAPES.

Parte I
O problema

Tomás Antônio Gonzaga nos legou uma obra que, a seu modo, vem se incorporando ao patrimônio cultural brasileiro e português. Autor de um certo número de textos com uma história e uma especificidade, no mínimo, curiosas, não são poucos os estudos e obras em geral que lhe podem ser referidos, nem tampouco essa tradição crítica deteve-se sobre seus trabalhos de um mesmo modo, com uma mesma freqüência ou objetivos.

Este trabalho interessa-se sobretudo pela compreensão do significado da obra do autor, visa precisar as correlações possíveis entre seus textos com vistas ao mapeamento de algumas de suas idéias e formas. Opera, portanto, com a especificidade irredutível de cada um dos textos e o sentido igualmente distinto que assumem se aproximados.

Especificando o tipo de empreendimento buscado, cumpre delimitar os textos escolhidos e os problemas daí decorrentes. Com efeito, talvez pela dificuldade real de desenvolvimento de uma pesquisa deste gênero, pelo impacto distinto que cada obra produziu, pelo não-interesse ou pela impossibilidade de acesso a determinadas fontes do autor, o fato é que não existe um trabalho mais sistemático acerca das possíveis correlações entre seus textos, que busque o sentido da obra por trás ou para além de cada texto em particular.

Do que foi possível até hoje reunir, as *Obras completas*[1] de Tomás Antônio Gonzaga compreendem: no primeiro volume, reunidos sob o título mais adequado de *Poesias*, o livro comumente conhecido por *Marília de Dirceu,* e cerca de uma dezena de outros poemas, escritos talvez antes, em Coimbra.[2] Ao todo, noventa e quatro poemas, na quase totalidade líricos, e ainda quatro outros de autoria duvidosa.[3] Em seguida, as *Cartas chilenas*, na versão mais definitiva que se tem do texto.[4] O segundo volume das *Obras completas* reúne o *Tratado de direito natural*, a *Carta sobre a usura, Minutas, Correspondência* e *Documentos*.[5]

Os problemas quase insolúveis acerca da história editorial de cada um desses textos constituem em si um problema específico de investigação.[6] Por um lado, envolvido nos eventos da Inconfidência Mineira, Gonzaga estaria particularmente submetido à ainda incisiva censura portuguesa da época, o que dificultaria a circulação de seus textos; por outro, a atitude do autor ante a divulgação de sua obra é um elemento difícil de ser precisado em termos biográficos e editoriais. Tanto mais quando pensamos em seu personagem Dirceu, sentenciando:

> Que belezas, Marília, floresceram
> de quem nem sequer temos a memória!
> Só podem conservar um nome eterno
> os versos, ou a história. (I, 76)

Ou ainda na preocupação de um Critilo, interessado em ser o mais fiel possível aos fatos que narra, para que não se perdesse a história de Fanfarrão Minésio e a mesma servisse como modelo:

> Em cima das janelas e das portas
> põe sábias inscrições, põe grandes bustos,
> que eu lhes porei, por baixo, os tristes nomes
> dos pobres inocentes, que gemeram
> ao peso dos grilhões, porei os ossos
> daqueles que os seus dias acabaram,
> sem Cristo e sem remédios, no trabalho.
> E nós, indigno chefe, e nós veremos
> a quais destes padrões não gasta o tempo. (I, 232)

Considera-se, de qualquer modo, essencial precisar que esta investigação detém-se especificamente nos textos do autor, e não na inserção deles numa persperctiva biográfica, não tanto por suas potencialidades interpretativas, as quais já deram fruto a um sem-número de trabalhos que buscam precisar essa correlação, mas pelo gênero de recorte, pela amplitude definida para a pesquisa. Este trabalho versará centralmente sobre a produção poética de Tomás Antônio e seu *Tratado de direito natural*. Optou-se por este recorte, por um lado, por se tratar de seus textos principais e, por outro, porque uma incursão mais sistemática em seus outros papéis ampliaria por demasiado o número de questões já muito extenso e demandaria uma abertura biográfica que este estudo não tem a pretensão de cobrir. Não obstante, o entendimento do significado da obra delineia um ponto de vista a partir do qual sua própria biografia pode vir a ser enfocada, o que possibilitaria uma releitura das formas como a obra de Tomás Gonzaga e o próprio autor vêm sendo delineados por seus diversos intérpretes.

Um estudo sobre a obra do autor não deixa de levantar problemas de difícil solução. Em primeiro lugar, pela especificidade de cada texto, o que impõe limites rigorosos de comparação. Em segundo, porque o conhecimento produzido acerca de cada um deles não é o mesmo, tanto quantitativa quanto qualitativamente. O segundo problema pode ser encaminhado em termos mais simples.

Poucos livros de nossa história literária foram tão editados quanto *Marília de Dirceu*,[7] como igualmente não são poucos os seus intérpretes. O conhecimento relativamente detalhado da crítica e da história literária permite a observação de problemas mais ou menos recorrentes e específicos a cada época. Nesse sentido, trata-se de um texto com uma longa tradição crítica, o que exige cuidados precisos.

Com respeito às *Cartas chilenas*, seu segundo texto mais conhecido, é possível igualmente encontrar uma extensa bibliografia, principalmente no que se refere a problemas histórico-filológicos, crítico-literários e autorais.[8] Particularmente, a ligação imediata de seu enredo com os fatos acontecidos em Vila Rica nos anos de 1780 permite ao texto um certo assento histórico, sendo referência sempre necessária para a historiografia da época.

O *Tratado de direito natural*, no entanto, possui uma bibliografia escassa, a bem dizer, no Brasil apenas um trabalho: *Tomás Antônio Gonzaga e o direito natural*, de Lourival Gomes Machado.[9] Trata-se de um estudo sociológico em que são privilegiados os problemas do conhecimento e da política, inerentes ao *Tratado* e sua época.[10] No entanto, por sua acuidade interpretativa, merece ser destacado como essencial para este estudo. Em uma bibliografia mais genérica é possível ainda encontrar algumas referências importantes para a verificação das relações entre o *Tratado* e a produção jurídico-filosófica de Portugal na época, o que será tratado em outro momento.

Os estudos de interpretação de sua obra são igualmente pouco numerosos. Os trabalhos de Rodrigues Lapa, vistos em conjunto, talvez sejam os que mais se aproximem dessa intenção quando, em algumas passagens, relacionam os textos de Tomás Gonzaga, tentando verificar semelhanças e diferenças entre eles.

As passagens de Lapa não deixam de conter certa ambigüidade. Por um lado, o autor considera que

> a experiência e a convivência iam familiarizá-lo mais intimamente com o problema brasileiro e abalar alguns conceitos que o político formulara na solidão do gabinete longe das realidades. O tratadista do Direito natural ia provar no contato com as questões brasileiras a solidez das suas doutrinas.[11]

Em outra passagem, contudo, quando avalia a deportação de Gonzaga para Moçambique em 1792, comenta que o poeta

> lembra-se do que escrevera no Direito natural, na idade das aspirações: "O homem é um animal inclinado ao mal, sumamente feroz e soberbo; é naturalmente vaidoso e dará tudo, só por cortejos e estimações dos outros".[12]

O autor parece interpretar o período vivido no Brasil entre 1782 e 1792 como uma inflexão, uma mudança, em seguida abandonada com sua deportação, quando surge um "outro homem, disposto agora a governar a vida, sem demasiado escrúpulo e pondo de banda os laços afetivos, as razões do sentimento",[13] mas não fornece elementos mais detalhados acerca desses pontos de vista.

Poucos autores buscaram inferências dessa natureza. Nesse contexto, Lourival Gomes Machado encerra sua tese com uma consideração ou uma hipótese a ser avaliada:

> ao menos a julgar pela aparência mais tarde abandonaria essa posição [referindo-se à orientação absolutista do *Tratado de direito natural*] para ocupar a antagônica [a orientação ilustrada] mas novamente sem compromissos impossíveis.[14]

Apenas um autor de nosso conhecimento, João de Castro Osório, aproxima claramente as obras poéticas de Gonzaga entre si. Em suas palavras, "o espírito que ditou as *Cartas chilenas* é o mesmo, exatamente o mesmo, revelado pelas *Liras* de Gonzaga, quando aprofundadas e não superficialmente lidas".[15] O autor observa ainda uma "identidade psicológica" entre Critilo e Dirceu, entre ambos e "o Juiz e o Homem que se revela no processo da Inconfidência Mineira".[16] Essas indicações, contudo, são limitadas e permanecem ainda como um trabalho a ser feito. Por outro lado, o autor busca uma correlação mais ampla que a desta pesquisa, ao trabalhar também com a biografia de Tomás Gonzaga.

Parece, contudo, que não apenas uma razão subjetiva une esses textos, porque são referidos a um mesmo autor. Aliás, esse fato já garantiria certa pertinência para uma pesquisa. Por um lado, somente alguns conteúdos deverão ser privilegiados em detrimento de outros, já que não se observa um *corpus*, dir-se-ia, "homogêneo" de textos. Trata-se, portanto, de precisar as diferenças e semelhanças entre os mesmos.

Os textos de Gonzaga confluem no mínimo para algumas preocupações que podem ser aproximadas. Por exemplo, em um plano genérico, o desejo de permanecerem como empreendimentos pioneiros ou originais e, nesse sentido, particulares, únicos. O autor estrategicamente traça o alcance de sua obra:

> Resolvi-me a dá-lo a luz, incitado de dois motivos: o primeiro foi o ver que não há na nossa língua um só tratado desta matéria, pois a tradução sendo mui difusa não dá senão uma notícia dos primeiros princípios, o que ainda não o faz de todos. Esta falta me pareceu que se devia remediar; pois, sendo o estudo do Direito Natural sumamente útil a todos, não era justo que os meus nacionais se vissem constituídos na necessidade ou de o ignorarem ou de mendigarem os socorros de uma língua estranha. (II, 13)

Na "Dedicatória aos Grandes de Portugal", comumente atribuída a Critilo, lê-se:

> Peço a V. Ex.as que recebam e protejam estas Cartas. Quando não mereçam a sua proteção pela eloqüência com que estão escritas, sempre a mereçam pela sã doutrina que respiram e pelo louvável fim com que talvez as escreveu o seu autor Critilo. (I, 189)

Uma expressão semelhante pode ser considerada em suas liras, como:

Com tal destreza toco a sanfoninha,
Que inveja até me tem o próprio Alceste:
Ao som dela concerto a voz celeste,
Nem canto letra que não seja minha. (I, 94)

Ou ainda no mesmo poema, precisamente em sua última estrofe:

> Na campa, rodeada de ciprestes,
> Lerão estas palavras os Pastores:
> "Quem quiser ser feliz nos seus amores,
> Siga os exemplos, que nos deram estes."
> Graças, Marília bela,
> Graças à minha estrela!

Apesar da grande diferença formal entre estes textos, particularmente entre o *Tratado* e os versos citados, é possível à primeira vista aproximá-los a partir de alguns aspectos, sobretudo pela preocupação recorrente com marcar sua singularidade e pelo caráter "exemplar" ou "modelar" que se atribui a cada um deles, quer seja no campo da reflexão filosófico-jurídica, quer no da produção literária em sentido estrito. A preocupação, poder-se-ia dizer, "pedagógica", de todas essas passagens também indicia semelhanças que podem ser mais detalhadas.

Por outro lado, as diferenças entre os textos não indicam necessariamente que eles sejam imcomparáveis. Trata-se de considerar a viabilidade de serem complementares, em que âmbito e em que medida. Dessa perspectiva, apesar da diferença irredutível entre as formas e idéias de um tratado e de um poema satírico, no entanto ambos os textos terão que enfrentar algumas questões comuns, como a preocupação por um tipo de ordem social, ou pelo estabelecimento dos "princípios necessários para se firmarem neles as disposições do Direito Natural e Civil" (II, 13), como no

Tratado, ou para "conduzir ao fim de um acertado governo" (I, 189), como nas *Cartas*.

Se o *Tratado* e as *Cartas chilenas* permitem certas aproximações imediatas como a preocupação com a organização social e a esfera pública, com o governo e os governantes justos, com os direitos e deveres dos cidadãos, com as noções de lei, de direito e de história, entre outras que podem ser inferidas, os outros poemas do autor, particularmente as liras para Marília, possuem um caráter indubitavelmente distinto. Afora a especificidade de se tratar de poemas líricos, em sua maioria eles abordam o tema do amor de Dirceu e Marília, delineando ao mesmo tempo esses personagens como um ideal de vida a dois. Dizem respeito, centralmente, a uma experiência íntima, restrita e, nesse sentido, enfocam precisamente um aspecto diverso do do *Tratado* e das *Cartas chilenas*: a esfera da organização da vida íntima, privada, com seus projetos específicos, vista particularmente pelos olhos de Dirceu. Se é possível essa separação analítica,[17] os textos do autor permitiriam, por contrastes, uma não desprezível aproximação. Afora essa diferença essencial, os mesmos poemas para Marília não estão isentos de um entendimento do que seja a lei, o direito, a natureza, a história, o que os aproxima tematicamente dos outros textos. E, ainda nos outros poemas, podem-se detectar recorrências, como entre temas do *Tratado* e da ode que Tomás Antônio dedicou a d. Maria I quando de sua aclamação.

Há ainda um outro aspecto, menos perceptível, a que os mesmos textos podem ser aproximados. Um número relativo de escritores ligados ao Arcadismo possui igualmente formação jurídica ou era nascido em famílias dessa tradição. Além de Tomás Gonzaga, citem-se ainda Cláudio Manuel, Alvarenga Peixoto, Silva Alvarenga, Antônio Diniz e Correia Garção (que não chegou a concluir o curso de direito), entre outros. Bocage, apesar de não possuir formação jurídica, era filho de um advogado.

Diz-se que o número é relativo porque o número de poetas árcades com outras formações é mais amplo. Mas é pertinente esta consideração de Saraiva e Lopes:

> de um excesso de fantasia descabelada vai cair-se num excesso de regulamentação racional, que em parte denuncia o domínio da expressão literária por juristas, por filhos da burguesia feitos desembargadores, ou funcionários do "despotismo esclarecido" a legislar metodicamente para o Parnaso.[18]

Nesse sentido, sua importância não se dá em termos de números absolutos, mas relativos, pelo significado, pela importância histórico-cultural atribuída aos textos literários de autores a um só tempo poetas e juristas, ainda que mesmo em termos relativos a presença de juristas seja tão expressiva quando a de poetas com outras formações ou advindos de outras atividades.[19]

Observe-se a esse respeito as considerações de Verney no *Verdadeiro método de estudar* sobre o ensino de retórica (Cartas 5ª e 6ª), sobre a poesia em Portugal (Carta 7ª) e o estudo da jurisprudência (Carta 13ª). Se a retórica é uma matéria presente em todo campo de estudos, sua importância é particularmente sensível tanto para a poesia quanto para a jurisprudência,[20] o que permite certa aproximação entre ambas em termos gerais ou mesmo em casos específicos. Segundo Lausberg,

> A retórica escolar dividia, como objeto de ensino, os discursos partidários em gêneros e regulamentou a produ-

ção do discurso por meio de preceitos técnicos. Os conhecimentos e os processos utilizados na retórica foram transferidos ("retórica literária") imediatamente à poesia.[21]

Em outras passagens, referindo-se às analogias entre o discurso poético e os gêneros judicial e deliberativo, por meio do discurso epidítico, considera que "o gênero judicial contribuiu com a compreensão de muitos objetos literários, como fenômenos análogos a assuntos jurídicos".[22]

Ressalte-se ainda a particular importância do estudo da retórica no século XVIII português, época considerada por alguns como "um verdadeiro renascimento"[23] dessa matéria, num mesmo contexto em que se dinamiza o estudo de jurisprudência e se efetua a crítica artística do seiscentismo.

As considerações sobre as relações entre a formação jurídica e a atividade poética permanecem, contudo, enquanto um indicador, um elemento que pode ser realçado a partir das preocupações de uma sociologia da cultura. Permanecem dessa forma exteriores aos textos em si mesmos e só adquirem significação explicativa para esse estudo por um caminho inverso: se do interior dos próprios textos for resgatado o tipo desta relação para o estabelecimento do significado almejado pela obra, o que se buscará alcançar na *Parte V* deste trabalho.

Apesar de os textos de Gonzaga poderem ser referidos a certos núcleos aparentemente comuns, ou mesmo a certos aspectos da formação do jurista e do poeta, isso ainda não é suficiente para guardarem uma afinidade mais significativa. Tendo-se em conta as conclusões de alguns intérpretes sobre cada texto em particular, as dificuldades podem ser ainda mais bem precisadas.

Sendo inerente a todo texto em geral e particularmente ao literário uma certa ambigüidade de significação, os trabalhos do autor já deram margens a entendimentos até certo ponto distintos ou mesmo conflitantes. Assim, o livro *Marília de Dirceu* possui algumas linhas interpretativas que se cingem acerca de alguns aspectos. Antonio Candido formula um, particularmente central:

> O problema consiste em avaliar até que ponto a *Marília de Dirceu* é um poema de lirismo amoroso tecido à volta duma experiência concreta [...] ou o roteiro de uma personalidade, [assim, no original] que se analisa e expõe, a pretexto da referida experiência. É certo que os dois aspectos não se apartam, nem se apresentam como alternativas. Mas também é certo que o significado da obra de Gonzaga varia conforme aceitemos a predominância de um ou de outro.[24]

Por essa linha é possível considerar diversas interpretações que privilegiam ora Marília, ora Dirceu, bem como aquelas que relacionam os poemas ao fato real do amor entre Gonzaga e Maria Dorotéia. Outros aspectos podem ser indicados, não menos importantes. O livro, interrogado a partir do problema da nacionalidade de nossa literatura, suscitou pontos de vista também diversos. Machado de Assis parece expressar exatamente dois pontos de vista em duas passagens que sintetizariam as principais posições da crítica. No artigo "Instinto de nacionalidade", referindo-se ao "instinto" de uma opinião "que leva a aplaudir principalmente as obras que trazem os toques nacionais", assinala:

> A razão é que eles buscaram em roda de si os elementos de uma poesia nova e deram os primeiros traços

de nossa fisionomia literária enquanto que outros, Gonzaga por exemplo, respirando aliás os ares da pátria não souberam desligar-se das faixas da Arcádia nem dos preceitos do tempo. Admira-se-lhes o talento, mas não se lhes perdoa o cajado e a pastora, e nisto há mais erro que acerto.[25]

Algum tempo depois, no artigo "A nova geração", escreveria:

> Sem diminuir o alto merecimento de Gonzaga, o nosso grande lírico, é evidente que José Basílio da Gama era ainda mais poeta. Gonzaga tinha decerto a graça, a sensibilidade, a melodia dos versos, a perfeição de estilo; mas ainda nos punha em Minas Gerais as pastorinhas do Tejo e as ovelhas acadêmicas.[26]

Em termos gerais, toda a crítica de *Marília de Dirceu* esteve interessada neste aspecto, tanto quanto em dois outros igualmente importantes: o problema da caracterização das idéias, dos valores expressos pelos poemas, bem como o referente a sua configuração do ponto de vista literário. Portanto, o das relações desses textos com as idéias e formas de sua época, outros poemas líricos e respectivos ideários.

Observando-se as idéias expressas pelos poemas, a divisão comentada mais acima pode ser novamente retomada: as diferenças entre aqueles que vêem nas liras a construção de um ideal feminino e os que verificam exatamente o contrário, onde é Dirceu o principal personagem e com um ideário mais nítido. Esse aspecto, como se vê, não é meramente temático, pois diz respeito, centralmente, às projeções demarcadas para cada personagem dos poemas.

Com respeito à caracterização dos poemas de um ponto de vista literário, as diferenças também se fazem sentir: por um lado, os que caracterizam as liras como centralmente vinculadas ao arcadismo, por outro, os que as consideram de uma perspectiva do romantismo, ou mesmo de outras referências.[27] Outros aspectos poderiam ser abordados indiciando distintas linhas interpretativas desses poemas, mas não se pretende aqui uma resenha exaustiva desses entendimentos. As posições referidas servem apenas para o levantamento de alguns problemas significativos para esta análise.

As *Cartas chilenas*, igualmente, também já foram interpretadas de modos muito distintos, particularmente no que diz respeito a sua caracterização ideológica. Se para um analista como José Veríssimo, Gonzaga, juntamente com os outros poetas da "escola mineira", era um leitor dos enciclopedistas franceses, possuindo um "espírito liberal",[28] o que caracterizaria as *Cartas*, Alfredo Bosi, baseando-se em algumas passagens do poema, chega a conclusões sensivelmente distintas: "bastariam esses passos (colhidos de um poema em que prevalece a intenção crítica!) para situar a ideologia de Gonzaga: despotismo esclarecido e mentalidade colonial".[29] Ou ainda a análise de José Guilherme Merquior, que aponta uma direção distinta: as cartas estariam mais próximas "do agravo pessoal, na tradição da polêmica ibérica, do que da sátira ideológica".[30]

Do ponto de vista de sua caracterização literária, as divergências não se situam no mesmo plano de *Marília de Dirceu*. Portanto, não se trata de compreender as *Cartas* como preponderantemente arcádicas, pré-românticas ou seiscentistas: o que está em pauta é a própria possibilidade de elas serem tomadas como documento literário relevante. Assim, se para alguns esse poema tem "real valor literário",[31] para outros, como Merquior, trata-se exatamente do contrário: as *Cartas* não passariam de narrações prolixas e banais, a matéria insignificante, e "o andor geral das epístolas sem viço".[32]

Com respeito ao *Tratado de direito natural* as diferenças não são menores. Considere-se, por exemplo, a interpretação de Wilson Martins, que vê na atitude de Gonzaga dedicar seu texto ao marquês de Pombal "o seu primeiro ato público de oportunista", com o objetivo de conciliar os "princípios do Direito com os postulados do catolicismo".[33] Augusto de Lima Júnior, por seu turno, afirma que as idéias do *Tratado* "caminhavam muito adiante do permitido às conveniências do tempo".[34]

Como ficou dito, essas interpretações não exaurem os pontos de vista a respeito dos aspectos abordados, tampouco cobrem a totalidade das diferenças interpretativas passíveis de serem elencadas. Servem aqui para que se considere um duplo aspecto: por um lado, as diferenças de entendimento no que diz respeito a cada texto e as possibilidades distintas que se abrem para a interpretação do significado da obra como um todo. Se evidentemente essas caracterizações só se tornam claras a partir da consideração de seus respectivos contextos e gênero de empreendimento crítico (quer se liguem a uma história das idéias, a uma história da literatura ou mesmo à história da Inconfidência Mineira), por outro indiciam a enorme complexidade de uma investigação preocupada com as relações entre os trabalhos do autor.

Evidentemente, não se busca uma opinião média, a não ser até onde isso é possível mediante a ponderação das interpretações. Ao contrário, o movimento que busca contextualizar a obra do autor tendo em conta a realidade literária e das idéias de seu tempo, ao tomar os empreendimentos analíticos de sua tradição crítica, não poderá se furtar a uma escolha entre estes.

Mas há um problema central que pode ser enunciado a partir da mera constatação dessas análises e que vem a servir de orientação para que se formule a principal hipótese deste estudo. Trata-se de considerar os textos do autor tendo-se em conta, para além da caracterização das idéias e formas veiculadas, a sua permanência ou transformação no interior de cada texto e entre eles. Dito de outra forma: quando se busca uma interpretação geral para o conjunto da obra, duas opções se delimitam: tomar a obra como comportando certa mudança, transformação de algumas opções ideais e formais, ou verificar, pelo contrário, exatamente a permanência, a manutenção dos mesmos pontos de vista.

Este trabalho, em sua orientação geral, busca mostrar que os textos de Tomás Antônio Gonzaga guardam uma particular afinidade entre pontos de vista que cada um deles esboça sobre temas que lhes são recorrentes. A partir desses pontos de contato gerais é possível a aproximação entre aspectos que sejam comuns a apenas alguns deles. Escritos em lugares, épocas e sob condições diferentes, a partir de objetivos bem demarcados, visando a um leitor específico, versando sobre temas e problemas centrais em sua época, como o direito natural na filosofia, na política e no direito, e a pesquisa neoclássica no campo literário, eles afirmam-se como expressão, índice no campo geral da orientação filosófica, política e estética de seu tempo. Considerados do ponto de vista de suas relações com os grandes traços da época, em que sobressaem o Iluminismo e o neoclassicismo num quadro pontuado por indicadores de queda do Antigo Regime, de crise do sistema colonial, os textos freqüentemente se orientam para a defesa ou expressão de opções ligadas em grande medida à tradição, no que diz respeito à orientação filosófica, teológica, científica, política e social dos mesmos, abandonando nesse sentido as tendências mais radicais[35] do período. Contrastando com essa orientação, as contradições inerentes à obra apontam para o entendimento de sua contemporaneidade e adesão a alguns valores emergentes.

Em princípio, é importante reafirmar, em termos não apenas metodológicos, a especificidade de cada texto de Gonzaga. Cada um deles impõe regras bem determinadas de composição e visa a objetivos igualmente distintos. Há contudo uma diferença que é ainda mais decisiva: o fato de que eles se dividem em literários em sentido estrito e em não literários. Essa diferença, contudo, será abordada de uma pespectiva que busca, precisamente, a articulação histórica entre as idéias e as formas, considerando de que modo as formas expressam também idéias e o seu contrário.[36]

Esse tipo de investigação intertextual leva em conta, inclusive, a intertextualidade inerente a cada texto, a intertextualidade geral como forma privilegiada de contextualização deles.[37] As operações de contextualização, portanto, moveram-se não apenas para um entendimento do período, mas principalmente para o espaço intertextual aberto pelos textos, entre si e com outros, sendo este o nível mais privilegiado da contextualização referida. A partir dos trabalhos já sistematizados[38] é possível uma base mais sólida de interpretação do sentido da obra, considerando-se seus interlocutores mais próximos.

Apesar da perspectiva deste trabalho ser eminentemente histórica, os problemas suscitados pela intertextualidade no campo da teoria e da história literárias são pertinentes nesse contexto. Para Laurent Jenny, "fora da intertextualidade a obra literária seria simplesmente incompreensível, tal como a palavra duma língua estranha".[39]

Deve-se a Julia Kristeva a proposição do termo "intertextualidade". Segundo a autora

O termo "intertextualidade" designa essa transposição de um (ou vários) sistema(s) de signos noutro, mas como este termo foi freqüentemente tomado na acepção de "crítica das fontes" de um texto, nós preferimos-lhe um outro: transposicão, que tem a vantagem de precisar que a passagem dum a outro sistema significativo exige uma nova articulação do tético — da posicionalidade enunciativa e denotativa.[40]

Dados os modelos literários, toda obra literária define uma "relação de realização, transformação ou de transgressão"[41] desses modelos. Relações análogas podem ser observadas entre textos não literários em sentido estrito.

Por outro lado, deve ser retomada a distinção entre intertextualidade interna e intertextualidade externa. A partir das proposições de Jean Richardou e Gérard Genette, Dallenbach sistematiza os campos de abordagem intertextual: a intertextualidade geral (relações intertextuais entre textos de autores diferentes); a intertextualidade restrita (relações intertextuais entre textos de um mesmo autor; e a intertextualidade autárquica ou auto-intertextualidade (a relação de um texto consigo mesmo).[42]

Este estudo, portanto, privilegia a intertextualidade restrita, almeja o sentido dos textos de Tomás Antônio Gonzaga. A intertextualidade geral vem reconstituída e sistematizada a partir dos trabalhos já existentes. Mas para o entendimento de cada texto do autor tomado em particular, para algumas definições de sentido, é essencial não perder de vista os aspectos de auto-intertextualidade.

Igualmente, as possibilidades de transposição, assimilação, transformação de um texto em outro são limitadas, até porque o trabalho intertextual não é estabelecido a partir de "um texto centralizador, que detém o comando do sentido".[43] A rigor, a cada momento um dos textos é tematizado para posicionar-se posteriormente de outra forma, pois "o comando do sentido" é buscado entre os textos do autor. Desse modo, não se trata de uma abordagem estritamente intertextual, apesar da importância dos problemas suscitados pela intertextualidade para esta pesquisa.

Ponderadas as diferenças entre os textos do autor, considerando o campo específico a que cada um pode ser filiado em termos sincrônicos e diacrônicos, resta observar a relação entre esses pontos de vista. Isso significa, objetivamente, ater-se aos principais temas, problemas e conceitos referidos pelo autor em cada texto, precisando as linhas de comparação possíveis e, por decorrência, redefinindo especificidades. Este trabalho, no entanto, não é exaustivo, não se pretende uma análise completa das relações entre os textos do autor no espaço de uma dissertação. O texto incidirá, preferencialmente, sobre aquelas que pareceram mais gerais ou evidentes. Especificando ainda mais o conteúdo dos textos, será possível precisar os elementos visados.

Em termos gerais, o texto *Marília de Dirceu*, segundo Antonio Candido, aborda: a pesquisa neoclássica da natureza, a celebração do lar, "a nobreza das artes da paz", "a ordem serena da razão", "o falso heroísmo da violência", o desprezo à riqueza, em que Dirceu perfaz o auto-elogio de sua "inteligência, posição social, prestígio e habilidades". A isso se somam a aventura sentimental com Marília, as especificidades adquiridas pelos poemas escritos na prisão e a importância essencial da "maturação do psicologismo" no seio dessa poética árcade.[44] É possível ainda retomar outros aspectos desses poemas, como a idéia de amor, as noções de poesia e história, justiça e lei, o seu caráter didático e sociável, a problemática do valor da nobreza de sangue. Considerando os demais poemas do autor, não referentes a Dirceu e Marília, é possível ainda ampliar o entendimento de alguns aspectos, como o desprezo à riqueza, ou a imagem que o autor constrói da amada.

As *Cartas chilenas*, por seu turno, enquanto um "compêndio das desordens que fez no seu governo Fanfarrão Minésio, general de Chile" (I, 190), compõem um painel relativamente extenso de temas, características, idéias, aqui parcialmente listadas. Nesse sentido, além de seu objetivo educativo, didático, as *Cartas*, ao considerarem em termos realistas as ações de Fanfarrão Minésio, formulam suas próprias opções sobre o que seja o governo justo, a relação entre soberanos e vassalos, entre ambos e as leis sagradas e civis, as noções de direitos e deveres, as relações entre a função pública e a vida privada, as diversas regras de comportamento social segundo as diferentes funções, além de outros aspectos, como a concepção de poeta e poesia — por meio do auto-elogio de seu modo de vida e seu trabalho —, e as noções de história e tempo — segundo as quais o poema pretende contar uma história realmente acontecida de forma isenta. É possível considerar ainda as posições das *Cartas* no que diz respeito à nobreza de sangue, ao falso heroísmo da violência, a aspectos morais abordados, às reformas propostas, às atitudes de Fanfarrão e Critilo ante a religião, elementos esses importantes para sua compreensão, como se verá.

O *Tratado de direito natural* terá que se haver com um campo extenso de questões, desde as que se referem ao entendimento do autor sobre o direito natural até as ligadas a níveis mais pragmáticos, como a aplicação da lei. É possível indicar, a partir do índice do texto, suas principais linhas: a proposição dos princípios necessários para o direito natural e civil, em que assumem particular relevo a idéia da existência de Deus e a idéia de amor em seu sistema, o tema do livre-arbítrio, o problema dos direitos que provêm da sociedade cristã e civil, com as respectivas considerações sobre a verdade da religião cristã e do poder da Igreja e a discussão sobre a causa da cidade ou sociedade civil, suas divisões e direitos do sumo imperante. Por fim, as definições do *Tratado* acerca da justiça, das leis e do direito. Trata-se, portanto, de um vasto painel em que autor desfila suas orientações filosóficas, científicas, políticas e sociais acerca dos temas em pauta.

Considerados os campos cobertos pelos textos, é possível tentar aproximá-los a partir de questões comuns a todos ou a alguns deles. Nesse sentido, os temas do tempo e da história, da verdade e da justiça, do direito e da lei, do amor e da hierarquia social, recorrentes, seriam os primeiros indicadores para análise. Por outro lado, a pesquisa neoclássica da natureza e o problema filosófico-jurídico do direito natural informam acerca de outro nível de preocupações, detectável igualmente no século XVIII, e que diz respeito às diversas concepções do que seja "natureza" em suas relações com as diversas matérias. Igualmente, é possível tentar cobrir o pensamento do autor no que se refere ao seu ideal de poesia e poeta, às suas concepções acerca do heroísmo e da nobreza de sangue, bem como às relações entre as esferas pública e privada da sociedade. Outros aspectos ainda podem ser delimitados, mas essas noções gerais nortearão o detalhamento necessário.

Tendo em conta os problemas internos à análise temática e a fragilidade própria a este gênero de tratamento textual,[45] outras operações foram efetuadas com os textos, com o objetivo de ampliar os enfoques pelos quais foram observados. Dessa forma, diversos procedimentos estilísticos, em parte levantados a partir da bibliografia, em parte reunidos, foram observados para análise de sua produção poética com vistas a considerar outros níveis de ocorrência significativa do texto literário. Nesse sentido, verificaram-se as características de versificação dos textos, bem como seu campo figurativo, buscando tomá-los como aspectos não exteriores ao conteúdo veiculado.[46]

Finalmente, os temas mais recorrentes, especificamente as noções de amor, história, justiça, natureza, poesia, sagrado, tempo, tirania, que perpassam, regra geral, todos os textos, foram analisados a partir de seus respectivos campos semânticos,[47] para definições mais claras de seu significado. Outros temas referentes a apenas alguns dos textos, como as noções de destino, fortuna, ventura, pintura, lei(s) da natureza, também foram cobertos em virtude da economia interna a eles, que exigia uma definição mais clara de pontos específicos. Considerando-se os problemas próprios às investigações de campo semântico,[48] procurou-se obter maior controle sobre esse procedimento por meio de uma contínua referência contextual dos termos ou noções investigados e, nesse sentido, retornando à análise temática. As análises temática e de campo semântico visam mutuamente à correção de seus respectivos desvios.

Resta ainda uma observação importante: nem todos os temas indicados serão tratados em capítulos autônomos, como será visto adiante. Nesse sentido, não parecerá pertinente discutir-se em um lugar a noção de lei e em outro a noção de justiça, dado que são problemas afins e que permitem tratamento em conjunto. A rigor, todos esses temas se imbricam: a operação de análise que os distancia não pretende reduzi-los a conteúdos estanques. Por outro lado, como o objetivo é o estabelecimento de um significado para a obra de Tomás Antônio Gonzaga, cada parte do presente trabalho visa, necessariamente, a essa significação mais geral.

A exposição "coerente" advinda do trabalho interpretativo e argumentativo deve-se, em parte, aos processos analíticos utilizados. Por outro lado, é "inventada" pelo pesquisador, "ao lograr, com base na intuição e na investigação, um traçado explicativo".[49] As diversas incursões pela obra do autor, enquanto traçados explicativos particulares, no entanto só encontrarão seu significado mais pleno quando vistas em conjunto na conclusão deste texto, na qual se buscará unificar os diversos entendimentos parciais que forem sendo formulados.

A partir das observações anteriores é possível delimitar, se não justificar, os principais campos eleitos para a interpretação dos textos. Por um lado, considerou-se a especificidade dos aspectos referentes a cada texto (temas, problemas, idéias, aspectos formais), bem como sua hierarquia. A partir da comparação entre eles, definiu-se aproximadamente os mais comuns, recorrentes ou capazes de englobar, catalisar um maior número de outros aspectos. E mesmo uma questão, por vezes central em um texto e aparentemente marginal em outro, teve de ser por isso mesmo recoberta.

Se foi dado um privilégio metodológico ao resgate das cadeias internas de significação dos textos, numa leitura imanente, esses mesmos significados foram balizados por categorias de análise que visam a reconstituí-los a partir de problemas históricos que, de certo modo, lhes são exteriores, pois dizem respeito às formas presentes de reflexão historiográfica. Assim, optou-se por percorrer a obra do autor a partir de quatro caminhos não excludentes. Em primeiro lugar, os textos foram observados por meio da categoria do *sagrado*, privilegiando-se mais especificamente as formas do sagrado no interior deles. Em segundo lugar, foram reconstituídas as concepções de *sociedade* e *política* em suas relações com a parte precedente e como uma primeira aproximação da realidade *profana*.

Em terceiro, prosseguindo a investigação sobre a realidade profana, é aprofundada a reflexão sobre a *esfera pública* e a *esfera privada* internas aos textos, dando-se uma maior atenção à esfera privada. Por fim, a análise das idéias de *história* e de *obra* presentes neles atenta para a forma de realização das idéias e do registro literário.

As partes do trabalho foram dispostas de forma relativamente hierárquica, pois a precedência da noção de sagrado é essencial, como se verá, para a definição da realidade profana, seja ela política, social, individual ou histórica. As três primeiras partes organizam-se de idéias gerais para particulares, ou mesmo hierarquizam essas idéias, como as *Partes III* e *IV*, que constituem uma unidade em torno do tema do profano. A última parte, ao particularizar ainda mais alguns aspectos, ao interpretar a concepção que os textos fazem acerca de si mesmos enquanto obras dadas no tempo, realizadas no mundo profano, visa a reconstituir a solução específica que apresentam para esses problemas, articulando-a aos entendimentos precedentes.

Observe-se ainda que outras idéias presentes nos textos do autor não se encontram isoladas em partes autônomas, mas discutidas geralmente ao longo do livro. Trata-se especificamente das idéias de amor e de natureza, essenciais para o entendimento dos textos. Particularmente a idéia de amor tangencia o sentido da própria obra.

Parte II
O sagrado

A ANÁLISE DA DIMENSÃO DO SAGRADO na obra de Tomás Antônio Gonzaga impõe uma série de adequações iniciais sem as quais é aparentemente incomparável o significado dos textos. Igualmente, ao se tematizar o campo do sagrado, define-se em contrapartida a dimensão profana dos mesmos textos.

Segundo Alfonso di Nola, o sagrado e o profano são dois elementos "que ora se integram ora se opõem e refletem a ação e o pensamento humanos em forma de representações míticas ou de relações sociais".[1] O autor adverte ainda para a impropriedade da utilização das noções de sagrado e profano para outras culturas nas quais o mundo do divino e do cotidiano constituem uma unidade indissolúvel.[2]

Se a dimensão do sagrado e do profano no interior do *Tratado de direito natural* se refere estrita e especificamente a um recorte do tipo religião/não-religião, o mesmo não se pode dizer imediatamente da produção poética de Tomás Gonzaga. No *Tratado de direito natural* é possível rastrear minuciosamente o entendimento do autor no que diz respeito a esses termos, priorizando as idéias expressas sobre Deus, as "religiões", a história sagrada, as heresias, os hereges e os ateus. O mesmo não ocorre em suas outras obras. Nas *Cartas chilenas* é igualmente possível verificar alguns desses temas, mas o restante de sua obra poética pouco nos informa a esse respeito à primeira vista, se interrogada estritamente a partir das noções de religião/não-religião, noções por demais imbricadas ao mundo cristão ocidental.[3]

> A relação entre o sagrado e o profano pode ser relida como religião/não-religião (= laicidade), mas apenas nas culturas que separaram o mundo do divino do mundo do quotidiano, o mundo do não-útil do ponto de vista econômico do mundo do economicamente útil.[4]

Mesmo para as *Cartas chilenas*, esses parâmetros de análise podem ser mantidos, ainda que o universo mitológico faça entrever certa orientação politeísta no interior dos textos. Mas é perceptível que as dimensões animista e politeísta da sátira surgem ligadas ao âmbito dos valores propostos, representados em entidades, deuses, heróis e "exemplos" clássicos, e não encarnadas na natureza representada, dada a busca de fidelidade a realidades imediatas.

Os poemas líricos, contudo, abrem para outros aspectos a que usualmente atribuímos o conceito de sagrado, mas que para serem mais bem compreendidos exigem que recuemos a um momento anterior a esse mesmo conceito. No arcadismo, a própria natureza busca ser a manifestação do "divino", há uma "unidade imaginária", uma "idealidade utópica" projetada no reino da Arcádia habitado por ninfas e pastores. Ao menos em termos teóricos, pois os poemas estão atravessados pelas contradições de um mundo dilacerado, onde a "natureza" se constitui a um só tempo de elementos animistas, politeístas e ligados à religião. Trata-se de um problema interior ao arcadismo e que gerou entendimentos diversos entre os poetas. Observe-se, contudo, que esse não é um aspecto exclusivo do arcadismo, mas da arte da Idade Moderna em geral, ao buscar uma unidade entre a herança greco-romana e a cristã.[5]

A noção de sagrado recebe, portanto, nos trabalhos do autor tratamentos e respostas específicos, pois diz respeito à economia interna dos textos. Feitas essas observações, compreende-se que é necessário seguir passo a passo o tema do "sagrado" nos textos e os temas do "animismo" e do "politeísmo" na obra poética para que posteriormente se possa articular a concepção do autor em termos mais genéricos. Especificando seu entendimento em cada contexto tomado, evitam-se aproximações que à primeira vista não seriam compreensíveis. Segue-se, em termos gerais, a ordem em que os textos foram escritos.[6]

CAPÍTULO I

"DEUS, QUE FEZ TODAS AS COUSAS"

O TRATADO DE DIREITO NATURAL foi escrito originalmente com a intenção de Tomás Gonzaga tornar-se professor da Universidade de Coimbra.[7] À primeira vista, Tomás Gonzaga estaria apenas cumprindo uma formalidade da época ao considerar os "santos direitos" a que estão sujeitos os "nacionais" e o fato da investidura divina do rei, tal como se lê na carta de abertura do texto, endereçada a Pombal (II, 11). Esses elementos aproximam-no imediatamente de diversos textos da época, perpassando mesmo todo o pensamento absolutista moderno. Mas no *Tratado* de Gonzaga impõe-se a observação de como esses aspectos serão tomados "ao pé da letra".

Tratando-se de um texto didático com vistas a ser utilizado como compêndio pelos alunos da Faculdade de Direito e o primeiro trabalho português na área, o objetivo nuclear do *Tratado* é ser

> uma obra que se possa meter nas mãos de um principiante, sem os receios de que beba os erros de que estão cheias

as obras dos naturalistas que não seguem a pureza da nossa religião. (II, 13)

Nesta observação sintetiza-se o empreendimento do *Tratado*. Especificando quais sejam os erros desses naturalistas, não deixa de causar certa surpresa o fato de que Gonzaga cite exatamente a tradição mais importante e genericamente seguida pelo pensamento laico em torno do problema do direito natural da Idade Moderna em países como a Inglaterra e a França. É assim que, logo no "Prólogo" do texto, o autor delimita seu empreendimento posicionando-se contrariamente a toda uma tradição que vinha se firmando desde o século anterior, a partir da condenação das posições de Grócio e Pufendórfio, entre outros:

> Sim, não lerás aqui os erros de Grócio, que dá a entender que os cânones dos Concílios podem deixar de ser retos; que estes e o Papado pretendem adulterar as primeiras verdades. Não verás chamar os Padres do Concílio "satélites do Pontífice" como verás nas notas ao mesmo Grócio. Não ouvirás dizer que o matrimônio é indissolúvel em quanto ao vínculo, como em Pufendórfio. Não lerás que as leis divinas não obrigam antes a morrer do que a quebrá-las no foro externo [...] Enfim, outros muitos erros destes e de outros autores, que um principiante não sabe conhecer, e lhe custará depois o deixá-los. (II, 13-4)

Dispensável dizer que Gonzaga não logrou com seu texto a mesma influência de seus criticados, mas esse aspecto não é suficiente para se descartar sua compreensão.[8] Quando Gonzaga opta por posicionar-se contrário à tradição jusnaturalista aberta por

Grócio,⁹ adotando o princípio teológico para o direito natural, como se verá mais adiante, evidentemente não está abordando um aspecto secundário, senão o cerne mesmo do debate jusnaturalista de seu tempo.

A consideração detalhada do lugar ocupado por Deus no sistema de Gonzaga permite tocar cada aspecto de seu distanciamento em relação às soluções de outros pensadores do jusnaturalismo, verificando como a obra do autor se situa no campo da tradição portuguesa e européia do período. A "Introdução" do *Tratado* expõe sinteticamente a visão do autor no que diz respeito à existência de Deus e à realidade terrena. Nela, de certa forma, vêm indicados os problemas gerais que se seguirão. Talvez não seja casual, dada a importância de Deus para o direito natural de Gonzaga, que ele figure como a primeira palavra do texto propriamente dito, ultrapassados a dedicatória a Pombal, seguida de uma carta a ele, e o "Prólogo":

> Deus, que fez todas as cousas, para o fim de delas receber uma glória acidental, havia fazer alguma dotada da capacidade precisa para o conhecer. (II, 15)

A glória de Deus, mesmo não havendo entes capazes de "reconhecer a sua sabedoria, a sua majestade e a sua onipotência", mesmo que "não os tirasse do nada", permaneceria a mesma. O princípio inteligente de que o homem foi dotado é "proporcionado a tão grande fim": a glória de Deus; destina-o tanto a sua louvação terrena quanto celeste (II, 15).

Deus, "para conduzir o homem a este fim" deu-lhe, por um lado, leis, por outro, a liberdade. "Enfim, fez tudo o que era necessário para que o homem se fizesse merecedor de uma glória eterna ou de um eterno castigo" (II, 15-6). Mesmo as obras más dizem respeito a ele, pois "Deus exalta a sua mesma glória, exercitando em castigá-las o atributo da justiça" (II, nota a, p. 16). As leis infundidas por Deus nos homens são aquelas conhecidas por "Direito Natural, ou Lei da Natureza, porque elas nos são naturalmente intimadas por meio do discurso e da razão" (II, 16). Com o pecado original, torna-se necessário um outro tipo de lei, o direito civil, que busca obrigar os homens como cidadãos. Nesse sentido, aprovou Deus a sociedade humana, superado o antigo estado de igualdade e estabelecendo-se o poder dos sumos imperantes. O estado de sociedade, portanto, não permite a prática de muitas ações concedidas no estado de natureza; mesmo que a lei civil não altere as leis naturais naquilo que mandam ou proíbem, no entanto, o mesmo não ocorre com aquelas que apenas permitem ou concedem:

> Daqui vem que não devemos explicar e ensinar a lei natural de forma que a podíamos cumprir no estado de liberdade, mas sim como a podemos e devemos cumprir no presente estado da sujeição civil. (II, 17)

Tendo em conta as relações de superioridade entre direito natural e civil (positivo), o "modelo jusnaturalista" proposto por Gonzaga aproxima-se visivelmente das concepções do Estado absoluto, em que o direito natural é fundamento de validade do ordenamento jurídico positivo, o qual depende do direito natural no que se refere à validade, não ao conteúdo.[10] Após a configuração do Estado, sobrevive essencialmente uma lei natural: "a que impõe o dever de obediência às leis civis".[11]

Em linhas gerais, esse é o argumento do *Tratado*, que, como o próprio autor indica, virá desenvolvido em primeiro lugar nessa ordem hierárquica. Deus é retomado como o único princípio possível, "a base principal de todo o Direito" (II, 18). Para o autor, em não havendo "o temor do castigo divino", o mundo seria o reino da desordem. Trata-se, portanto, de mostrar "com razões físicas, metafísicas e morais" a existência de Deus, o que é o conteúdo básico do Capítulo 1º. da Parte I do *Tratado*, intitulado "Da existência de Deus".

Fisicamente, a existência de Deus vem demonstrada de duas formas: pela admissão de um princípio, uma causa incriada, e pela consideração de que esse princípio necessário é causa da existência dos demais (II, 19-21). As razões metafísicas têm origem histórica: conservada a história "digna de crédito", "sempre pura por tradição" desde o primeiro homem,[12] trata-se de uma verdade evidente o fato de que "sempre foi constante a persuasão que os homens tiveram da existência de Deus" (II, 21), essa "sucessiva tradição, ou a voz da Natureza, que não engana" (II, 22). Essa razão metafísica é igualmente moral, pelo entendimento comum de que não é a razão que dita os "péssimos apetites", mas o "vício da vontade" (II, 22), já que o conhecimento da existência de Deus "provém a todos por meio da razão" (II, 22). Conclui-se o primeiro capítulo pela demonstração de um princípio espiritual necessário, uma razão moral, não proveniente da matéria. Removida a noção de um "processo infinito", que "repugna à razão", "havemos confessar que há de haver um princípio espiritual necessário, causa de todos os entes espirituais voluntários" (II, 23).

Poder-se-ia seguir capítulo a capítulo o texto de Gonzaga, mas encontraríamos sempre o mesmo raciocínio geral. A todos os argumentos jusnaturalistas, o autor opõe o princípio teológico, a partir do qual se desdobra o raciocínio. É assim que Grócio, Pufendórfio, Cocceo, Hobbes e mesmo Heinécio comparecem em seu texto, depurados de seu "laicismo". Mantendo-se em dia com as correntes modernas do pensamento jusnaturalista, e nesse sentido buscando adequar Portugal ao debate contemporâneo nessa matéria, como indica no "Prólogo", o autor contudo toma sempre um caminho próprio, inscrevendo-se de forma específica na política pombalina de seu tempo, como se verá. Sua obra, portanto, vem oferecer uma resposta ao projeto de Pombal, o "amante da verdadeira ciência" que "estimulou aos estudos dos Direitos Naturais e Públicos", ignorados mesmo pelos da "profissão" do autor (II, 11), como nos diz. Insere-se, portanto, nos quadros da crise do sistema de ensino português durante o século XVIII e de renovação dos conhecimentos jurídicos, em que a reforma da Universidade de Coimbra apenas começa a se efetivar.

A análise efetuada por Lourival Gomes Machado das fontes citadas no *Tratado* é, nesse sentido, muito importante para essas considerações. Se se torna por demais difícil a pesquisa das influências, particularmente a importância que nosso autor atribui a Heinécio, como se verá em outra parte, no entanto algumas conclusões parciais podem ser alcançadas. O que Gonzaga está discutindo é a principal contribuição de Grócio, opondo-se-lhe nas questões essenciais.

É assim que, segundo Lourival Gomes Machado,

> compulsando obras em que as referências a outros textos desempenham uma das clássicas funções eruditas [...] Gonzaga toma caminho todo seu. Orienta a discussão a seu modo e, com bastante freqüência, diz comentar ampliando ou discutir refutando tal ou qual autor; no entanto, ao pé das páginas do *Tratado*, as citações que surgem sem maiores esclarecimentos podem servir indiferentemente num e

noutro desses sentidos ou, ainda, apenas emprestam uma maior dignidade erudita ao trabalho.[13]

Gonzaga não hesita nem mesmo ao tentar demonstrar o que não existe nos autores citados, como na passagem central em que refuta Grócio, no capítulo 6 da Parte I:

> Sendo pois o princípio do Direito Natural a vontade de Deus, não podemos subscrever a opinião de Grócio, em que afirma que, se não houvesse Deus, ou ele não cuidasse das cousas humanas, sempre haveria Direito Natural. Esta doutrina repugna à piedade, pois é supor que além de Deus há outro ente, a quem tenhamos obrigação de obedecer, e com quem Deus tivesse a necessidade de se conformar. (II, 62)

A posição de Grócio, por demais conhecida e central para compreendermos o passo essencial dado pelo autor na conformação de um novo princípio metodológico para o entendimento da realidade social, é sistematicamente alterada. É o próprio Grócio que expressamente nos diz repugnar à piedade o ateísmo, como se pode ler no ponto referido por Gonzaga,[14] apesar de o *Tratado* insistir que a postura de Grócio caminha "à paridade" com a dos ateus (II, 62). Em realidade, todo o esforço de Grócio poderia ser sintetizado em seu projeto de conciliar a fé com a razão sem, em nenhum momento, submeter uma aos ditames da outra, buscando o equilíbrio entre ambas. Mas não há como negar o caráter, no mínimo, revolucionário de sua postura teórica: a idéia de que a sociabilidade, o aspecto nuclear de seu pensamento jusnaturalista, "não contradita a existência dum ente superior, mas não necessita, para ser demonstrada, do socorro da idéia da divindade".[15] Portanto, todo o esforço de Grócio vem no sentido de não misturar dois campos heterogêneos de problemas, mesmo não supondo contradições essenciais entre ambos.

Gonzaga decididamente defende o oposto do pensamento de Grócio. Em nosso autor, não se parte da existência natural, mas da ordem divina. A ordem natural, como mero reflexo da ordem divina, constitui com esta ordem um mesmo e único fato.[16] Trata-se, portanto, de uma atitude profundamente discrepante da orientação geral de seu tempo. Se neste primeiro capítulo aborda-se a noção do sagrado interna ao *Tratado* como o desdobramento da oposição religião/não-religião em seu nível mais abstrato, a proposição de Gonzaga acerca de unidade indissolúvel de Deus e da ordem natural trará conseqüências essenciais para a compreensão das idéias de sociedade e de organização política inerentes ao texto, para sua concepção do mundo profano, como se verá ao longo deste livro.

A própria análise do campo semântico da idéia-tema de "Deus" no decorrer do texto do autor apenas patenteia o lugar central ocupado por ela, em que Deus é reafirmado como a categoria central da qual emergem todos os outros conteúdos do *Tratado*. Deus não é apenas o termo e o conceito mais freqüentes, mas fundamentalmente engendra ações de domínio instrumental[17] em seqüências geralmente do tipo: Deus "é", "pode", "quer", "faz", "aprova", "castiga", "mata", "dotou", "destinou", "deu", seguidas de verbos no infinitivo ou gerúndio: "exercitando", "certificando", "fazer", "receber", "conduzir", "prescrever" etc.

É assim que, mesmo no capítulo 2 da Parte I, quando o autor tratará "Da existência do Direito Natural", o argumento teológico antecipa todas as conclusões que se seguirão. Quando pensamos que o autor buscará enfrentar o problema em seu terreno próprio, o procedimento é o contrário: um princípio teológico afirmado em primeiro lugar, e do qual decorre toda a argumentação:

> Não faltou também quem negasse a existência do Direito Natural. Esse erro não é menos nocivo à sociedade humana que a péssima doutrina dos ateus. Que diverso efeito podemos considerar o não admitirmos um Deus, princípio de tudo, ou admiti-lo, negando a sujeição às suas importantes leis? (II, 23)

Como já se observou, as outras questões do *Tratado* terão o mesmo encaminhamento em geral. Enquanto, por exemplo, a tradição jusnaturalista busca pensar o problema da liberdade a partir da conexão ou "coerência entre a conduta individual e a ordem natural",[18] Gonzaga fará o mesmo percurso teológico indicado, buscando adequar a vontade do homem à vontade divina: "Deus não nos deu liberdade para podermos obrar tudo *de jure*, mas sim de facto, para podermos assim merecer ou desmerecer" (II, 28).

Poderia ser estendida a análise das diferenças entre o pensamento de nosso autor e Grócio, ou mesmo Pufendórfio. No entanto, as indicações parecem suficientes para que se patenteie o que vinha se observando: a discrepância do autor em relação ao pensamento jusnaturalista da época. Em síntese, como observa Lourival Gomes Machado,

> Não cabe, é evidente, acusar Gonzaga de ter abandonado ou traído os ideais de uma escola de direito natural que aparentava escolher como sua; na verdade o cultivo de Grócio é apenas aparente e o aproveitamento deste autor

inteiramente tópico. [...] Gonzaga abre mão de todas as conquistas mais recentes da ciência que cultivava, buscando uma posição que com toda clareza contrastava com a de seus contemporâneos e predecessores imediatos. Não o satisfaz o método "geométrico" de Pufendórfio, nem tolera o "laicismo" de Grócio. Às longas e elaboradas discussões com que esses autores buscavam harmonizar uma positividade e uma objetividade naturalista ou pelo menos humanista com um princípio teísta, prefere ater-se, de modo exclusivo, às fontes teológicas na construção de seu sistema.[19]

Ou, nas palavras de Antônio Paim, para quem

a perspectiva segundo a qual se encara, sob Pombal, a doutrina de Grócio é puramente escolástica, conforme se pode ver no *Tratado de direito natural* (1772) de Tomás Antônio Gonzaga.[20]

Mas, diga-se, essa perspectiva não é a do próprio pombalismo. Surpreende nesse sentido a insistência com que o *Tratado* vem sendo relacionado ao Iluminismo do período pombalino ou ao quadro das idéias da época das Luzes por alguns comentadores,[21] tendo em vista os argumentos aqui elencados acerca do princípio divino na estruturação do texto.

A análise das fontes citadas por Gonzaga é ainda mais complexa se considerarmos que o autor sistematicamente busca reduzir as idéias de Grócio, Pufendórfio e Hobbes a uma mesma posição, o que não ocorre por falta de conhecimento do autor acerca de suas diferenças, mas antes por necessidades internas à lógica de seu sistema.[22]

Quando se diz que a orientação do *Tratado* é discrepante em relação às novas orientações de seu tempo, não se pensa estritamente na realidade do debate jusnaturalista para além de Portugal. Pelo contrário, igualmente no reino português já se poderia sentir havia algumas décadas o influxo das formas modernas de se pensar o problema, ainda que certamente veiculadas por uma minoria dos intelectuais da época. Pense-se sobretudo no *Verdadeiro método* de Luís Antônio Verney, mas não apenas, no qual é patente a sua adesão às modernas escolas do jusnaturalismo representadas pelas obras de Grócio e Pufendórfio, entre outras.[23]

Essa é, aliás, a orientação doutrinária geral do pombalismo, como se pode ler nos documentos pombalistas da época que se referem à reorientação dos estudos universitários (e entre eles os jurídicos): o *Compêndio histórico* e a *Dedução cronológica e analítica*, ambos citados no próprio *Tratado*, nos quais se patenteia a adesão do pensamento oficial às novas correntes jurídico-filosóficas daquele período.[24] Ao menos do ponto de vista estritamente doutrinal, o *Tratado* opõe-se simetricamente ao pombalismo, ainda que do ponto de vista prático, no que diz respeito às ações legais e pragmáticas necessárias para a consumação de um bom governo, Tomás Gonzaga não discrepe da orientação geral do "despotismo esclarecido", como se verá na *Parte III* deste estudo.

A formação universitária de Gonzaga, bem como seu *Tratado* enquanto fruto dessa aprendizagem, dá-se no bojo desse processo, em que o pombalismo busca reorientar o debate das idéias da época. Gonzaga estudou na Universidade de Coimbra precisamente entre os anos de 1762 e 1768, entre o período, portanto, da expulsão dos jesuítas da universidade (1759), quando o autor interrompe seus estudos com os jesuítas no Brasil, até 1772, ano de implantação das reformas de ensino. Formou-se, certamente, em um dos períodos mais conturbados da história da Universidade de Coimbra, mas principalmente estudou ainda segundo os moldes da antiga orientação vigente. Até 1772, a Universidade de Coimbra continuou regida pelos mesmos estatutos e estrutura jesuíticos.[25] E mesmo depois ela não poderia ser lembrada como um "modelo" de ensino para o século.[26]

O *Tratado* não é um exemplar único de seu tempo, tal como Lourival Gomes Machado com razão ainda supunha, apesar de toda a sua singularidade. Sua concepção teológica do direito natural e sua explicação divina para a história humana guardam semelhanças já observadas com outros teólogos e estudiosos portugueses que trataram do direito natural da época.[27] No entanto, é importante observar a presença de outros autores que adotavam posições mais próximas ao jusnaturalismo moderno.[28]

Se não é possível desconsiderar os limites do "iluminismo" pombalino, de tipo dominantemente católico, "aberto às concepções galicanistas, jusnaturalistas e experimentalistas, mas essencialmente oposto às idéias dos 'filósofos franceses'",[29] o que se depreende, contudo, do período pombalino e mesmo daquele que se segue é o de uma efervescência de idéias que se confrontam no espaço acadêmico e doutrinário português, na medida mesmo do impacto das "novas concepções" que então começam a ser percebidas e assimiladas. É nesse espaço contraditório que se inscreve e se escreve o *Tratado*.

Sendo inegável certo arejamento do ensino universitário, idéias tendentes a laicidade provavelmente adquiriam um mais livre trânsito. A isso parece fazer referência d. Francisco de Lemos, reformador-reitor da Universidade de Coimbra, buscando responder aos ataques que a reforma passa a sofrer sob o reinado de d. Maria I:

Pelo que pertence à doutrina, consta-me também que são acusados os estudantes da Nova Reforma de pensarem livremente em pontos de religião, concorrendo muito para se espalhar este rumor falso as declamações vagas que têm feito nos púlpitos alguns pregadores incautos e pouco advertidos.[30]

Fossem "declamações vagas" de pregadores "incautos e pouco advertidos", talvez dos riscos que corriam, o fato é que não passaram em brancas nuvens. Não apenas d. Francisco de Lemos faz alusão aos opositores da Reforma de 1772, mas igualmente outros documentos são ainda mais explícitos na tradução do "clima" universitário então experienciado. No que se refere estritamente aos estudos jurídicos, há na biblioteca de Elvas e no Arquivo da Universidade de Coimbra um trabalho manuscrito onde se lê que os estatutos são condenados "por tecerem considerações favoráveis a Puffendorf, a Wolfius, a Grócio e a outros",[31] entre outros pontos.

Não é estranho, portanto, ao *Tratado* não apenas o debate que lhe é contemporâneo como o setor doutrinário ao qual ele adere. Tendo em vista a perspectiva teológica adotada, decorre ainda como uma última consideração um campo bem mais amplo de pensadores a que Gonzaga se opõe de forma contundente e que diz respeito a todos aqueles que "profanam" a realidade divina de seu interior ou a negam em princípio, ou seja, à distinção entre hereges[32] e ateus.[33] No que se refere estritamente ao princípio divino, além dos autores já comentados, Gonzaga condenará Epicuro nas passagens das provas físicas da existência de Deus porque o filósofo supôs a matéria eterna e o mundo como acaso (II, 20), e mais genericamente, além de Epicuro, "Espinosa e outros ímpios que se compreendem no genérico nome de 'ateus'" (II, 18), qualificados de "bárbaros", que afirmaram haver causas de que não se deduz a existência de Deus.

Igualmente, o autor se distancia dos que adotam dois princípios eternos, como entenderam Platão, os estóicos, Aristóteles (II, 20). E, seguindo a ortodoxia católico-romana, afasta-se de todos os hereges condenados, como os beguardos (II, nota a, 24), Bajo, Bucero e Jansênio (II, 32), Lutero, Bajo, João Huss (II, notas a e b, 37), entre outros, a depender da casuística em pauta. Há contudo, diga-se, uma hierarquia nessas oposições, ou melhor, o *Tratado* posiciona-se à maior distância, em primeiro lugar, das posições ateístas, dada sua oposição absoluta à própria possibilidade doutrinal. Em seguida, descarta o politeísmo e entre os hereges visa particularmente os reformadores Lutero e Calvino em seu ataque.

Há ainda uma última observação importante. Poder-se-ia supor que Gonzaga se opõe apenas aos ideais da ciência social moderna, fazendo decorrer a natureza social de um princípio teológico, adotando contudo as novas orientações das ciências naturais. Se o ataque à ciência natural moderna não aparece explicitamente, ele não está ausente, pois deve ser lido nas entrelinhas da crítica de Gonzaga à física do pensamento grego antigo, a Aristóteles, aos estóicos e a Platão, entre outros, mediante a condenação de suas respectivas cosmogonias com dois princípios eternos, passíves de serem reinterpretadas pela ciência natural moderna no sentido da descoberta das leis naturais inerentes ao próprio mundo físico distinguido de qualquer divindade.

É essa posição contrária à ciência natural moderna que vemos reafirmada, em termos, nas *Cartas chilenas*, em que Critilo, lembrando seu tempo de aluno universitário,[33a] nos diz:

A mim nunca apanharam os capuchos,
quando, no raso assento, defendia
que a natureza não tolera o vácuo,
que os cheiros são ocultas entidades,
com outras mil questões da mesma classe. (I, 262)

Capítulo 2

"Que Deus levante o braço e puna"

Se um primeiro confronto, mesmo que superficial, entre o *Tratado* e o quadro mais geral do pensamento de sua época indica sua maior aderência a determinado tipo de posição doutrinal, singularizando-o e permitindo uma compreensão mais nítida das diferenças internas à época, a investigação do mesmo problema, qual seja, o da dimensão do sagrado (visto a partir do binômio religião/não-religião sugerido por Alfonso di Nola) na obra do autor, reposta aos outros textos supõe encaminhamentos mais delicados. Com efeito, os textos poéticos articulam-se a partir de uma matriz diversa ao manifestarem sua dimensão "divina", como de início foi comentado levemente. Por outro lado, textos literários não são "conceituais" tal como a prosa não literária,[34] além de, no caso de Gonzaga, seguirem convenções próprias a seus gêneros a partir da teorização estética árcade.

A análise desses aspectos nas *Cartas chilenas* não permite uma verificação à primeira vista tão nítida do princípio teologal, especificamente da doutrina católico-romana e de sua importância, como no *Tratado*. No entanto, aproximando todas as passagens do texto, é possível notar como as *Cartas* não apenas não conflitam com os princípios definidos no *Tratado*, como por outro lado matizam um pouco mais o campo do "sagrado" no interior da obra.

É importante para essa análise observar o modo de operação dos elementos "sagrados" no interior das *Cartas*. Somente nessa medida torna-se possível avaliar o significado relativo que esses elementos adquirem no campo de significados do texto. Não se trata de apenas considerar a presença de um tema, mas também sua força própria para o argumento em pauta, no sentido de seu peso e importância na estrutura narrativa, seu posicionamento na arquitetura do poema. Não representa, portanto, uma escolha arbitrária o fato de Critilo relacionar, exatamente na Carta 1ª, a apresentação de Fanfarrão Minésio ao seu corpo de funcionários com o dia de são Bartolomeu e com a passagem do cometa de Enke, marcando precisamente a correlação negativa entre esses fatos. O efeito não poderia ser outro: a marca soturna, a metáfora do mau agouro ligada a esses eventos, não é apenas um recurso literário, mas diz respeito à avaliação, ao juízo de Critilo sobre os eventos acontecidos e que ainda viriam a acontecer, indelevelmente ligados a suas preocupações com os desígnios divinos.

Critilo, após relatar para Doroteu seu primeiro encontro com Fanfarrão e outros membros de sua "família" (I, vv. 66-160, 195-8), retorna à descrição da chegada de Fanfarrão na cidade:

> Seguido, pois, dos grandes entra o chefe
> no nosso Santiago, junto à noite.
> À casa me recolho e, cheio destas
> tristíssimas imagens, no discurso

> mil cousas feias, sem querer, revolvo.
> Por ver se a dor divirto, vou sentar-me
> na janela da sala e ao ar levanto
> os olhos já molhados. Céus, que vejo!
> Não vejo estrelas que, serenas, brilhem,
> nem vejo a lua que prateia os mares:
> vejo um grande cometa, a quem os doutos
> "Caudato" apelidaram. Este cobre
> a terra toda co disforme rabo.
> Aflito, o coração no peito bate,
> eriça-se o cabelo, as pernas tremem,
> o sangue se congela, e todo o corpo
> se cobre de suor, — tal foi o medo.
> Ainda bem o acordo não restauro,
> quando logo me lembra que este dia
> é o dia fatal, em que se entende
> que andam no mundo soltos os diabos. (I, 198)

Para a exata definição do sentido do agouro em pauta, Critilo não hesita em reunir três elementos diferentes. É sabido que Cunha e Menezes, o Fanfarrão Minésio das *Cartas*, chegou em 23 de agosto de 1783, um dia antes do de são Bartolomeu, quando naturalmente ocorreria a recepção do funcionalismo. Por outro lado, o dia de são Bartolomeu é reconhecido pela crendice popular como aquele em que os diabos estão à solta. Já o cometa de Enke, avistado em Vila Rica, em 1786, é recuado para a mesma data.[35] Considerando ainda os aspectos negativos referentes ao simbolismo dos cometas,[36] da noite e do diabo,[37] é possível avaliar a amplificação do efeito desejado e seu significado para o sentido das *Cartas*, o que até agora não parece perscrutado por nenhum autor. Tanto mais se se considerar a posição de Critilo diante da própria estruturação e significação do fato que narra. Prosseguindo a passagem, isso se esclarece ainda mais:

> Não rias, Doroteu, dos meus agouros;
> os antigos romanos foram sábios,
> tiveram agoureiros; estes mesmos
> muitas vezes choraram, por tomarem
> os avisos celestes como acasos. (I, 198)

Como se vê, não é pequena a importância atribuída por Critilo aos agouros, chegando mesmo a invocar o testemunho dos "sábios" como juízo de autoridade para antepor-se à postura mais racionalista de seu amigo Doroteu,[38] o personagem-destinatário das *Cartas*. Considerando que as relações estabelecidas entre o Fanfarrão e os agouros têm uma intenção bem precisa, é possível verificar, a partir do que segue, até que ponto o conteúdo das *Cartas* pode ser remetido a um elemento transcendental, a uma perspectiva sagrada. Assim, para além de as *Cartas* poderem ser lidas como um libelo contrário aos desmandos de um déspota, elas encontrariam sua mais ampla justificativa moral pelo desvio de Fanfarrão em relação ao desígnios divinos.

Antes de retornarmos a Critilo, avaliemos o comportamento de Fanfarrão ante o mundo do "sagrado". Nesse sentido, é essencial observar, em um primeiro nível, a indignação e a ironia de Critilo para com Fanfarrão no que se refere às atividades do culto, à religiosidade enquanto uma das dimensões da própria religião.[39] Ainda na Carta 1ª, no "dia da funesta posse", já se colhe uma primeira impressão que se ampliará ao longo do texto:

> Caminham todos juntos para o templo,
> um salmo se repete, em doce coro,
> a que ele assiste, desta sorte inchado:
> entesa mais que nunca o seu pescoço,
> em ar de minuete o pé concerta
> e arqueia o braço esquerdo sobre a ilharga.
> Eis aqui, Doroteu, o como param
> os maus comediantes, quando fingem
> as pessoas dos grandes, nos teatros.
> Acabada a função, à casa volta [...]
> co'a mesma pompa com que foi ao templo. (I, 200-1)

Critilo busca sempre ressaltar a impropriedade das ações de Fanfarrão em relação aos lugares em que se encontra: no templo comporta-se como se estivesse em um teatro, além da pompa ostensiva, imprópria para a situação. Em outras passagens é ainda mais viva a indignação de Critilo com respeito ao comportamento de Fanfarrão Minésio nas atividades do culto e no trato com os religiosos. Abordando novamente Fanfarrão na igreja, diz a seu destinatário:

> Aquele, Doroteu, que não é santo,
> mas quer fingir-se santo aos outros homens,
> pratica muito mais do que pratica
> quem segue os sãos caminhos da verdade.
> Mal se põe nas igrejas, de joelhos,
> abre os braços em cruz, a terra beija,
> entorta o seu pescoço, fecha os olhos,
> faz que chora, suspira, fere o peito
> e executa outras muitas macaquices,

estando em parte onde o mundo as veja.
Assim o nosso chefe, que procura
mostrar-se compassivo, não descansa
com estas poucas obras: passa a dar-nos
da sua compaixão maiores provas. (I, 205-6)

O que irrita sobremaneira Critilo é a representação de Fanfarrão Minésio, seu fingimento onde se pediria um comportamento comedido e honesto. Mas é na Carta 5ª que a crítica de Critilo atinge seu ápice no que diz respeito às atitudes de Fanfarrão no culto. Trata-se da passagem em que se iniciam as comemorações pelo casamento dos infantes de Portugal:

Chega, enfim, o dia suspirado,
o dia do festejo. Todos correm
com rostos de alegria ao santo templo;
celebra o velho bispo a grande missa;
porém o sábio chefe não lhe assiste
debaixo do espaldar, ao lado esquerdo:
para a tribuna sobe e ali se assenta.
Uns dizem, Doroteu, fugiu, prudente,
por não ver assentados os padrecos
na capela maior, acima dele.
Os outros sabichões, que a causa indagam,
discorrem que o Senado lhe devia
erguer, no presbitério, dossel branco,
em honra dele ser lugar-tenente.
Mas eu com estes votos não concordo,
eu julgo, afoito, que a razão foi esta:
porque estando patente e tendo posto

> o seu chapéu em cima da cadeira,
> pudera duvidar-se se devia
> o bispo ter a mitra na cabeça. (I, 238)

Portanto, aquilo com que Critilo mais se incomoda é o fato de Fanfarrão parecer querer ocupar o próprio lugar do bispo, e neste sentido, além do conflito entre seu posto e o que busca representar, torna-se visível seu desrespeito pelo poder religioso aos olhos do poeta. Isso fica ainda mais patente quando Critilo relata a forma como Fanfarrão trata o bispo, na estrofe seguinte:

> Chega junto da sege, à sege sobe
> e da parte direita toma assento.
> O bispo, o velho bispo, atrás caminha,
> em ar de quem se teme da desfeita. [...]
> Então, com mais alento, o corpo move,
> dá o terceiro arranco, o salto vence
> e, sem poder soltar uma palavra,
> ora vermelho ora amarelo fica
> do nosso Fanfarrão ao lado esquerdo.
> Agora dirás tu: "Que bruto é esse?
> Pode haver um tal homem, que se atreva
> a pôr na sua sege ao seu prelado
> da parte da boléia? Eu tal não creio". (I, 239)

Poderia parecer que Critilo apenas se posiciona contrário em todas essas passagens ao problema do descompasso entre as funções públicas de Fanfarrão e os papéis que efetivamente representa, ou ainda ao fato de que o governador quebre as convenções rituais estabelecidas com seu comportamento inusitado, o que não serão aspectos de menor importância quando se investigar as concepções de sociedade e de papéis sociais imanentes à obra.[40] Nesse sentido, o problema não se resumiria apenas a sua dimensão religiosa, incidindo sobre outros aspectos dos julgamentos do autor.

Contudo, a consideração de outras passagens permite observar que não é meramente um respeito reticente que faz com que Critilo dê tanta importância aos abusos de Fanfarrão em relação às situações de culto ou ao trato com religiosos, fato verificável nas autoridades do tempo, que desrespeitam os representantes da Igreja nas atividades de culto como forma de demonstração da hierarquia do poder: o real acima da Igreja.[41] Critilo não se opõe a esse princípio, evidentemente, mas não comunga da ingerência do poder do rei sobre a Igreja nas questões especificamente religiosas. O que importa ressaltar sobretudo do que ficou dito é a adequação de Critilo a uma religiosidade profundamente exteriorista como a portuguesa e a brasileira, na qual o aparato, a riqueza dos templos, os gestos litúrgicos e o ritual contam fundamentalmente.[42]

As ações do governador ou de seus empregados, em diversas outras instâncias, também entram em choque frontal com as concepções de Critilo, quando desrespeitam, contrariam outros valores religiosos, para além dos aspectos referentes às prescrições para a exteriorização da religiosidade. Quando se construiu a cadeia, tema das Cartas 3ª e 4ª, Critilo nos relata as normas do inspetor da obra:

> Aqui se não concede de descanso
> aquele mesmo dia, o grande dia
> em que Deus descansou e em que nos manda
> façamos obras santas, sem que demos

aos jumentos e bois algum trabalho.
Tu sabes, Doroteu, que um tal serviço
por uma civil morte se reputa. (I, 223-4)

Para que possa imputar responsabilidade a Fanfarrão pelos atos de seus subalternos, evidentemente Critilo reúne outras provas, o que aqui ainda não será tratado. O desrespeito aos dias santos não é o único. Toda a passagem referente à ermida de Senhor do Matozinhos (I, 229-31), em que Fanfarrão passa a se utilizar do carro e dos bois da ermida, permite a Critilo condenar a atitude do governador a partir do exemplo de Cristo que mandou Pedro pagar a César o tributo. Igualmente, nos trabalhos da cadeia, os presos morrem abandonados:

Assim, meu Doroteu, sem um remédio,
sem fazerem despesa em um só caldo,
sem sábio diretor, sem sacramentos,
sem a vela na mão, na dura terra,
estes pobres acabam seus trabalhos. (I, 227)

Do governador são relatadas atitudes efetivamente paradoxais. Nas celebrações dos festejos para o casamento dos infantes de Portugal, Fanfarrão obriga um mulato tocador de rebeca e que havia recentemente enviuvado a executar seu instrumento durante a festa, ao que Critilo sentencia:

Indigno, indigno chefe, as leis sagradas
não querem se incomodem alguns dias
os parentes chegados aos defuntos,
ainda para cousas necessárias. (I, 252)

A situação é ainda mais indignante, pois o governador, ao ver o mulato passar chorando, inconsolável, chama-o e lhe entrega um embrulho onde o moço encontra "confeitos grandes,/ encontra manuscristi e rebuçados" (I, 253). Isso é o mais imperdoável para Critilo, que culmina o relato com uma ironia ainda mais cáustica.

Fanfarrão não respeita os desígnios divinos, pois quando julga quer fazer o oposto ou mesmo mais que Deus:

> Um louco, Doroteu, faz mais ainda
> do que nunca fizeram os monarcas:
> faz mais que o próprio Deus: que Deus querendo
> punir, em nossos pais, a culpa grave,
> primeiro lhes pediu que lhe dissessem
> qual foi do seu delito a torpe causa. (I, 225)

> Que santo proceder! Um Deus irado,
> se houvessem sete justos, perdoava
> os imensos delitos de Sodoma;
> e o nosso grande chefe, pelo crime,
> pelo sonhado crime de um só homem,
> castiga, como réu de majestade,
> formado de inocentes, todo um povo. (I, 286-7)

Fanfarrão, desobedecendo sistematicamente às "santas Leis" do reino, não encontra resistências nem na terra nem no céu:

> Um monstro, um monstro destes não conhece
> que exista algum maior que, ousado, possa
> ou na terra ou no céu, tomar-lhe conta. (I, 236)

> Ah! pobre, ah! pobre povo, a quem governa
> um bruto general, que ao céu não teme [...] (I, 288)

Um número ainda amplo de situações poderia ser elencado, como a resistência dos "homens santos" a Fanfarrão, os únicos que vêem "cruzes, cadafalsos e cutelos/ com rosto sossegado" (I, 237) (tal como Dirceu dirá de si em outro contexto), ou ainda o fato de o governador demonstrar uma "piedade" fingida, como se lê no título da Carta 2.ª (I, 203), uma "falsa compaixão" (I, 214), querendo sempre "fingir-se santo aos outros homens" (I, 205), como citado anteriormente. O fingimento religioso do governador, atitude comum a todos os chefes perversos, conduz ainda às relações entre suas posturas religiosa e política:

> Não há, meu Doroteu, não há um chefe,
> bem que perverso seja, que não finja
> pela religião um justo zelo,
> e, quando não o faça por virtude,
> sempre, ao menos, o mostra por sistema. (I, 315)

O que delineia a percepção política atenta de Critilo para as coisas do governo. E mesmo dos outros fatos observados ainda se poderia ampliar o número, indicando de que modo Critilo opera o julgamento do governador a partir de suas relações com o sagrado. Nesse sentido, é significativo que, paradoxalmente, o comportamento de Fanfarrão ante a maioria da população seja interpretado positivamente por ela. Não apenas "a louca gente" passa a reverenciá-lo como

> quando arrebenta
> ao pé de alguma ermida a fonte santa,
> que a fama logo corre, e todo o povo
> concebe que ela cura as graves queixas. (I, 208)

Em outro contexto, "os devotos" chegam mesmo a fazer de Fanfarrão a imagem protetora de uma festa (I, 308).

Se consideramos ainda, por outro lado, o "comportamento religioso" de Critilo, acentua-se mais a disparidade entre ambos. Além do fato deveras peculiar do cometa e do dia de são Bartolomeu, anteriormente interpretado, podemos ainda observar Critilo em seus hábitos mais comezinhos:

> Fui deitar-me, ligeiro, como disse;
> e mal estendo nos lençóis o corpo,
> dou um sopro na vela, os olhos fecho
> e pelos dedos rezo a muitos santos,
> por ver se chega mais depressa o sono,
> conselho que me deram sábias velhas. (I, 204)

Critilo traça de si uma imagem piedosa, como no prosseguimento desta passagem, quando diz que "umas vezes, dormindo, ressonava,/ outras vezes, rezando, inda bulia/ com os devotos beiços" (I, 204).

Ou quando se encontra com a "corja dos marotos" do governador sobre uma ponte em que usualmente ficavam reunidos em "conversa deleitosa", falando da vida alheia:

> e fui atravessando pelo meio,
> rezando sempre o credo e, por cautela,
> fazendo muitas cruzes sobre o peito (I, 293),

após ter deixado claro que jamais permaneceria naquele local "um breve instante/ em dia de trovões, bem que estivesse/ plantado todo de loureiros machos!" (I, 293).⁴³

O encerramento da Carta 1ª permite ainda considerar o texto de um outro ponto de vista, na medida em que Critilo se refere, mesmo que de forma tênue, à justiça dos céus para continuar sua empresa:

> Nas outras [cartas] contarei, prezado amigo,
> os fatos que ele obrou no seu governo,
> se acaso os justos céus quiserem dar-me
> para tanto escrever, papel e tempo. (I, 202)

Nesse sentido, as *Cartas* justificam-se não apenas como condenação moral das ações de Fanfarrão, mas igualmente por se inscreverem no projeto divino de obrigação com a verdade, de que Critilo é o mero executante, o que se torna mais nítido em outra passagem:

> assim, para escrever os grandes feitos
> que o nosso Fanfarrão obrou em Chile,
> entendo, Doroteu, que a Providência
> lançou na culta Espanha o teu Critilo. (I, 271)

Outro aspecto muito importante para a avaliação da posição de Critilo no que diz respeito ao "sagrado" expressa-se quando o próprio narrador enfoca a um só tempo a religião católica e os rituais greco-romanos. Ao relatar o casamento de uma "amante" do governador com um soldado, dado que "a lei da Igreja pede que amparemos/ as que, por nossa culpa, se perderam" (I, 298), Critilo nos diz que

> Neste sagrado templo não se adora
> a imagem de Himeneu; aqui os noivos,
> para prova da fé que, eterna, dura,
> não recebem na mão acesa tocha.
> Ministro do Senhor é quem os prende [...]
> Aqui lascivas graças, nus amores
> não cercam os consortes. (I, 301)

É patente que as referências à mitologia greco-romana têm preponderantemente um valor alegórico quando comparadas aos elementos da religião cristã, estes sim a expressão da sacralidade no contexto das *Cartas*.

Por fim, restaria ainda avaliar os "contra-exemplos" que matizam o respeito e o acato de Critilo pela religião católica. Com efeito, mesmo para seus membros Critilo não poupa sua veia crítica. Quer se trate do padre da "família" do governador e que o acompanha em sua entrada em Chile, formado em "Salamanca" (a equivalente espanhola da Universidade de Coimbra), com um corpo "que tem de nabo a forma" e que "um dia,/ um sermão recitou, que foi um pasmo" (I, 197), quer da ordem dos franciscanos, aludindo à sua gula: "Já foste, Doroteu, a um convento/ de padres franciscanos, quando chegam/ as horas de jantar?" (I, 209). O bispo a que se fez referência anteriormente, que se sentou "da parte da boléia", também não é poupado, na medida de seu envolvimento com os caprichos do governador no caso do casamento de sua amada com um soldado (I, 299-300). Esses contra-exemplos, contudo, não visam diretamente à instituição eclesiástica, sua hierarquia, seus membros, mas apenas a desvios que Critilo só pode condenar com toda a veemência a partir de seu próprio ponto de vista doutrinário.

No entanto, cabe indagar se toda essa casuística não seria ainda insuficiente para se compreender efetivamente o tipo de relação que as *Cartas chilenas* estabelecem entre a ação do governador e a dimensão sagrada e suas práticas, para além das divergências já notadas entre ambas. Uma passagem esclarece a posição de Critilo a respeito dessa relação. Ainda que longa, torna-se muito importante nesse contexto:

> Mas, caro Doroteu, um chefe destes
> só vem para castigo de pecados.
> Os deuses não carecem de mandarem
> flagelos esquisitos; quase sempre
> nos punem com as cousas ordinárias. [...]
> Perguntarás agora que torpezas
> comete a nossa Chile, que mereça
> tão estranho flagelo? Não há homem
> que viva isento de delitos graves,
> e, aonde se amontoam os viventes
> em cidades ou vilas, aí crescem
> os crimes e as desordens, aos milhares.
> Talvez, prezado amigo, que nós, hoje,
> sintamos os castigos dos insultos
> que nossos pais fizeram; estes campos
> estão cobertos de insepultos ossos
> de inumeráveis homens que mataram.
> Aqui os europeus se divertiam
> em andarem à caça dos gentios,
> como à caça das feras, pelos matos. [...]

> Que muito, pois, que Deus levante o braço
> e puna os descendentes de uns tiranos
> que, sem razão alguma e por capricho,
> espalharam na terra tanto sangue! (I, 291)

Entendemos que nesta passagem encontra-se a razão mais profunda para os fatos acontecidos. A explicação, *sui generis*, não deixa de ter grande interesse, como se verá em outra parte, quando considerarmos a visão que a obra possui da colônia. O que importa nesse contexto é a posição de Critilo: o governador injusto é o instrumento pelo qual Deus pune os homens porque esses mesmos homens desrespeitaram a lei divina. A corrupção humana é seu afastamento do plano divino, e não primordialmente fruto das próprias ações dos homens entre si. Assim, a tirania de Fanfarrão alcança sua justificativa nos desígnios de Deus. E, ainda que venha o "dia em que mão robusta e santa,/ depois de castigar-nos, se condoa/ e lance na fogueira as varas torpes" (I, 255), não é possível no próprio âmbito humano resistir à tirania.

É possível ainda considerar as *Cartas chilenas* no campo dos poemas satíricos da época. Para os efeitos desta digressão torna-se suficiente cotejá-las com o *Hissope* de Antônio Diniz, poema celebrado como o principal texto satírico português árcade. Nesse sentido, não é possível reafirmarmos a opinião de Rodrigues Lapa de que nas *Cartas chilenas* se encontraria apenas um respeito distante de Critilo pela religião,[44] tanto mais pela última passagem que consideramos, na qual as implicações religiosas são decisivas para o julgamento do papel assumido pelo governador.

A diferença das *Cartas* em relação ao *Hissope* é aguda, tanto mais pelo fato de o *Hissope* ser exatamente uma sátira anticlerical em seu próprio centro temático. É assim que, segundo A. José Saraiva e Óscar Lopes, este poema

> ganha um tom combativo, comparável à crítica liberalista [...] o alto clero nos aparece estigmatizado de ignorância, superstição, indolência, gula, vaidade, com os vícios do jogo e da embriaguez; ou em que aos seus festins planturosos se faz seguir um caldo de portaria para os pobres, como arremedo farisaico da caridade.[45]

Acrescente-se ainda o ataque ao direito canônico e às superstições para a avaliação das diferenças de perspectiva entre esses textos satíricos.[46]

Capítulo 3

"É só a oculta mão da Providência"

CONSIDEREMOS AINDA OS OUTROS TEXTOS POÉTICOS de Gonzaga para uma avaliação mais global do campo do "sagrado" em sua obra. Se o percurso pelo *Tratado* e pelas *Cartas* é relativamente claro, o mesmo não se pode dizer agora. Com efeito, não há muitas referências explícitas à religião católica, e nem mesmo Deus — o que já provocou a surpresa de diversos analistas — vem a ser citado em seus poemas. O máximo que se pode colher são observações no poema dedicado a d. Maria I, como:

> Virtudes santas do alto céu baixaram [...]
> Ao céu benigno ingrato não sejamos;
> e bem que o vil humano nunca possa
> dar-lhe digno louvor, sequer façamos
> o pouco que permite a esfera nossa. (I, 9-10)

No entanto, toda referência aos "céus" vem mesclada quase invariavelmente à mitologia pagã greco-romana, sendo extremamente difícil distingui-las. Assim se passa na quase totalidade dos poemas para Marília, em que as referências mitológicas são o plano comparativo privilegiado para a configuração das qualidades de sua amada ou do próprio Dirceu. No entanto, alguns elementos podem ser observados. É assim que, nos poemas em que Dirceu se encontra preso, podemos vê-lo exclamar:

> Nós temos, minha bela, igual demência:
> não sabemos os fins, com que nos move
> a sábia, oculta mão da Providência.
>
> De Jacob ao bom filho
> os maus matar quiseram;
> de conselho mudaram:
> como escravo o venderam.
> José não corre a ser um servo aflito:
> vai subindo os degraus, por onde chega
> a ser um quase rei no grande Egito.
>
> Quem sabe se o Destino
> hoje, ó bela, me prende,
> só porque nisto de outros
> mais danos me defende?
> Pode ainda raiar um claro dia;
> mas quer raie, quer não, ao céu adoro
> e beijo a santa mão que assim me guia. (I, 135)

Apesar dos exemplos retirados da Bíblia, as noções de Providência e destino referem-se, em outros poemas, possivelmente tanto à religião católica quanto à mitologia. Nesse sentido, encontramos a passagem:

> Os fados, os destinos, essa deusa,
> que os sábios fingem que uma roda move,
> e só a oculta mão da Providência,
> a sábia mão de Jove. (I, 157)

Contudo, poder-se-ia dizer que todas as referências aos "deuses" convergem para um sentido ao final: "Estão os mesmos deuses/ sujeitos ao poder do ímpio fado" (I, 63). Esse fado pode ser entendido aqui como "providência", enquanto instância que engloba o fado, o destino e a fortuna, no sentido da reinterpretação cristã desses arquétipos greco-romanos.

Esse percurso, todavia, indicia apenas os aspectos inerentes à convivência do politeísmo com a idéia de Providência, mas eles se inscrevem num problema bem mais vasto: o da convivência das heranças greco-romanas e cristãs no seio do arcadismo, o que não é um aspecto desimportante na definição de suas idéias ou práticas centrais. Sendo o arcadismo uma poética tendencialmente "laica", talvez fosse temerário apresentar os poemas do autor a partir de idéias aparentemente longínquas, como a idéia de "sagrado". No entanto, não é isso o que se verifica quando se repõe no interior da poética "laica" o problema do "divino". A propria idéia da "laicidade" dessa poética,[47] insistentemente repetida pelos comentadores, pode estar produzindo em certa medida um anacronismo histórico.

O arcadismo, segundo Antônio Soares Amora, entende a "natureza" como uma "obra perfeita da criação divina";[48] em não se compreendendo esse aspecto, para o autor, perde-se o essencial da poesia da época. No arcadismo

> a Natureza (que não é apenas a paisagem, mas o Cosmo, na sua totalidade, na sua complexidade, a envolver, a compreender o Homem) contemplada e sentida conduz o Homem a um novo sentido do Divino, a um sentido novo das "sábias leis da vida" e a um sentido não menos novo e surpreendente da vida interior nos seus dramas morais e sentimentais.[49]

O próprio mito da Arcádia "faz parte do complexo mítico de regiões de sonho, produtos do idealismo renascentista, terras de utopia e cidades do sol".[50] A compreensão e integração do homem no cosmos efetuam-se, no interior desse mundo arcádico idealizado, mediante o animismo.[51] É nessa perspectiva totalizante que se inscrevem elementos politeístas e cristãos. Não apenas em Gonzaga, mas na maioria dos poetas da época, o animismo expressa-se em imagens como as de Zéfiro suave, de deuses e semideuses mitológicos, bosques e sítios amenos, faunos, ninfas, Cupido e toda a corte dos amores.[52] No entanto, nenhum poeta árcade logrou expressar uma natureza puramente animista. Seus paraísos artificiais encontram-se dilacerados entre sentimentos de amor não correspondido, a inveja, o ciúme e a traição, as diferenças de conhecimento e riqueza entre os homens.

O mundo arcádico de Dirceu e Marília não se distingue dessa perspectiva geral, ainda que com algumas especificidades que é necessário retomar. Uma delas diz respeito ao fato de que, em Dirceu, a mitologia greco-romana comparece com o mesmo dualismo presente em Camões, como observou Joaquim Norberto, ou seja, os deuses são homens, os deuses são supostos[53] e, acrescente-se, os deuses são uma invenção humana.

Em dezenas e dezenas de passagens Dirceu faz referência ao aspecto "divino", "santo" de Marília. Em algumas comparecem referências a um só tempo mitológicas e religiosas. O poeta recusa a amada que lhe oferece a Fortuna porque "este bem é santo,/ vem só da mão de Jove" (I, 126).

Se nos primeiros poemas do autor podemos já encontrar a imagem da mulher, de Lidora, como "deusa" (I, 11), ou os "olhos divinos" de Dircéia, é em Marília que se realizará extensivamente essa idéia. Marília é uma deusa (I, 33, 35, 58, 75), possui um semblante divino (I, 45, 67, 90, 124), um coração divino (I, 112), uma voz divina (I, 57, 77), olhos divinos (I, 66), que "espalham luz divina" (I, vv. 31, 95). Em alguns poemas, Marília aparece identificada ao próprio Cupido (I, 31-2):

> Tu, Marília, agora vendo
> de Amor o lindo retrato,
> contigo estarás dizendo
> que é este o retrato teu.
> Sim, Marília, a cópia é tua,
> que Cupido é Deus suposto:
> se há Cupido, é só teu rosto,
> que ele foi quem me venceu. (I, 39)

Cupido não é um "deus suposto" qualquer, sua existência mesmo deve-se a Marília: "Enquanto vive/ Marília bela,/ não morre Amor." (I, 59). É Marília quem fornece a Cupido seu elemento singularizador, a seta de "dura ponta": "Marília bela/ foi quem lha deu" (I, 53); como também nas mãos de Marília as mesmas setas são ainda mais perigosas: "Temíeis as setas/ nas minhas mãos cruas?/ Vereis o que podem/ agora nas suas", diz Cupido aos faunos (I, 82). Marília não apenas trava relações com Cupido, mas, enquanto encarnação do Amor, é aproximada ainda de Vênus. Seu semblante ao de Vênus se parece (I, 84-5), o pranto de Vênus não tem "apreço maior" que o de Marília (I, 144). Enfim, por um jogo de espelhos, Dirceu conclui que seu amor iguala ou é maior que o do próprio Jove:

> Amou o pai dos deuses soberano
> um semblante peregrino;
> eu adoro o teu divino,
> o teu divino rosto, e sou humano. (I, 45)

Se Marília é um bem "santo", Dirceu também age como aquele que tem "um coração divino" (I, 154). Se ambos são humanos, a pureza de suas "almas" os conduz ao plano dos deuses.

Afora esses aspectos do elenco das referências à mitologia greco-romana nos poemas para Marília, é necessário retomar o tema da "religião" em seu interior, precisamente do judaísmo e do catolicismo, porque é a eles que Dirceu faz menção. Afora a passagem anteriormente citada sobre José, a descrição do sacrifício na "pira sacrossanta" de um cordeiro no mesmo poema (I, 134) e uma ou outra menção, são muito pouco freqüentes referências à tradição judaico-cristã. Fernando Cristóvão, interpretando a ausência de Deus nas liras, afirma que

> Dirceu, sem tomar qualquer posição teórica e ainda dentro do quadro de valores morais e sociais que com Ele é solidário, ignora simplesmente a Deus ou limita-se a conservá-lo numa esfera de coerência racional.[54]

Contudo, conservando Deus na esfera da pura "coerência racional", Dirceu logra a um só tempo manter-se fiel aos ditames do arcadismo, e ainda a sua tendência mais tradicional, aquela que faz apelo à mitologia greco-romana. Parafraseando Lourival Gomes Machado, diríamos que, para Dirceu, a Deus não "cabe cuidar dos negócios do mundo".[55] Ou melhor, que a presença sub-reptícia da Providência divina é mantida nos limites necessários a uma poética de conteúdo laico, no sentido de preocupada essencialmente com a dimensão terrena da existência, mas sem perder de vista a idéia da natureza como uma totalidade divina.[56]

A presença da religião, por outro lado, deixa indícios mais tênues que podem ser rastreados neste universo de um animismo aparentemente puro. Não apenas no conteúdo "divino" dos modelos de Dirceu e Marília, na imagem traçada por Dirceu dos noivos que unem suas mãos na igreja (I, 108) quando o poeta sonha com seu casamento na prisão. Mas também em sua imagem "tão digna de piedade" (I, 107), por sua condição de réu. Sua inocência funda-se, inclusive, na permanência e solidez de seu sentimento de amor, antes de qualquer outra prova apresentada pelo poeta.

É significativo que somente no contexto dos poemas escritos na prisão apareça algumas vezes a palavra "cruz", ou melhor, que esta seja a metáfora privilegiada por Dirceu para descrever o tipo de condenação a que se encontra ligado. Para Dirceu, as cruzes "servem de sólio" "a quem, sábio, cumpriu as leis sagradas" (I, 107), como para o Critilo das *Cartas chilenas*. Em outras passagens o poeta se refere "a mil inocentes/ nas cruzes pendentes,/ por falsos delitos/ que os homens lhes dão" (I, 150) e antevê "as cruzes", "os potros", "o alfanje afiado" (I, 167) em que iria morrer. Apenas a visão de Marília amenizaria a hora em que o poeta pendesse "na cruz" (I, 164). A crucificação nessas passagens vem aliada à idéia da inocência e sabedoria dos que conheceram essa forma de morte, o que faz pensar imediatamente em Cristo e no cristianismo primitivo.[57]

Por fim, no que se refere a outras dimensões ligadas ao "sagrado" no texto, é necessário ainda notar a busca e a crença em adivinhações do poeta quando jovem, no poema em que vai ao templo do Destino e lê seu duro decreto (I, 4). No mesmo período, contudo, é possível encontrar passagens contrastantes ou contrárias à anterior. Assim, no poema dedicado a d. Maria I, assinado por Tomás Antônio Gonzaga, lemos:

> Eu não consulto, não, com falsos ritos,
> nem os vôos das aves, nem os gritos;
> não noto se os cordeiros imolados
> expiram nos altares sossegados;
> se têm o coração ileso e puro,
> e as chamas ardem claras não procuro;
> não indago também se o fumo leve,
> sem ter estranho cheiro enfim se atreve
> sereno encaminhar-se aos céus propícios:
> mais nobres são, ó lusos, meus auspícios. (I, 7)

No entanto, Dirceu, aproximadamente dez anos após a redação do poema a d. Maria I, manifestará atitudes bem diversas. Repetindo velhas superstições populares, Dirceu relata rituais com alcachofras e ovos em copos de água para ler o destino e, na falta destes elementos, refaz o ritual de fazer um bochecho com água, prostrar-se atrás da porta para ouvir o primeiro nome: "Que o nome que primeiro ouvir, é esse/ o nome que há-de ter a minha amada"

(I, 130). Aparece Cupido e, dizendo o nome de Filena, aturde o poeta alertando-lhe para que não acredite no que lhe ensina a "velha mulher já tonta", ao que o poeta humildemente lhe responde:

> — Quem debaixo
> do açoite da Fortuna aflito geme,
> nas mesmas coisas que só são brinquedos
> se agoiram males, teme. (I, 131)

Os "falsos ritos" da primeira passagem transformam-se em temor ante o mau agouro, revelando a complexidade de uma obra que se furta a um entendimento unívoco ou simples. Mas algumas semelhanças e diferenças já se fazem notar entre os textos do autor. Tendo em conta apenas as obras poéticas, é possível observar algumas semelhanças. Nas *Cartas chilenas* convivem diversos deuses de mitologias distintas, particularmente expressas nas figuras de Jove e Deus. Sua hierarquia e sua função são claras: os exemplos mitológicos greco-romanos servem rigorosamente de metáforas, enquanto Deus não tem efeito figurativo. Já nos outros poemas, nos quais Deus aparentemente se ausenta, Jove e outros deuses são essencialmente metáforas num quadro de "coerência racional" com a idéia de Providência divina

Por fim, consideremos novamente o papel ocupado pelo animismo, pela mitologia e pela religião no seio da poética árcade. Nesse sentido, é essencial retomar as próprias origens da Arcádia Lusitana em suas relações com a Arcádia Romana, o neoclassicismo mais influente em Portugal no período.[58] Assim, se em Roma os estatutos da Arcádia encontram-se sob a presidência do Menino Jesus, os estatutos da Arcádia Lusitana estarão sob a presidência da Imaculada Conceição, bem como entre seus membros encontram-se diversos representantes do clero. O título de árcade era disputado não apenas por reis, mas igualmente por cardeais e pontífices.[59]

Como observa Afrânio Coutinho, o Menino Jesus, como patrono da Arcádia Romana, para além de ser um "símbolo de simplicidade", atesta "também a ausência no movimento arcádico de contaminação de anticlericalismo ou irreligiosidade ilustrada",[60] o que pode ser aceito para a maior parte dessa produção poética. O mesmo pode ser dito da Imaculada Conceição. Pense-se ainda que Cândido Lusitano, um dos principais teóricos do arcadismo português, era oratoriano,[61] que a Arcádia Portuguesa e a Congregação de São Filipe de Néri possuíam relações estreitas e que a livraria oratoriana das Necessidades serviu de sede para a Arcádia Lusitana.[62]

Se Garção e Verney diferem sobre o significado da poesia (se apenas deleite, ou também instrução), no entanto possuem as mesmas reservas quanto à utilização da mitologia na poética árcade, porque contrária ao cristianismo. Verney recusa o uso da mitologia segundo António José Saraiva, "em nome da coerência lógica dos crentes cristãos".[63] Nesse ponto, a crítica "iluminista" de Verney e a tentativa de restauração de Cândido Lusitano estão de comum acordo. Cruz e Silva no entanto vai impor o uso da mitologia como tópico essencial da teorização árcade; mas ressalta a sua utilização rigorosamente alegórica, "ornamentando" a poesia de um modo visivelmente inteligível.

José Agostinho de Macedo é ainda mais explícito na condenação do uso da mitologia pagã, por seu caráter irracional e não cristão,[64] mas, ressalte-se, esta não será nem a opinião nem a prática dominante entre os poetas do período.[65] Tomando a mitologia como alegoria, não é impossível a convivência não contraditória entre os mitos greco-romanos e a simbologia religiosa particularmente católica, considerando-se os papéis específicos que cada qual desempenha nesse universo literário. O caso mais sintomático dessa "fusão" seria a obra de Bocage, em que ambos se fazem presentes, sem contudo terem o mesmo valor: a mitologia serve de manacial alegórico exemplificador; a religião, de referência primeira para a auto-avaliação das atitudes do poeta, ocupando hierarquicamente uma posição visivelmente mais importante.[66] Como bem percebeu Schlichthorst, um dos primeiros críticos de nossa literatura, quase todos os autores portugueses do período áureo aceitaram "o velho círculo de idéias da mitologia grega em obras cujo conteúdo não só era puramente cristão mas legitimamente católico".[67] Esse aspecto permaneceu na literatura portuguesa da Idade Moderna.

O procedimento mais recorrente seria, portanto, o de uma poética perpassada por elementos animistas, politeístas e católicos em busca da "unidade natural" perdida.[68] Praticamente não há poeta árcade em que se ausente a religião, ainda que alguns abandonem a mitologia e o politeísmo.[69] Mas a adesão ao catolicismo, contudo, tem um significado completamente distinto do da utilização da mitologia ou da animização da natureza; significa na prática restaurar a prevalência do cristianismo no momento da definição da conduta laica ideal.

Como afirma Carrato, e nisso contrastanto com a interpretação de Manuel R. Lapa, Gonzaga era um "bom católico, embora sem revelar fervor especial",[70] tal como Alvarenga Peixoto. Apenas Cláudio Manuel da Costa possui talvez algum fervor religioso a mais, ainda assim difícil de crer. A fé desses letrados não possui grandes indagações doutrinárias ou teológicas, "está muito satisfeita para ter preocupações".[71]

No que se refere estritamente à produção lírica dos poetas brasileiros, a idéia de que Gonzaga mantém Deus numa pura esfera de "coerência racional" pode ser estendida a alguns outros. Assim, em todo o livro *Glaura,* de Silva Alvarenga, igualmente, Deus não é citado uma única vez.[72] Da mesma forma, nos sonetos de Cláudio Manuel escritos em português, a parte lírica principal de sua obra, Deus, se chega a ser mencionado, não possui nenhum relevo maior[73] no quadro de "coerência racional" já definido. A ausência de Deus, ou sua presença pouco significativa, explica-se, possivelmente, muito mais em função das regras próprias ao gênero.

Conclusões parciais

A PARTIR DAS CONSIDERAÇÕES PRECEDENTES é possível delimitar algumas conclusões parciais referentes à noção de "sagrado" na obra de Tomás Antônio Gonzaga. Se as relações entre o *Tratado* e as *Cartas chilenas* são à primeira vista mais transparentes, o mesmo não se pode dizer com respeito a seus outros textos poéticos, particulamente *Marília de Dirceu*, pelos diversos aspectos apontados.

Tanto no *Tratado* quanto nas *Cartas* é possível verificar a importância do princípio teológico como móvel explicativo, quer seja para a concepção do autor acerca do direito natural, quer seja para a avaliação e justificativa que fornece para os eventos ligados à figura de Fanfarrão Minésio. Se no *Tratado* Deus exalta sua própria glória, exercitando a justiça por meio do castigo, nas *Cartas* os fatos acontecidos surgem como decorrência imediata do castigo de Deus pelos crimes praticados pelos homens. Esse não é o único ponto de contato, como se verá em outros capítulos, mas sem dúvida é nuclear e permite aproximar seguramente os dois textos a partir de suas referências ao sagrado.

No entanto, o personagem Critilo expressa uma fisionomia bem mais complexa em suas relações com o "divino". Sua adesão à ortodoxia católica não está isenta de "máculas", pela presença de alguns elementos supersticiosos nas *Cartas chilenas*. Contudo, o apego às superstições populares, particularmente na entrada do governador em Chile, encontra-se misturado a símbolos católicos. Por outro lado, os dados de superstição não orientam precipuamente o significado do "sagrado" no texto, afeito aos moldes do catolicismo.

Superstição e magia voltam a estar presentes em Dirceu nos poemas citados, o que permite aproximá-lo de Critilo, ainda que reste uma passagem em princípio divergente na ode a d. Maria I, em que Gonzaga supõe algumas práticas como "falsos ritos". Trata-se de uma contradição interna aos poemas do autor, preponderando a superstição, e não a sua negativa.

Por outro lado, os poemas para Marília, ao manterem Deus numa esfera de pura "coerência racional", por meio da noção de Providência, acabam por aproximar-se dos outros textos do autor, ainda que por um caminho diverso. Note-se também que tanto nas *Cartas chilenas* quanto nos poemas se verifica a mesma postura na utilização da mitologia: se "Cupido é deus suposto" em *Marília de Dirceu*, no "sagrado templo" em que se casa a amante de Fanfarrão não se adoram "lascivas graças, nus amores".

Em termos gerais, o *Tratado de direito natural* aproxima-se de uma posição francamente teologal, confrontando-se nesse sentido com correntes mais renovadoras sobre o tema do direito natural no período mesmo em Portugal, expressas pelo jusnaturalismo de cariz iluminista. No campo da sátira, as *Cartas chilenas* contrastam igualmente com sua tendência mais anticlerical representada pelo *Hissope*, expressando antes uma religiosidade exteriorista nos termos das práticas religiosas em vigor em Portugal e em Minas Gerais da época. E nos poemas em geral, particularmente em *Marília de Dirceu*, o poeta adota a um só tempo a mitologia greco-romana e a religião, ao lado portanto dos árcades mais comprometidos com um determinado tipo de "imitação", a que imita os "clássicos", sem descurarem de seu compromisso religioso. Apesar de menos nítida a presença da religião em *Marília de Dirceu*, no entanto, e como se verá em outra parte, tomando o amor como móvel, fundamento desses poemas, Dirceu pode estar ainda mais próximo dos outros textos do que se pode à primeira vista verificar.

Parte III

A sociedade e a política

A PAR DO POSICIONAMENTO do campo do "sagrado" nos textos, delineia-se sua dimensão "profana", nesta parte do estudo observada especificamente por meio das concepções sociais e políticas veiculadas pela obra de Gonzaga. Privilegia-se assim a realização mais abrangente do profano, a organização de uma sociedade. E, nessa sociedade, o tema da política, do público, como um dos que mais imediatamente se relacionam com as questões sociais gerais.

A concepção de sociedade, de vida e organização sociais inerente à obra de Tomás Antônio Gonzaga permite percorrer seus textos verificando diferenças e semelhanças que, em conjunto, tendem para uma harmonia de pontos de vista. Considerando-se as relações entre essa concepção e as orientações políticas presentes na obra, é possível esclarecer melhor essa harmonia. A articulação própria entre problemas ou temas em cada texto, bem como dos textos entre si, permite reconstituir ainda as implicações, qualidades ou dominância entre eles.

É impossível desligar, a não ser para efeitos de análise, problemas como as idéias de sociedade ou de política, de outros aspectos, específicos ou gerais, que organizam e explicam uma concepção do mundo em sentido lato. Tomar esses temas como objeto de investigação implica, portanto, articulá-los a questões já desenvolvidas ou que ainda serão tratadas. A noção de sociedade só se torna compreensível se observada, por exemplo, para além de seus contatos já indicados superficialmente com o tema do sagrado, por meio da concepção de história inerente à obra.

Depreendem-se também desse tipo de investigação possibilidades maiores e menores de correlacionar os textos do autor dada a especificidade deles. Nesse sentido, se abordando o tema do direito natural ou redigindo uma sátira — em que as dimensões sociais e políticas, do ponto de vista da própria forma literária, são constantes no gênero —, a obra permite correlações diversas, ainda que não necessariamente homogêneas ou não conflitantes entre si; o que não ocorre quando se consideram seus outros poemas, nos quais os mesmos temas, apesar de presentes, não são a dominância. Em realidade, eles permitem observar a vida social de pontos de vista mais específicos, particularmente mediante as idealizações presentes acerca das relações afetivas, do casamento e da construção do lar.

Tanto o *Tratado de direito natural* quanto as *Cartas chilenas* cuidarão detalhadamente das noções de sociedade e política, mas de perspectivas bem demarcáveis, o que dificulta a análise dessas idéias. Se no *Tratado* podemos trilhar as opções de seu pensamento abstrato, de caráter histórico, jurídico e filosófico, as *Cartas chilenas* constituem um campo de observação mais próximo a um gigantesco painel: os fragmentos encenados aproximam-se e distanciam-se a partir da própria trama literária.[1]

Por outro lado, retomando os estudos sobre esses temas no interior do *Tratado* e das *Cartas chilenas*, é possível colher algumas indicações contrastantes que permitem delimitar melhor os problemas. Já foram consideradas as observações essenciais de Rodrigues Lapa, Lourival Gomes Machado e João de Castro Osório. Para o primeiro, a experiência de Gonzaga em Minas abalaria alguns de seus conceitos políticos; em Vila Rica nosso autor provaria "a solidez das suas doutrinas".[2] Para o segundo, "a julgar pela aparência", em suas palavras, Gonzaga assumiria posição oposta à do *Tratado*, mas "sem compromissos impossíveis".[3] Por último, João de Castro Osório propõe uma unidade de base entre os textos poéticos de Gonzaga.[4] Para outros leitores, evidencia-se, sobretudo quando se pensa nas *Cartas chilenas* e na Inconfidência Mineira, a dimensão do autor como um dos participantes do movimento, um de seus ideólogos.[5] Outras abordagens considerariam ainda que as *Cartas chilenas* revelam um pensamento conservador ou liberal em relação a determinados aspectos.[6] A análise do *Tratado* e das *Cartas chilenas* buscará ter em conta essas possibilidades.

Capítulo 1

"Sempre havemos admitir na introdução das cidades a providência de Deus"

As ideias acerca da sociedade e da política presentes no *Tratado* guardam uma relação específica com os princípios ali propostos para o direito natural. Adotado o princípio teologal como alicerce do direito natural, o *Tratado* desenvolverá um caminho próprio para buscar compreender e justificar a existência social e a realidade política, distanciando-se outra vez das principais ou mais polêmicas correntes do jusnaturalismo, do pensamento social e político da época.

O direito natural, a coleção de leis que Deus "infundiu no homem para o conduzir ao fim que se propôs na sua criação", não foi suficiente para manter a justiça e a inocência: com "o pecado do primeiro pai" segue-se a dissolução do antigo estado de natureza, e a necessidade de um direito civil que controle os "apetites torpes", as "depravadas paixões". Contudo, em coerência com seu princípio, Gonzaga considerará que Deus "aprovou" as sociedades humanas, fundando a sociabilidade numa "origem, natureza e finalidade extra-humanas".[7] O problema era tão importante para o autor que ele sublinha em nota, na introdução: não se diz que as sociedades foram criadas para se gozar da justiça, "mas só que Deus as aprovou para ele; porque é cousa mui duvidosa qual fora a causa eficiente das cidades" (II, 16). É assim que serão abordados, na Parte II do *Tratado*, os princípios "para os direitos que provêm da sociedade cristã e civil".

O *Tratado* busca explicar a realidade social de um ponto de vista estranho ao naturalismo jurídico-filosófico, "fazendo do indivíduo o ponto de confluência onde se projetam, a um só tempo, a vontade divina e a condição social",[8] ou seja, derivando a sociedade de uma moral individual obediente aos preceitos divinos. Já se observou como a relação entre a vontade individual e a ordem natural, para Gonzaga, resolve-se pelo exercício da vontade do homem, criado livre, que busca adequar-se à lei divina.[9]

Para se compreenderem as implicações de uma tal orientação é necessário retomar aquilo que o *Tratado* considera o princípio do direito natural (capítulo 6º da Parte I do *Tratado*) para se demarcar a posição *sui generis*, a diferença de princípio entre nosso autor e outros pensadores no assunto. O direito natural se fundamenta em dois princípios: "de ser" e "de conhecer".

Com respeito ao princípio "de ser", como indica Lourival Gomes Machado, apesar de certa dificuldade, ou artifício, poder-se-ia ainda aproximar Gonzaga de Grócio e Pufendórfio, já que em ambos, também "duma ou doutra forma, sempre se irá ter a Deus".[10] Mas não é possível desconsiderar a radical diferença entre ambos: para Grócio e Pufendórfio, a coexistência de duas questões: a crença em Deus e a realidade humana, sem contradições substanciais entre si; para Gonzaga, a vontade divina e a realidade das coisas como um único fato fundado na vontade de Deus. Resolvido o princípio "de ser" no parágrafo 2º. do referido capítulo, Gonzaga rapidamente passa a seu alvo principal: a refutação de Grócio nos parágrafos 3º. e 4º. já comentada anteriormente,[11] essencial para que o autor prossiga em sua definição do princípio de "conhecer".

Tendo em conta que o princípio "de conhecer" "é uma proposição tal que, posta ela, conheceremos quanto é de direito natural" (II, 61), conheceremos o proibido e o mandado "por direito da natureza" (II, 63); trata-se, para o autor, de verificar até que ponto o mesmo é "certo, claro e adequado". Definido como deve ser esse princípio, a partir do parágrafo 7º. do mesmo capítulo são analisadas as opiniões ou proposições do que ele deva ser.

É assim que nosso autor afasta-se, em primeiro lugar, de Burlamaque, quando este supõe a religião, o amor-próprio e a sociedade como os três princípios de "conhecer", apesar de reconhecer o mérito de seu pensamento. Seguindo Heinécio, considera indispensável que se reduza o princípio "de conhecer" a um único, para que não se tirem conseqüências opostas derivantes da existência da pluralidade de princípios (II, 63). A seguir, o *Tratado* enumera as posições de Pufendórfio, Grócio e Hobbes, que fundam na sociedade o princípio do direito natural, recusando-se a verificar as especificidades, diferenças entre aquela tendência sociável natural do homem entrevista em Grócio e Pufendórfio e a idéia da sociedade como um mal menor contra o homem "lobo do próprio homem", seguindo Hobbes.[12]

O *Tratado* aborda ainda algumas outras posições e, no final, descarta em uma linha os escolásticos. Nesse momento o texto sofre uma forte inflexão literária, e, sem dar continuidade aos problemas abordados ou não os tratando com o mesmo rigor que ainda vinha se mantendo, o autor opta por uma saída extremamente inusitada:

> Bodino julgou que ele [o princípio "de conhecer"] se podia assinar na ordem da natureza, Seldeno... mas, para que me canso a referir mais opiniões, podendo logo expender a de Heinécio, mais sólida e verdadeira? (II, 65)

Segue-se a compilação da posição de Heinécio:

> Ele diz que Deus, sendo um ente sumamente santo, há de querer que nós vivamos felizes; que a felicidade consiste na posse do bem e na privação do mal; e que nós não podemos viver na posse do bem e na isenção do mal, sem ser por meio do amor, parece que não tem dúvida. Daqui deduz que o amor é o verdadeiro princípio de conhecer do Direito Natural. (II, 65)

Para a confirmação da veracidade desse princípio, o autor enumera o exemplo do próprio Cristo e a posição de são Paulo, onde se sublinha sua intenção explícita de compreender esse princípio como uma norma moral: "São Paulo nos diz que toda ela [a lei] se reduz ao preceito de amarmos ao nosso próximo, concluindo que o amor é o complemento de toda a lei" (II, 66).[13] Não poderia ser maior o abismo entre a posição de Gonzaga e a da tradição jusnaturalista da época, mesmo a do próprio Heinécio, seu inspirador, como se verá um pouco mais adiante. Adotando o amor como princípio "de conhecer", Gonzaga não apenas definia seu âmbito de norma moral. Igualmente, transpondo para a individualidade subjetiva o fundamento do pensamento jusnaturalista, nosso autor nega as bases objetivas, verificáveis de um pensamento social que busca alçar-se à condição de ciência.[14] Por fim, o princípio do amor conflita ainda com as vertentes mais racionalistas no âmbito do direito natural "como se houvesse deliberado intuito de rebaixar a razão, entidade todo-poderosa do século de Gonzaga, para em seu lugar entronizar um sentimento, raiz de paixão".[15]

A importância do pensamento de Heinécio para a obra de Gonzaga pode ser atestada pela grande quantidade de referências a sua obra, bem como pela opção por suas orientações em momentos específicos. O passo tem tanto mais importância quando se considera a obra de Heinécio junto com as de outros autores, nas quais não se observam maiores contradições. Patenteia-se mais ainda a adesão consciente de Gonzaga com vistas a seus próprios objetivos quando se observa como o autor igualmente se afasta de sua talvez principal filiação teórica. Dessa forma, a utilização de Heinécio por Gonzaga é antes a adoção de um ponto de vista pelo qual busca invalidar Grócio, Pufendórfio, entre outros, uma vez dada a orientação teológica como princípio, do que propriamente uma identidade de sistemas, coisa que Gonzaga certamente não almejava e sabia impossível.

A tradução de Burlamaque citada logo no "Prólogo", obra de compilação que seu *Tratado* buscava superar, permite entrever mais claramente as opções de Gonzaga. Apesar de não se deter minuciosamente na crítica da obra de Burlamaque, que considera apenas incompleta, pois "não dá senão uma notícia dos primeiros princípios, o que ainda não o faz de todos" (II, 13), a tomar a opinião de Burlamaque sobre Heinécio, Gonzaga certamente incluiria o primeiro entre os de "língua estranha", "que não seguem a pureza de nossa religião".

Na "Introdução Histórica e Crítica" aos *Princípios* de Burlamaque, este autor, depois de elogiar o trabalho de Heinécio em diversos pontos, não deixa de manifestar, contudo, sua admiração ao avaliar a posição do autor no que tange ao princípio "de conhecer" do direito natural:

> Aqui Heinécio separa-se dos outros autores, para fixar a fonte desse conhecimento ou o princípio dessa regra. Não o encontra nem na concordância de nossas ações com a vontade de Deus; nem na justiça ou injustiça das ações humanas; nem no consentimento dos povos, nem nos sete preceitos de Noachides; nem no direito de todos sobre todas as coisas, e no desejo e necessidade de viver em paz, nem no estado de integridade: nem na sociabilidade; nem na ordem natural que Deus estabeleceu no universo; nem na utilidade do gênero humano; nem numa teocracia natural, e outras hipóteses semelhantes, — dá-nos vontade de perguntar, com impaciência, onde o encontra, pois: eis a resposta: Deus, ser infinitamente sábio e bom, quer tornar os homens felizes; é o fim da sua lei ou de sua vontade, dada aos homens como regra de conduta. Essa felicidade encontra-se no gozo do bem e na ausência do mal; ora, como não podemos gozar o bem senão enquanto amamos, o amor do bem é o princípio e suma do Direito Natural. O objeto desse amor é Deus, nós mesmos e nossos semelhantes.[16]

Burlamaque, impressionado com a posição de Heinécio, após considerar que este se afasta de todas as tentativas de solução imaginadas, conclui com outra observação fundamental:

Quando, depois, torna às minúcias e à aplicação desse princípio Heinécio volta ao caminho que têm seguido os melhores autores, cujos sistemas expusemos, e fica de acordo com Cumberland, cujas idéias parece ter seguido em muitos pontos, juntamente com Grócio, Pufendórfio, Vollaston, etc.[17]

Tomás Gonzaga, portanto, assumia uma postura que em seu próprio tempo era considerada inusitada. Por outro lado, diferentemente de Heinécio, que no mais "volta ao caminho que têm seguido os melhores autores", visa a um objetivo bem determinado: fazer decorrer toda explicação de um pressuposto teológico. Considerando Deus e o amor como princípios do direito natural, Gonzaga constrói um caminho próprio para as noções de sociedade, indivíduo, realidade política e direito que busquem não contraditar esses princípios, afastando-se deliberadamente das vertentes gerais do pensamento jusnaturalista da época.

O fato de a Parte II do *Tratado* considerar em primeiro lugar a sociedade cristã para só depois tratar da sociedade civil é uma questão formal no sentido exato de que expressa a hierarquia do próprio texto, no qual os princípios naturais vêm expostos antes e devidamente afastados dos princípios impostos pela sociedade civil. A partir das explicações do texto acerca da passagem do estado de natureza para o estado de sociedade, é possível verificar de que modo Gonzaga resolve esse problema atendo-se a seus princípios e que conseqüências decorrem disso.

O autor, ao discutir a "causa eficiente" das cidades, sintetiza o problema e de certo modo já a orientação que lhe imprimirá:

> Sim, no estado da Natureza em que os homens nasceram, todos eram livres, todos eram iguais. No estado da sociedade civil que os homens constituíram, eles se vêm despojados da natural igualdade, expostos às iras de um rei tirano, sujeitos a pesados tributos, a castigos injustos, aos perigos e outras infinitas calamidades. Ora, sendo o homem por sua natureza um animal sumamente feroz, soberbo e vingativo, quão forte seria a causa que o moveu a deixar aquele estado, em que não reconhecia superior que coartasse as suas ações, para passar para outro em que havia reconhecer um rei, que, além de lhe limitar a liberdade, o havia tratar como a seu inferior. (II, 92)

Consideremos apenas a noção do estado de natureza, em que os homens são livres e iguais. Esse quadro idílico do estado de natureza complementa-se com outras leis divinas ou naturais: a idéia de felicidade e de sociabilidade humanas. O mandamento moral da busca da felicidade conjumina-se, aliás, com "a exigência que tem o homem de seu semelhante" (II, 25). O homem, como "animal apetitosíssimo de sua felicidade" (II, 26), há de viver em sociedade, o que pode se provar pela "fragilidade de sua natureza", pois Deus quer que o pai cuide do filho, que o homem, o mais frágil dos animais, não sirva de pasto às feras. Deus aprova as sociedades, portanto, para que nos ajudemos mutuamente. As passagens, contudo, são ambíguas. Parece mais adequado considerar que no pensamento de Gonzaga convivem duas concepções de sociedade, uma inerente ao estado de natureza, enquanto simples associação humana, e uma outra sociedade, propriamente civil, referente ao estado de sujeição. Resta ainda considerar a religião natural e revelada, pois só assim se compreende a concepção de sociedade cristã como preceito natural.

No capítulo 1º da Parte II, portanto, Gonzaga demonstrará a necessidade da religião revelada, retomando são Tomás. Dadas as duas verdades, das coisas naturais e sobrenaturais, conclui-se que, para "um perfeito conhecimento de umas e outras, nos é totalmente necessária a luz de uma revelação divina". A religião natural não nos é capaz de indicar os "meios" pelos quais devemos honrar a Deus. "Logo", conclui o autor, "carecemos de uma comunicação da Sabedoria Divina" (II, 69), já que, com a primeira culpa, "nós perdemos a ciência", ficamos "escravos da ignorância" (II, 68).

Sendo imperiosa a necessidade da religião revelada, torna-se imperioso que ela seja apenas uma, senão teríamos que admitir ou existirem religiões opostas, fazendo "a Deus mentiroso", ou redundantes, já que se trata de cópias de uma única lei (II, 69). Admitida uma única religião revelada, o autor passa a mostrar, no capítulo 2º da mesma parte, qual seja ela: "a que Cristo Jesus nos ensinou" (II, 70). O capítulo, em primeiro lugar, toma exatamente escritores que seguiram "o gentilismo ou religião diversa" para demonstrar de forma "cabal" que Cristo existiu. Assim faz referências a Tácito, a Plínio e aos maometanos. Provado que "houve Cristo", segue-se o argumento de que este é filho de Deus. Até o final do capítulo, a fonte principal será a Bíblia, sendo notável o apego incondicional aos preceitos cristãos e ao caráter de verdade absoluta dos livros sagrados.

Assim vêm listados os "prodígios" de Cristo, desde o milagre dos pães até seus poderes de afugentar demônios e ressuscitar mortos (II, 71). Seguem-se outras provas, como a resistência do primitivo cristianismo às permanentes perseguições e a extensão da religião cristã pela Europa, Ásia, África e América (II, 72-3).

Mas os argumentos mais importantes dizem respeito à "santidade dos livros" dos quais Gonzaga tira seus fundamentos.

As provas apresentadas pelo autor não são propriamente provas, no sentido atual do termo e talvez nem mesmo para determinados sentidos na época. Trata-se em realidade de uma seqüência de opções de fé em que o pensamento se torna circular: acredita-se na santidade do Antigo Testamento pela sublimidade de suas doutrinas, que não podiam sair "de um entendimento meramente humano" (II, 73). As outras provas são as profecias e os milagres.

O *Tratado* cita por fim a estilística dos textos sagrados, que "excedem muito a toda eloqüência humana" (II, 74). Todo o restante do capítulo buscará refutar outras religiões, como o paganismo, o judaísmo e o maometanismo, a partir de seus próprios fundamentos.[18] Considerada a religião cristã como única portadora da verdade revelada, há de se verificar que tipo de sociedade cristã Gonzaga propugnava do ponto de vista de sua organização.

Os capítulos 3º e 4º da mesma parte do *Tratado* abordarão esses aspectos por meio das propriedades da Igreja e de seu poder. A Igreja, para Gonzaga, é uma sociedade, define-se por "uma congregação de fiéis que seguem a religião de Cristo, debaixo do regime do seu legítimo pastor" (II, 78). Essa Igreja é não apenas una e universal, mas igualmente "infalível nas disposições da fé" (II, 79). Por fim, como sua última propriedade, adenda-se a "sua permanência e perpétua duração" (II, 80).

Mas há na sociedade cristã a "precisão de um imperante sumo" (II, 81), sem o que não se poderia guiar "ao fim da felicidade eterna". A obediência e sujeição totais dos fiéis a um superior é o único modo de evitar a "confusão e desordem" provenientes das próprias dúvidas da comunidade de cristãos sobre doutrinas de fé ou costumes. A necessidade de somente um imperante é o único modo de obstar orientações díspares no exercício do mando. Gonzaga retoma assim o clássico debate a respeito da autoridade papal e do concílio, e encaminha suas opções estabelecendo uma "diferença do poder, enquanto à propriedade, ao poder, enquanto ao exercício" (II, 81). O autor inclina-se para a forma conciliar de poder, mas ressalvando a todo momento a hegemonia eclesiástica do papa, cabendo-lhe primazia e posto de primeiro entre os bispos do concílio (II, 87), o que, contudo, resulta em uma sensível diminuição de seu poder. Ressalte-se também que, em nenhuma hipótese, o papa possui "jurisdição temporal direta ou indireta sobre os reis (II, 89). Segundo Lourival Gomes Machado, era de "extrema liberalidade" a visão de Gonzaga sobre a organização da Igreja. Isso se verifica não apenas na opção pela aristocracia no exercício do poder, como pela descentralização do mesmo poder entre os diversos bispados (II, 88), responsáveis pela constituição do concílio e que se governam autonomamente.[19]

Comparada à sociedade cristã propugnada por Gonzaga, sua sociedade civil não poderia ser mais contrastante. Apesar de o autor não se subtrair à discussão da passagem do estado de natureza ao de sociedade civil, supondo mesmo "quão forte seria a causa" para isso, não oferece uma solução, ou antes, toda a passagem serve-lhe somente para reafirmar o papel de Deus em tal fato, dada a impossibilidade de se saber a causa por procedimentos racionais conhecidos. Expliquemos.

Todo o capítulo 5º da Parte II do *Tratado* buscará encontrar essa "causa gravíssima", "tão urgente" dos homens se constituírem em sociedade, pois mesmo os povos mais bárbaros possuem ao menos "um simulacro da sociedade civil" (II, 91). A passagem é delicada porque Gonzaga, em princípio, afasta tanto Deus quanto a natureza como causas: "Uns põem a causa eficiente das cidades em um estatuto divino; por isso passavam a dizer que havia haver cidade inda no estado de Natureza" (II, 92). Essa posição é invalidada terminantemente, pois a "Sagrada Página" afirma que a primeira cidade foi feita por Caim. As cidades são necessárias apenas a partir do pecado original, porque a necessidade de coagir as ações humanas seria inconcebível no estado de "inocência santa". Negando o atributo divino em princípio, inclusive pelo fato de não existirem passagens na Bíblia que claramente expressem ter Deus criado ou mandado fazer a primeira cidade, o autor contudo suspende a decisão, pois "Deus não faz cousa alguma sem fim" (II, 92).

A outra posição é igualmente abordada: "outros dizem que o homem por natureza foi criado para o estado civil" (II, 92). Já tendo considerado que o homem no estado de natureza era livre e igual, o autor apenas acrescenta provas contra essa alternativa. Prosseguindo na avaliação de outras hipóteses explicativas, Gonzaga insinua sua preferência por Pufendórfio, já manifestada no conceito de cidade do mesmo autor com que Gonzaga abre o capítulo: "o medo foi a causa eficiente das cidades" (II, 93). A sociedade civil surge como lugar capaz de proteger o homem da maldade de seus semelhantes. Gonzaga cita ainda a posição de Bodino, para quem "o apetite e a violência" são as causas das cidade. Por fim, avalia Heinécio, que atribuía à sociedade dos ladrões a criação da primeira cidade, o que é recusado prontamente, pois a cidade possui um fim que "há de ser justo e santo, como é a paz, o sossego, a justiça e a defesa" (II, 95).

É interessante observar como Gonzaga, afastando-se agora de Heinécio, aproxima-se de Pufendórfio, autor que recusa em diversas outras passagens. Esse movimento entre os autores citados, longe de demonstrar ecletismo, sugere melhor como Gonzaga se apropria da tradição jusnaturalista visando a seus próprios objetivos.

Admitido que o estado de sociedade, de "sujeição civil", é uma necessidade para a existência humana, é o meio capaz de permitir a paz entre os homens, mesmo o "medo" de Pufendórfio, como causa eficiente, mantém sua origem desconhecida, momento em que intervém "a providência de Deus":

> Qual logo poderemos julgar que foi a causa eficiente da primeira cidade? Eu entendo que não foi outra senão o medo e o temor. Agora, se a causa deste medo foi ou a sociedade dos perversos, ou tão-somente dos insultos que os maus executariam sem serem unidos em forma de cidade, é certeza que não podemos descobrir com o discurso, e só a poderíamos ter por meio de uma sucessiva tradição. É de advertir que, ou fosse a causa esta ou fosse outra, sempre havemos admitir na introdução das cidades a providência de Deus, pois sendo ela tal que se estende aos mais desprezíveis animais, não a havemos negar em uma cousa tão útil e necessária para a nossa felicidade. (II, 95-6)

Se nem o discurso nem a tradição[20] são suficientes para dirimir as dúvidas, a única explicação possível é a própria Providência divina que se estende mesmo "aos mais desprezíveis animais". O homem, adquirindo uma natureza "corrupta e inclinada ao mal" com o pecado original, sendo "o mais feroz e soberbo de todos os animais", só é capaz de refrear suas paixões se se submeter a um estado de sociedade, não apenas para atingir a felicidade terrena, mas sobretudo para a glória de Deus.[21] Fecha-se assim o círculo: Deus, além de causa, é igualmente o fim da existência social:

Daqui se segue que a sociedade civil, posto que não seja mandada por Direito Natural, de forma que digamos que o quebram os que vivem sem ela à maneira dos brutos, é contudo sumamente útil e necessária, para se guardarem não só os preceitos naturais que dizem respeito à paz e felicidade temporal, mas também para se cumprirem as obrigações que temos para com Deus, porque nem a religião pode estar sem uma sociedade cristã, nem esta sociedade cristã sem uma concórdia entre os homens, nem esta concórdia se poderá conseguir sem ser por meio de uma sociedade civil. (II, 97)

São diversas as implicações decorrentes da posição de Gonzaga no que diz respeito à Providência de Deus no estabelecimento da sociedade civil para suas idéias políticas. O *Tratado* não oferece mais que uma solução dogmática para o intrincado problema da passagem do estado de natureza para o de sociedade, a mesma solução que lhe permitirá definir mais detalhadamente o exercício do poder. Dada a necessidade de um poder supremo para dirigir as sociedades, e posto que no estado de natureza não há superioridade de um em relação a outros, o *Tratado* assume uma posição semelhante às formulações absolutistas do período como orientadora das definições subseqüentes. Essa operação efetua-se segundo o enunciado: "Não se poderá negar que todo o poder que um ente criado exercita sobre outro seu semelhante não pode proceder senão de Deus" (II, 100). É Deus que "aprova e confirma o título por que damos a qualquer o poder de governar" (II, 101).

Nesse sentido, quando o autor analisa as divisões das cidades, por que se formam e de qual a sua melhor forma (capítulo 6º. da Parte II), seus argumentos visarão não apenas a definir o modo como se institucionaliza o exercício do poder, mas também a crítica da aristocracia e da democracia. Tratemos em primeiro lugar da institucionalização do poder.

Tomás Gonzaga opõe-se a Pufendórfio quando este considera a necessidade de dois pactos e um decreto na constituição da sociedade. Segundo o *Tratado*, em realidade são necessários um pacto e dois decretos. O pacto é necessário apenas no momento em que os homens decidem constituir a sociedade civil. Após esta definição não retroativa, cabem apenas dois decretos: o primeiro, "para se determinar a qualidade da cidade ou sociedade" (II, 98), e o segundo, "para se elegerem quais sejam as pessoas que devam exercitar o sumo Império". Esses decretos, igualmente, não são retroativos. Depreende-se, segundo Lourival Gomes Machado, de que modo o *Tratado* propõe explicitamente a "obediência passiva",[22] e as conseqüências disso para a liberdade individual. No pensamento de Gonzaga, o povo possui apenas a faculdade de eleição, e não algum poder de a transferir (II, 101).

A orientação absolutista do *Tratado*, contudo, fica ainda mais bem precisada quando se considera a origem do poder: "*omnis potestas a Deo*". Decorrência necessária: todo poder de um ente criado sobre outro "não pode proceder senão de Deus". Se a natureza fez a todos iguais, "é necessário para reconhecermos mais superioridade a um do que aos outros confessarmos que Deus aprova e confirma o título por que damos a qualquer o poder de governar" (II, 100-1). O supremo império, identificado com o governante, possui uma soberania ilimitada e, ainda mais importante e decisivo, não submetido a nenhuma possibilidade de responsabilização, senão a de Deus:

> Já mostramos que os delitos do rei não podem ter outro juiz senão a Deus, de que se segue que como o povo não pode julgar das ações dele, o não pode também depor [...] Ao povo, depois que elegeu monarca já nada mais toca do que obedecer-lhe e respeitá-lo. (II, 106)

Essa orientação absolutista ilimitada, que se antepõe veementemente à possibilidade do exercício do poder estar ligado a um pacto passível de ser dissolvido, considerará ainda a monarquia a melhor forma de governo:

> S. Jerônimo, elegantemente, diz que não é conveniente que a República se governe senão por rei, assim como o exército não deve ter mais de um só general, uma nau um capitão, uma casa um senhor. (II, 100)

Monarquia, aliás, de caráter hereditário, pois Gonzaga opunha-se ao critério de eleições sucessivas que apenas ampliariam as disputas entre os interessados (II, 111-2). Nesse sentido, opunha-se a todo o ideal de igualdade político-jurídica problematizado e latente em parte do direito natural moderno.

É importante observar de que modo Gonzaga, tendo-se encaminhado definitivamente para a defesa de um absolutismo extremado, busca de outra parte eximir-se das formas concretas que esse absolutismo poderia encarnar, distanciando-se principalmente de Maquiavel, "o qual afirmou que ao rei era lícito tudo quanto lhe agradava" (II, 106). Para Gonzaga, o rei é um ministro de Deus para o bem" (II, 106), retomando são Paulo. São as imposições dogmáticas, e não as justificativas racionais, que permitem a avaliação moral da ação do governante. É por isso que se torna inadmissível para o autor qualquer resistência à tirania, ao despotismo, porque se oporia logicamente à premissa central de que o poder derivado de Deus é ilimitado e não submetido a responsabilidade alguma, mesmo que o próprio autor se adiante em condenar os tiranos e déspotas por abuso de poder, apesar de não lhe ser dado mais que esse direito de "ação moral":

> Mas que diremos nós, quando o rei tem um ânimo hostil contra o seu povo e trata os indivíduos da sociedade como manifesto tirano? Heinécio diz que, ainda que a doutrina teórica seja que a este se pode resistir, contudo quase que não pode ter exercício na praxe, pois como das ações do rei ninguém pode conhecer, além de Deus, não pode haver quem julgue se ele verdadeiramente é inimigo da sociedade ou não é. (II, 106-7)

Sendo impossível uma avaliação racional da ação do governante, restam ao *Tratado* os princípios morais de fundo teológico, expressos em efeitos literários nem sempre felizes: "Que mão, que mão poderá tocar no Cristo do Senhor sem ficar manchada?" (II, 107). Ou seja, não é lícito a "um vassalo ofender e ultrajar ao seu soberano" (II, 107). Não se pode dizer, contudo, que Gonzaga seja um defensor da tirania ou do despotismo:

> Não é necessário o despotismo, pois este, como consiste na laxidão de fazer o soberano quanto quiser e não quanto é justo, repugna ao fim da sociedade e por isso não se deve admitir. (II, 108)

Mas, igualmente, há que se compreender a necessidade de se respeitar o governante, ainda que tirânico, dada sua investidura divina:

> a sociedade não pode subsistir sem algum governo; logo, para o mesmo bem da sociedade, é necessário que o tirano mande o que é preciso e que o povo lhe obedeça. (II, 112)

Afastada toda possibilidade de intervenção racional nos desígnios divinos, compreende-se de que forma só resta ao homem submeter-se a um plano transcendente de interpretação da realidade, ao amor, enquanto "princípio de conhecer" as normas da existência social e guia das condutas. Tendo em vista que a ordem social e política funda-se num princípio teologal, não poderia discrepar desse eixo a definição da ordem jurídica. Não apenas a noção de lei tem origem divina, como igualmente os princípios do direito e da justiça, o que é o assunto de toda a Parte III do *Tratado*.

Este breve esboço das concepções de sociedade e de política no *Tratado* visa apenas a indicar seu encaminhamento central: a defesa de um absolutismo exaltado fundando o direito natural numa matriz teológica, e, com isso, distanciando-se do pensamento jusnaturalista em geral. Pode-se mesmo observar de que forma o texto, mediante sua concepção da queda original, afasta-se definitivamente de Grócio (que supunha como boa a criatura de Deus) e se encaminha para o pensamento de Hobbes. Mas Gonzaga igualmente não se identificava com o *Leviatã*, pelo risco de este poder vir a ser interpretado como justificativa para a resistência legal.[23] Em realidade, a oposição de Gonzaga é tão flagrante em relação ao pensamento jusnaturalista que se trataria de um caso de "oposição integral ao próprio direito natural":[24]

Não houvesse as injunções da cultura de seu tempo, e poderia abrir mão dessa superfetação jusnaturalista, posto que seu sistema, sem mudança de um só pormenor, poderia construir-se alicerçado no direito divino dos reis concebido à medieval.[25]

A própria noção de absolutismo, do Estado absolutista enquanto "um aparelho de dominação feudal reforçado e recalcado"[26] parece adequar-se perfeitamente às formulações do *Tratado*. No entanto, se se compreende o absolutismo político em suas formulações mais conhecidas, as obras de Bodin e Hobbes, é impossível elidir o abismo que separa essas formulações do pensamento de Gonzaga, tendo-se em conta que tanto em Bodin quanto em Hobbes a proposição do absolutismo político caminha *pari passu* à compreensão da organização social como um fato autônomo, independente dos desígnios divinos.

Talvez a própria noção de absolutismo não seja a mais adequada para definir o *Tratado* em virtude dessa diferença essencial. Afinal, compreendê-lo também como "absolutista" é reunir em um grupo posturas radicalmente heterogêneas em seus fundamentos filosóficos, é ampliar demais a aplicabilidade do conceito de "absolutismo", levando-o com isso a perder sua força explicativa. Utiliza-se, de qualquer forma, a noção de "absolutismo" para caracterizar o *Tratado* à falta de uma nomenclatura mais específica da ciência política que dê conta de precisar conceitualmente uma postura como a de Gonzaga, mas também porque o *Tratado* comunga com o "absolutismo" uma idéia central: a de que todo o poder deriva de Deus.

Por fim, se do ponto de vista doutrinário o *Tratado* distingue-se da orientação pombalina, como ficou dito na parte anterior deste trabalho, do ponto de vista prático não há contradições entre ele e o plano de reformas do marquês de Pombal. Isso decorre, certamente, do fato de o "despotismo esclarecido" poder ser tomado como uma variante do próprio modelo do Estado absolutista.[27] Compreende-se, nesse sentido, porque o *Tratado* não apenas é dedicado ao marquês como igualmente faz o elogio das medidas práticas adotadas por Pombal no período, porque não há uma ruptura entre os interesses políticos de ambos, mas uma ruptura doutrinal.[28]

Capítulo 2

"Um chefe destes só vem para castigo de pecados"

COTEJANDO A PERSPECTIVA do *Tratado* com as *Cartas chilenas* no que se refere aos mesmos aspectos, é possível anotar identidades que unificam esses textos. Ou ainda mais: verificar como ambos possuem a mesma orientação geral no que se refere a pontos capitais.

Trata-se portanto de observar até que ponto, e nos níveis possíveis de comparação, as *Cartas chilenas*, ao se referirem a problemas sociais e políticos, não contrariam alguns aspectos centrais da doutrina do *Tratado*, como o submetimento à tirania ou o chefe ruim enquanto castigo divino. Por outro lado, pela diferença dos pontos de observação desses textos, é possível ampliar o sentido atribuído às noções abordadas tendo em vista relações complementares entre eles.

É particularmente importante a semelhança de idéias entre o *Tratado* e as *Cartas* considerando-se que a esses textos se impõem regras bem distintas de composição, não apenas do ponto de vista dos problemas ou temas, mas particularmente no que diz respeito à liberdade interna de reflexão e produção em cada um desses campos. A sátira no século XVIII é um espaço privilegiado de crítica dos costumes em que o anonimato cria condições de maior virulência nos discursos.[29] Critilo sabia dessas "regras de composição".

O que chama a atenção nas *Cartas* não é tanto o fato de elas poderem servir de documento histórico relativo para o estudo de Vila Rica no período, mas o modo como por meio delas são repostos alguns problemas básicos para o século XVIII, particularmente os referentes às proposições de uma forma de vida social e política. Nesse sentido, aquilo que Antônio Soares Amora observa com respeito ao *Tratado*, apesar dos limites de sua interpretação, pode ser reorientado para a focalização das *Cartas chilenas*:

> o *fugere urbe* só se poderia praticar, de fato ou em espírito, até certo ponto, e como solução circunstancial de paz e prazeres da alma e do corpo, porque o civilizado tinha de viver a sua vida urbana. Para o século XVIII o civilizado também poderia construir uma "idade de ouro", um estado de "felicidade" urbana, desde que procurasse o "bem comum" e o "progresso" e reconduzisse o Estado aos princípios do Direito Natural (veja-se o *Tratado de direito natural*, de Gonzaga) e pusesse no governo do Estado um "governante esclarecido".[30]

Trata-se, portanto, de uma discussão interna às reflexões árcades do período. Antônio Diniz da Cruz e Silva, o principal teórico dos gêneros bucólicos no arcadismo português, abordando "o diálogo campo–cidade, ou rusticidade–civilização", nas palavras de

Antonio Candido, formula uma classificação dicotômica: segundo o poeta, há uma "Poesia Pastoril", "que tinha por objeto o imitar a vida no campo" e "outra que se reduzia a tratar as ações, usos e costumes dos cidadãos, a que para distinção podemos chamar Poesia Urbana".[31]

É possível observar como as *Cartas* se posicionam em relação à maioria desses aspectos, se não todos, mesmo que por caminhos aparentemente menos precisos. A preocupação com a cidade, a vida urbana, inerente a tantos projetos de urbanização e de paisagismo no século XVIII,[32] não pode ser descolada, simplesmente oposta à outra orientação da sensibilidade coletiva, ao menos artística do período, qual seja, a pesquisa da natureza. Ao contrário, a necessidade de realização de uma vida urbana melhor impõe, por caminho diverso, uma mesma preocupação de base: a dos direitos naturais, considerando-se a especificidade que o conceito de natureza assume no período.[33]

As *Cartas chilenas*, quando comparadas a outros textos árcades, não deixam de chamar a atenção pelo fato de serem o texto mais claro dessa orientação a que se vem referindo. Mas, mesmo em outros autores, é possível encontrar preocupação semelhante, ao menos no poema *Vila Rica* de Cláudio Manuel, apesar das contradições internas à sua obra, tendencialmente antiurbana, o que será retomado adiante. As sátiras de Tolentino e mesmo a presença da dimensão da vida urbana no interior da poesia pastoral e bucólica do período terão ainda que ser vistas em outro contexto.

A consideração das relações entre o conteúdo das *Cartas* e a realidade histórica de Vila Rica nos anos 80 do século XVIII vem antes no sentido de mapear o ponto de vista de Critilo acerca dessa realidade do que propriamente contribuir para o conhecimento da verdade ou não dos fatos narrados, mesmo que isso deva ser feito, o que já soma um trabalho relativamente exaustivo.[34] Isto permite distinguir as determinações imediatas das razões de fundo internas ao texto.

Critilo é um estrangeiro. Observador arguto da vida social e política, pode-se considerá-lo possuidor de uma visão em certa medida realista dos fatos. Talvez nisso resida a riqueza da própria obra: a convivência de princípios, de universais, com uma busca empírica, ainda que apaixonada, das coisas.

A seu olhar, portanto, não escapava a queda do fluxo minerador, a crise da produção aurífera das minas. Haviam-se passado mais de 30 anos desde o *Áureo Trono Episcopal*, momento de apogeu do ouro.[35] Por outro lado, para Critilo, a crise político-social de que fala tem razões próprias, independentes da situação estritamente econômica da capitania. A reordenação da forma de domínio político seria, aliás, o único modo de operar com a nova situação econômica vivida pela colônia. Mas o texto não esboça um projeto sistemático acerca disso, apenas entrevê o problema de uma perspectiva geral.

Critilo é um "mancebo", um "cavalheiro instruído nas humanas letras" (I, 190), como se lê no "Prólogo", um estrangeiro culto que, ao viver alguns anos nas "Américas espanholas", viu-se na obrigação de escrever as *Cartas chilenas*. Como habitante do reino, Critilo amplia a tentativa de distanciar seu ponto de vista das questões em pauta, ao mesmo tempo em que funda a legitimidade de sua crítica na definição clara dos interesses que pretende defender: os da Coroa.

Acostumado à vida na "grande cidade", por outro lado não deixa de ser simpático com a "pobre aldeia": "Não pede, Doroteu, a pobre aldeia/ os soberbos palácios, nem a corte/ pode também sofrer as toscas choças" (I, 216). Esse "senso de medida", de proporção, em geral permite-lhe por um lado ter uma visão relativamente equilibrada de Vila Rica. "Enquanto, Doroteu, a nossa Chile/ em toda parte tinha, à flor da terra/ extensas e abundantes minas de ouro" (I, 234), mesmo aí não se justificava o dinheiro despendido "em touros, cavalhadas e comédias, aplicar-se podendo a cousas santas" (I, 235).

Mas por outro, a visualização de um passado de fausto retoma a mesma "percepção da decadência" comum aos homens do século XVIII em Minas.[36]

Em passagem anteriormente citada já se observou esse aspecto inerente às *Cartas*: "aonde se amontoam os viventes/ em cidade ou vilas, aí crescem/ os crimes e as desordens, aos milhares" (I, 291), apesar de esse passo ser ambíguo, pois tanto pode ser um pensamento de Critilo quanto de Doroteu. Mas não é à cidade que se atribuem as conseqüências do governo de Fanfarrão, e sim aos europeus que "espalharam na terra tanto sangue!" (I, 291). Tal como no *Tratado*, a sociedade civil, política, não é algo que se oponha ao projeto de felicidade humana, antes aparece como um meio para sua efetivação. Se no *Tratado* "aprovou Deus as sociedades humanas", nas *Cartas chilenas* se trata de discutir os meios para melhor governá-las com vistas ao problema da paz e da felicidade pública, já que a causa para os desastres relatados repousa em última instância numa explicação transcendental.

Pode-se dizer que Critilo, esse observador minucioso dos comportamentos sociais, não esperava muito de seu tempo, ainda que escapasse da alternativa do ceticismo por uma via moral de matriz teológica. Se a "modernidade" de seu tempo lhe sugere a mais pura decadência dos costumes, é possível contudo que outras mudanças venham a ocorrer. A concepção de Critilo, nesse particular, ao supor a transformação dos modos de vida, aproxima-se da concepção cristã do devir histórico-social, apesar de não detalhá-la em todas as suas implicações.[37] Passado o castigo divino, sociedades melhores retornarão. A avaliação que Critilo faz dos costumes de seu próprio tempo é implacável:

> Amigo Doroteu, estás mui ginja,[38]
> já lá vão os rançosos formulários
> que guardavam à risca os nossos velhos.
> Em outro tempo, amigo, os homens sérios
> na rua não andavam sem florete;
> traziam cabeleira grande e branca,
> nas mãos os seus chapéus. [...]
> Ninguém antigamente se sentava
> senão direito e grave; nas cadeiras,
> agora as mesmas damas atravessam
> as pernas sobre as pernas. Noutro tempo,
> ninguém se retirava dos amigos,
> sem que dissesse adeus. [...]
> que os costumes se mudam com o tempo. (I, 239-240)

A defesa explícita dos antigos hábitos, comportamentos e costumes dados na linguagem, em que sobressaem as marcas individualizadoras e indispensáveis ao comportamento de cada grupo social, projeta uma sociedade estratificada em que cada indivíduo tem seu papel estabelecido dentro de uma hierarquia que vai do rei até o último vassalo. Critilo está de tal modo vinculado aos valores e à organização próprios da sociedade de corte,[39] que vai discutir exatamente um de seus aspectos centrais: o problema do "estar em público" e a obediência aos gestos e vestes condizentes com o lugar social, nos termos em que esses valores são operados por essa sociedade:[40]

> que o gesto, mais o traje, nas pessoas
> faz o mesmo que fazem os letreiros
> nas frentes enfeitadas dos livrinhos,
> que dão do que eles trazem boa idéia. (I, 195)

Essa passagem expressa de forma sintética o procedimento geral de Critilo. Sua leitura visa ao estabelecimento de relações entre as atitudes políticas ou públicas de um personagem, por exemplo, e o modo como fala, gesticula, veste-se ou comporta-se em sua vida privada. Todos esses níveis estão imbricados, e de seu equilíbrio decorre o bem social. Nesse sentido, e como será visto em outra parte,[41] é que se pode verificar como a obra em seu conjunto considera as esferas pública e privada da existência social em sua complementariedade, onde o modelo de vida privada é mesmo, em algumas passagens, referência para a avaliação da conduta pública.

Na Carta 1ª, o longo retrato de Fanfarrão, afora os do restante de sua "família", visa sobretudo a demarcar todos os níveis do personagem como antimodelo a partir da concepção de base, que supõe uma afinidade, uma harmonia entre eles. Assim aparecem seu rosto, seus gestos, o corpo, as roupas e vaidades, bem como seu comportamento com a amada ou nos negócios do governo. Tendo como referência o juízo que o "severo" Catão faria se visse o governador, Critilo lastima: "Já lá vai [...] aquela idade", e sentencia:

> Deviam, Doroteu, morrer os povos,
> apenas os maiores imitaram
> os rostos e os costumes das mulheres,
> seguindo as modas e rapando as barbas. (I, 196)

Apesar do possível preconceito[42] dessa passagem em relação às mulheres, a posição das *Cartas* e mesmo da obra, da qual sobressai *Marília de Dirceu,* pode ser mais bem matizada. Aqui importa considerar o fato de Fanfarrão vir exatamente interromper "aquela idade" em que havia o respeito, a paz e a felicidade. É assim que não é possível encontrar nenhum elemento positivo em Fanfarrão. A partir de suas ações públicas, políticas, legais, administrativas, particularmente privadas, em que as *Cartas* se deterão com certo requinte de detalhes, é possível uma definição mais clara do governante justo, das medidas necessárias à paz e à felicidade social, do comportamento adequado a cada homem e em cada lugar.

Importa observar que todas as ações ou comportamentos de Fanfarrão estão interligados, no sentido de que somente seu comportamento como homem público ou como chefe explica seu procedimento privado e vice-versa. Para Critilo não há distinção nítida desses níveis, nos termos da antiga ou da moderna concepção dos conceitos de "público" e "privado".[43] Todas as ações de Fanfarrão confluem, portanto, quer do ponto de vista das "sagradas leis" do reino, quer da boa moral e dos bons costumes definidos por Critilo.

Como governante, Fanfarrão subverte todos os padrões de ação. Aplicando a justiça, perdoa indevidamente os criminosos e dá-lhes imunidade territorial (I, 207), não pune quando necessário (como no caso do militar que roubou o salário dos soldados; I, 206), revoga "fatais sentenças" como bem quer (como a sentença do negro condenado à forca; I, 207-8); enfim, em todos os fatos narrados procede de modo contrário, e entre eles é possível verificar afinidades. É assim que não se poderia esperar um ato justo de alguém que nem ao menos sabe escrever. Despachando os casos,

> Assenta: vale tanto, lá na corte,
> um grande *El-Rei* — impresso, quanto vale
> em Chile um — *Como pede* — e o seu garrancho. (I, 208)

E a desqualificação de Fanfarrão como homem "de letras" segue *pari passu* o seu modo de julgar, governar ou se vestir:

> Tu não o viste
> em trajes de casquilho, nessa corte?
> E pode, meu amigo, de um peralta
> formar-se, de repente, um homem sério?
> Carece, Doroteu, qualquer ministro
> apertados estudos, mil exames.
> E pode ser o chefe omnipotente
> quem não sabe escrever uma só regra
> onde, ao menos, se encontre um nome certo? (I, 210)

Igualmente, o governador subverte todas as regras definidas para os cerimoniais públicos, como no caso relatado por Critilo em que Fanfarrão Minésio "desrespeita" a bandeira do Senado:

> Caminha o nosso chefe, todo Adônis,
> diante da bandeira do Senado.
> Alguns dos rigoristas não lho aprovam,
> dizendo que devia, respeitoso,
> da maneira que sempre praticaram
> os seus antecessores, ir ao lado,
> por ser esta bandeira um estandarte
> onde tremulam do seu reino as armas. (I, 240)

O que se configura claramente é a oposição entre Critilo, defensor dos antigos padrões de conduta, e Fanfarrão, que subverte esses mesmos padrões. Como salienta Neli Curti, o governador "manifesta certo 'plebeísmo' em suas preferências e atitudes", não orienta suas relações por padrões decorrentes de posições hierárquicas convencionadas.[44] Ou, como nos diz Laura de Mello e Souza, "na verdade, tratava-se do desrespeito aos sinais exteriores do *status*, aos elementos que, numa sociedade estamental, conferiam honra e estima".[45]

Com relação estritamente às ações políticas, legais, administrativas de Fanfarrão, o que se verifica é sua completa oposição às leis do reino, bem como a nova orientação política que busca imprimir à colônia. Tratemos do primeiro aspecto. Essas leis do reino, quando qualificadas, são "sábias" (I, 263), "sagradas", "santas" (I, 273), e referem-se diretamente ao "sábio" rei ("ao nosso augusto" — I, 265).

Por isso é inadmissível que Fanfarrão trate "vassalos" como "escravos" (I, 224) ou açoite os presos não apenas nas espáduas, mas como os "senhores, quando punem/ os caseiros delitos dos escravos" (I, 219), já que Critilo é um ferrenho defensor da política geral da Coroa e seu corpo de leis.[46] Nisso ele não pretende em nenhuma hipótese alterar as linhas de dominação impostas à colônia pela Coroa. No máximo vislumbram-se traços de uma tímida definição por "reformas", visando sempre à retomada das diretrizes legais já definidas.

Com relação ao segundo aspecto, as diferenças entre Critilo e Fanfarrão são também gritantes. Aqui se trata do fato de o governador elevar a postos de mando pessoas comuns, representantes do "povo", do "néscio vulgo" (I, 208), o que para Critilo é uma afronta. Como ele mesmo diz:

> O povo, Doroteu, é como as moscas
> que correm ao lugar, aonde sentem
> o derramado mel; é semelhante
> aos corvos e aos abutres, que se ajuntam
> nos ermos, onde fede a carne podre. (I, 208)

Ora, o governador transformará exatamente elementos desse "néscio vulgo" em representantes do poder de que é testemunho toda a Carta 9ª, "Em que se contam as desordens que Fanfarrão obrou no governo das tropas" (I, 270). Nessa carta presenciamos a venda de patentes militares (I, 273) e outras "negociatas" do gênero, contra as quais Critilo manifesta sua máxima indignação ao observar que:

> A este corpo imenso de milícia
> concede Fanfarrão as regalias,
> que as nossas leis não dão aos bons vassalos
> que chegam aos empregos mais honrosos,
> em paga de proezas e serviços. (I, 279)

O que se verifica, portanto, é o comportamento de Fanfarrão como diametralmente oposto àquele dos chefes anteriores, comportamento esse que M. R. Lapa qualifica de "demagógico": Fanfarrão aparece como "vacilante entre o seu orgulho de casta e uma vaga simpatia pelos humildes".[47] O Fanfarrão, portanto, apoiava-se nos "grupos não tradicionais", como observou Neli Curti, enquanto "desprestigiava o grupo tradicional e os órgãos governamentais senhoriais".[48] Critilo se opõe a Fanfarrão

> numa perspectiva que se pode imputar a uma camada senhorial preocupada em manter os valores tradicionais, preservar as instituições e a diferenciação das estruturas,[49]

contrária, portanto, à mobilidade vertical na sociedade. Ou como bem sintetizou Laura de Mello e Souza, ao aproximar-se dessa linha de argumentos: Fanfarrão produziu um "desarranjo na política reformista" dos chefes anteriores,

> desrespeitou os acordos que o governo mantinha com a oligarquia local e, sobretudo, passou a exercer uma política "populista", que os letrados de Minas viram com horror.[50]

A utilização de vadios em postos de mando indiciava que

> uma concepção mais francamente capitalista passava a marcar a compreensão do universo econômico, o descrédito do formalismo e a incorporação dos estamentos inferiores sugeriam que novos princípios começavam a estratificar a sociedade, mostrando-se mais sensíveis ao dinheiro do que à honra, ao talento mais do que ao nascimento: eles dividiam a sociedade em classes, e estas daí em diante conviveriam com os estamentos de forma tensa e contraditória na sociedade das Minas Gerais.[51]

Fanfarrão, portanto, subverte centralmente as relações hierárquicas, estratificadas entre o rei e o vassalo. Quase todas as *Cartas* se referem a esse aspecto. Por um lado, delimita-se a relação pertinente entre o rei e o vassalo; por outro, define-se mais precisamente o que Critilo considera o bom governante, o bem governar. O esquema geral seria: narração de um episódio de caráter político, legal, administrativo, seu cotejamento ante as "leis do Reino", definições acerca do governo ou do governante justos.

Reis e vassalos, portanto, têm atribuições específicas que não podem ser desrespeitadas: o rei que honra o vassalo não deixa de ser um bom monarca (I, 201), da mesma forma que respeita "sempre intacto o jus alheio" (I, 280). Em diversos aspectos, apenas ao rei compete o poder de decisão (I, 8-12, 256), cabendo aos vassalos a obediência:

> Mas alguns não presumem ser vassalos,
> Só julgam que os decretos dos augustos
> têm força de decretos, quando ligam
> os braços dos mais homens, que eles mandam,
> mas nunca quando ligam os seus braços. (I, 235)

O rei "sábio" é o meio para o governo justo, ainda que seja possível enganar-se a seu respeito:

> Ungiu-se, para rei do povo eleito,
> a Saul, o mais santo que Deus via.
> Prevaricou Saul, prevaricaram,
> no governo dos povos, outros justos. (I, 210)

O chefiar supõe um complexo de qualidades em que sobressaem a "justiça", a "temperança", o "amor à sã virtude", as "letras". A qualidade mais frisada se refere à necessidade das letras para o bom governo — nesse aspecto, as *Cartas* fazem coro à concepção do rei-filósofo, mesmo que no conhecimento não se encontrem garantias absolutas:

> Amigo Doroteu, quem rege os povos
> deve ler, de contínuo, os doutos livros
> e deve só tratar com sábios homens. (I, 229)

É significativo que as metáforas utilizadas para a importância do estudo e mesmo das atribuições sociais tenham sua origem no mundo dos "brutos" ou em seu significado simbólico na literatura clássica. Assim, mesmo um puro-sangue precisa ser treinado (I, 211).

Mas para governar é indispensável ainda, e sobretudo, a "sã virtude":

> E há-de bem governar remotas terras
> aquele que não deu, em toda a vida,
> um exemplo de amor à sã virtude? (I, 211)

Mesmo nesse aspecto "iluminista"[52] das *Cartas,* patenteiam-se diferenças essenciais. Apesar da adesão de Critilo à necessidade do estudo para o execício do mando, as *Cartas* acabam por sobrepor à imagem do "rei-filósofo" uma outra: a do rei virtuoso, o que tem "amor à sã virtude". Somente o "rei prudente, que a virtude preza", além de sábio, é capaz de exercer a tarefa de governar. Em suma:

> As letras, a justiça, a temperança
> não são, não são morgados que fizesse
> a sábia natureza, para andarem,
> por sucessão nos filhos dos fidalgos. (I, 211)

Privilegiando o estudo e as virtudes, as *Cartas* tocam em uma questão essencial: o exercício do mando e sua relação com a pureza de sangue. Nesse ponto verifica-se mais claramente a orientação do poeta, que, sem atribuir à nobreza de sangue méritos infalíveis, tampouco os desmerece:

> Do cavalo andaluz, é, sim, provável
> nascer também um potro de esperança [...]
> porém de um bom ginete também pode
> um catralvo nascer, nascer um zarco. (I, 211)

O "sangue ilustre" não garante a virtude e a sabedoria das ações: "[...] não se nega/ que tenha ilustre sangue, mas não dizem/ com seu ilustre sangue as suas obras" (I, 2-94), diz Critilo de Fanfarrão. Na passagem seguinte, a posição de Critilo é ainda mais aparentemente contrária à nobreza de sangue. Utilizando-se da tradição mitológica nesse contexto como modelo, Critilo no entanto não discorda da explicação de Doroteu, como se verá adiante, apesar de considerá-la insuficiente:

> Ah! dize, Doroteu, por que motivo
> o pai de Fanfarrão o não pôs antes
> na loja de algum hábil sapateiro
> cos moços aprendizes deste ofício?
> Agora dirás tu: "Nasceu fidalgo,

e as grandes personagens não se ocupam
em baixos exercícios." Nada dizes.
Tonante, Doroteu, é pai dos Deuses:
Nasceu-lhe o seu Vulcano e nasceu feio.
Mal o bom pai o viu, pregou-lhe um couce
que o pôs do Olimpo fora, e o pobre moço
foi abrir uma tenda de ferreiro. (I, 313)

Apesar de todos esses fragmentos, não é possível, contudo, considerar que Critilo condene a nobreza de sangue ou não legitime seus direitos, como fica claro em sua postura no que se refere à composição da polícia:

É também, Doroteu, contra a polícia
franquearem-se as portas, a que subam
aos distintos empregos as pessoas
que vêm de humildes troncos. Os tendeiros,
mal se vêem capitães, são já fidalgos [...]
Que império, Doroteu, que império pode
um povo sustentar, que só se forma
de nobres sem ofícios? Estes membros
não amam, como devem, as virtudes,
seguem à rédea solta os torpes vícios. (I, 278)

Nesse sentido, chega-se ao mesmo resultado do *Tratado*, em que o autor discute as vantagens da monarquia hereditária sobre outros modelos. Retomando as observações de Laura de Mello e Souza, conclui-se que Critilo não adere às novas orientações, fica a meio caminho entre o talento e o nascimento, tendendo geralmente para o segundo, ao menos no que diz respeito ao preenchimento das funções públicas. A crítica de Critilo à nobreza de sangue diz respeito antes à falta de "regularidade" na "natureza" do que propriamente ao fato de a nobreza não ser um atributo desejado e respeitado. Para Critilo, "quem bandalho nasceu, [...] morreu bandalho", "que o tronco, se dá fruto azedo ou doce,/ procede da semente e qualidade/ da negra terra, em que foi gerado" (I, 307).

É possível, contudo, verificar que, ao menos em um ponto, as *Cartas chilenas* podem ser lidas como uma crítica à própria Coroa: aos critérios adotados pela metrópole para o preenchimento dos cargos públicos, onde apenas o nascimento, sem levar em conta a educação e as virtudes, não é suficiente.[53]

A "irregularidade" da natureza, em última instância, não apenas define a crítica de Critilo com relação à nobreza de sangue, mas estabelece o conteúdo mais geral das *Cartas*. Comentando o comportamento de Fanfarrão quando este não se assenta na casa do chefe anterior, Critilo diz a seu amigo: "Parece, Doroteu, que algumas vezes/ a sábia natureza se descuida" (I, 199). Se nesse passo da Carta 1ª ainda pode restar alguma dúvida sobre o "descuido" da natureza, o que segue cuida de esclarecer um pouco melhor a posição de Critilo:

> Devera, doce amigo, sim, devera
> regular os natais conforme os gênios.
> Quem tivesse as virtudes de Fidalgo,
> nascesse de Fidalgo, e quem tivesse
> os vícios de vilão, nascesse embora,
> se devesse nascer, de algum lacaio,
> como as pombas, que geram fracas pombas,
> como os tigres, que geram tigres bravos.

> Ah! se isto, Doroteu, assim sucede,
> estava o nosso chefe mesmo ao próprio
> para nascer Sultão do Turco Império. (I, 199-200)

A existência de uma ordem hierárquica de importância atravessa o pensamento de Critilo de ponta a ponta. É assim que o nascimento dos homens pode ser comparado a uma hierarquia do reino animal estabelecida nos termos os mais tradicionais (pense-se, por exemplo, na utilização literária do significado simbólico de determinados animais), com um forte conteúdo antropomorfizador.[54] Essa ordem igualmente define a importância entre os "Estados", em que se pode verificar todo o preconceito de Critilo (dos portugueses) em relação aos turcos. Mas não apenas: as *Cartas* estão repletas de alusões preconceituosas aos negros, mulatos e mesmo aos "crioulos" (brancos nascidos no Brasil).[55] Um reino equilibrado, portanto, supõe necessariamente uma hierarquia social definida:

> Um reino bem regido não se forma
> somente de soldados; tem de tudo:
> tem milícia, lavoura, e tem comércio.
> Se quantos forem ricos se adornarem
> das golas e das bandas, não teremos
> um só depositário, nem os órfãos
> terão também tutores, quando nisto
> interessa igualmente o bem do império. (I, 278)

Um reino, portanto, supõe uma estratificação social definida, como a das Minas Gerais no período,[56] e que o Fanfarrão quer subverter. O governador opõe-se, portanto, a todos os requisitos indispensáveis ao exercício do poder: apesar de ser um "fidalgo", seus atos não condizem com sua condição; não se trata propriamente de um homem de letras, mas principalmente está desqualificado do ponto de vista da virtude, quer a que se exige de um monarca, quer a que se exige do súdito. Fanfarrão é uma dessas "cousas ordinárias" mandadas pelos deuses para nos flagelar: "um chefe destes só vem para castigo de pecados" (I, 291). Não é possível, igualmente, furtar-se ao "castigo". Resta-nos apenas a "heróica virtude" da obediência incondicional ao mandato divino:

> Um louco chefe
> o poder exercita do monarca
> e os súditos não devem nem fugir-lhe
> nem tirar-lhe da mão a injusta espada. (I, 290-1)

E esperar até o "dia em que mão robusta e santa,/ depois de castigar-nos, se condoa/ e lance na fogueira as varas torpes" (I, 255), o que faz eco imediato à concepção da "obediência passiva" observada no *Tratado de direito natural*.

Ressalte-se, por fim, a ambigüidade do estatuto de "povo" nas *Cartas chilenas*. Se em diversas passagens anteriores patenteia-se o desprezo de Critilo pela grande maioria da população, na *Parte II* deste trabalho nosso narrador traça uma imagem bem diversa, em que sobressai sua identificação com o sofrimento dos homens comuns, desrespeitados e injustamente tratados por Fanfarrão. Essa contradição, no entanto, resolve-se tendo em conta a hierarquia das idéias de Critilo: enquanto Chile, pertence à sociedade ocidental cristã, e todos os seus habitantes estão incluídos no grande "projeto divino", todos são merecedores de respeito e de tratamento justo porque fazem parte de uma mesma comunidade. Nesse sentido, Critilo parece reafirmar os mesmos padrões de "liberalidade" presentes na constituição da "sociedade cristã" formulada pelo *Tratado*. Mas, como Chile é uma "sociedade civil", todos os homens estão obrigados a obedecer, pois "a obrigação de se obedecer nasce da superioridade de quem manda e não do consentimento do súdito" (II, 142). Do ponto de vista cristão, portanto, todos são iguais; do ponto de vista civil, são diferentes. O povo no poder, por meio de Fanfarrão, pode ser novamente a ascensão das forças demoníacas na conjuntura colonial.

Capítulo 3

"A SORTE DESTE MUNDO É MAL SEGURA"

CONSIDERAR AS CONCEPÇÕES SOCIOPOLÍTICAS inerentes às *Cartas* ou ao *Tratado* permite de certa forma traçar um percurso mais demarcável em termos imediatos, já que esses documentos tratam diretamente desses temas. Os outros poemas de Gonzaga, contudo, necessitam de cuidados específicos, particularmente no que se refere às relações entre lírica, sociedade e política, pois as relações entre o gênero lírico e as dimensões sociais e políticas da realidade são mais mediadas.

Entre os poemas não líricos de Gonzaga, é possível encontrar referências talvez mais imediatas aos aspectos sociais e políticos de sua realidade. Em um soneto,[57] um dos poucos que restam do período de seus poemas para Marília, o autor, inonimado, fala de si mesmo no cumprimento de suas obrigações:

> Obrei quanto o discurso me guiava:
> ouvia aos sábios, quando errar temia;
> aos bons no gabinete o peito abria,
> na rua a todos como iguais tratava. (I, 93)

O comportamento desse homem público difere diametralmente do de Fanfarrão tendo-se em vista as mesmas referências: não apenas o "juiz" do soneto guia-se pelo discurso dos "sábios" como na rua trata os outros homens como iguais. Não se confundem portanto suas esferas de atuação, e mesmo não se opõem, porque referidas a um único discurso como guia. Se há uma unidade interior à conduta "virtuosa", ela nem sempre se expressa pela univocidade de procedimentos em cada circunstância social vivida, apesar de as recorrências de procedimento serem particularmente importantes por reafirmar uma base comum inerente à conduta ideal.

No poema dedicado a d. Maria I, é possível ainda esclarecer-se quanto a outros pontos e retomar aspectos mencionados. Opondo-se à guerra, à violência como os meios mais adequados para o estabelecimento do poder e, nesse sentido, próximo a um ideal de seu tempo — o ideal antimilitarista —,[58] Gonzaga retorna a sua orientação geral: a necessidade do conhecimento e da virtude para o exercício do mando: "Um rei sábio, um rei justo, um rei prudente,/ que com mão desvelada e providente/ a seus fiéis vassalos assegura/ o sossego, as riquezas e a fartura" (I, 6). Esse é o "bem" "que venturoso faz um povo inteiro" (I, 6).

D. Maria é pintada como "uma heroína sábia, pia e justa"; é aquela que, redentora, permitirá "no mundo florescer aquela idade,/ que d'ouro apelidaram" (I, 6). Mais ainda, toda a tradição dos reis portugueses atesta essa tendência contrária à violência e às guerras: "Nós inda não tivemos nenhum Nero", "os reis que sempre em Lísia governaram,/ como pais dos seus povos se portaram" (I, 7). Observa-se a importância da metáfora para a unidade de conduta já comentada, a noção do rei como o bom pai mesmo que reis e pais tenham poderes distintos. Todo o sangue português espalhado pelos séculos é apenas "um efeito puro e reto,/ do nosso filial, ardente afecto" (I, 7).

As "esperanças" de Gonzaga em relação a d. Maria I não se fundam estritamente em sua descendência: "Nem firmo as esperanças tão-somente/ em ser de tais monarcas descendente" (I, 8). São antes seus "próprios feitos" os "argumentos mais perfeitos". A rainha move-se pela "clemência", ampara-se na "inocência", em suma, "a virtude preza" (I, 8). Particularmente a alusão ao fato de a rainha atender aos magistrados, elevando-os outra vez "à honra antiga", coroa a adesão do texto à nova orientação política, mediante a crítica ao período pombalino em suas relações com a magistratura.[59]

Além das "virtudes santas" que "do alto céu baixaram", dessa "geral ventura", há ainda "outra infalível prova" acerca da procedência da tomada do poder por d. Maria I: "aquela mais que todas feliz sorte/ de ter esta heroína um tal consorte" (I, 9), do qual "o sangue régio", diga-se, é ainda o seu bem de menor preço comparado às suas virtudes. Importam portanto "os Impérios alcançados/ por sólidas virtudes, não herdados" (I, 9). Com a virtude,

> Não governaríeis só a lusa gente,
> fechada num tão breve continente:
> a ser pesado mando, a vós jucundo,
> teríeis por Império o vasto mundo. (I, 9)

Definidos os retratos de d. Maria I e seu esposo, o poeta espera um reinado feliz, "apesar, Lusos, apesar do Fado" (I, 10). O fado, porque inexplicável, de certa forma permite ao poeta recuperar uma dose de independência imediata em relação à nova situação política que se instaurava. Sua adesão à rainha é discreta. Como o poeta diz, de tudo quanto espera "nada é novo:/ quando o monarca é bom, é bom seu povo" (I, 10).

Outros poemas encomiásticos desse período ilustram as mesmas linhas de pensamento, como os dois sonetos dedicados ao visconde de Barbacena pelo nascimento de seu filho Francisco Furtado de Mendonça. Se no primeiro se trata estritamente de um elogio à "estirpe honrada", em que o "núman tutelar da Monarquia" vai à morada dos destinos e lá encontra o nome do menino em letras de ouro, a confirmar seu belo futuro (I, 11-2), o segundo retoma enfaticamente a necessidade da virtude para além do sangue nobre: "muito mais se adora e preza/ o dom que o nobre sangue traz herdado,/ pela própria virtude sustentado" (I, 12). Para além do "honrado esplendor" do "tronco honrado", "a própria glória" (I, 12).

Em outro soneto, que Rodrigues Lapa considera "curioso",[60] talvez possamos encontrar novamente aquela mesma idéia geral acerca da decadência dos costumes já referida às *Cartas*. Gonzaga pinta o retrato de um português do passado, "sisudo", no tempo em que "a lei prudente/ zelava o sexo do civil ruído" (I, 14), numa alusão à "liberalidade" moral que então começava a se manifestar em sua época.[61] O tempo do passado é o reino luso "inocente" e "feliz": "Oh! bem perdido!/ ditosa condição, ditosa gente!" (I, 14), lamenta o poeta.

Além dessas referências gerais a aproximar os textos poéticos entre si, é necessário ainda considerar os mesmos problemas no interior dos poemas líricos do autor. Isso chama a atenção para dois aspectos: a vigência de um certo número de referências gerais a nortear a produção da poesia lírica da época e a especificidade desses poemas enquanto resolução entre outras na utilização dessas mesmas referências. As relações entre a poesia lírica árcade, a sociedade e a política devem ser enfocadas a partir das dualidades internas ao próprio arcadismo, como "a celebração da vida íntima simples por uma consciência ciosa de suas virtudes civilizadas";[62] o *fugere urbem* resultando em uma concepção humanizante, civilizada da natureza; a imitação dos antigos ou o amor ao verdadeiro, à realidade da experiência; o ideal de uma poética impessoal a contrastar com as marcas individualizantes de seus poetas. Os poemas de *Marília de Dirceu* encontram-se imersos nesses contrastes.

Trata-se de percorrer no interior das cenas idílicas, na idealização de uma natureza nos quadros bucólicos e pastoris, uma definição de vida social e de exercício do poder que permita esclarecer parcialmente a organização do "mundo" construído pelos poemas. Igualmente, no ir e vir entre o mundo ideal (modelar, referente à tradição ou utópico) e o mundo real, pode-se verificar de que forma o poeta respondeu aos dilemas da arte e da sociedade de seu tempo.

O sonho da Arcádia inscreve-se em toda a Idade Moderna. Desde o século XVI, "herdeiro das tradições cristãs e pagãs, o homem do Renascimento sonhou perdidamente com o paraíso terrestre",[63] onde jovens só pensam no amor, como nos muitos dramas pastoris da época.[64] Norbert Elias investiga como a "nostalgia do campo era sintoma da curialização progressiva dos guerreiros".[65] Evidentemente, a vida imaginada por esses escritores tinha frouxas ligações com a vida real dos camponeses da época. Trata-se antes de uma nostalgia de nobres e damas curializados "que sonham com uma vida campestre embelezada pela distância",[66] em que a natureza se transforma num espetáculo distante, numa "paisagem"[67] que por vezes reflete a realidade da época. O gosto da pastoral, portanto, só surgiu depois de terem crescido as cortes e as cidades. E, nesta paisagem utópica ideal, os pastores são sempre proprietários, não trabalhadores rurais.[68]

Como observou Norbert Elias, "apesar de muitas descontinuidades, existem transições que ligam entre si a idealização romântica e aristocrática e o romantismo burguês e urbano".[69] Apesar de o cortesão ter relações mais tênues com a cidade que os burgueses, ambos comungam dos mesmos ideais de uma vida pastoril civilizada.[70] Como Garret já notou, na poesia pastoril foi raro o poeta que não acabou "em jardins cidadãos e conversas de damas e cavalheiros o que começava no monte ou várzea entre pastores e serranos".[71]

Nesse sentido, é significativo como, no interior das liras de Dirceu, a partir de uma idealização de base referente aos espaços da natureza, da choupana e da campina habitadas pelos personagens, o espaço da aldeia, de Vila Rica, é absorvido, constituindo junto ao espaço natural um *continuum*. Não é possível, nesse sentido, encontrar nos poemas uma orientação em que o *fugere urbem* adquira uma definição incisiva, como a que pode ser colhida em outros poetas.[72]

Mas o espaço da vila é apenas tocado: quando o poeta vai até o "sítio" onde vive Marília, e "alguém passa" e a cumprimenta (I, 35); ou numa passagem de um encontro na rua entre Dirceu, Marília e outra mulher (I, 75) — ou ainda quando Dirceu lembra a Marília as vezes em que ela vê Glauceste passando pela rua sozinho, longe do amigo preso (I, 133).

Em apenas uma passagem o poeta refere-se mais diretamente à vila de sua amada, quando explica a um passarinho o caminho para encontrá-las:

> Toma de Minas a estrada,
> na Igreja Nova, que fica
> ao direito lado, e segue
> sempre firme a Vila Rica.

> Entra nesta grande terra,
> passa uma formosa ponte,
> Passa a segunda, a terceira
> tem um palácio defronte. (I, 113)

O poeta não poderia ser mais lisonjeiro com a terra que visita, a europeizada região da colônia, no dizer de Gilberto Freyre, onde o luxo dos vidros, das camas com cortinas, dos travesseiros com rendas e colchas adamascadas denuncia o conforto europeu de seus sobrados.[73] Referindo-se em outros passos aos seus "saudosos lares", pode-se mesmo verificar como Dirceu busca preparar Marília para o momento em que deixaria sua aldeia e iria com o poeta para a "grã Lisboa" (I, 102): "Tu, formosa Marília, já fizeste/ com teus olhos ditosas as campinas/ do turvo Ribeirão em que nasceste" (I, 98). Mesmo na prisão, Dirceu ainda se lembra das "horas felizes" passadas na "pátria aldeia" (I, 148) de sua amada.

Há que se buscar um meio-termo mais justo, que, portanto, desbaste os excessos tanto de uma posição como a de Almeida Garret, fadada a fazer escola,[74] como a de um Sílvio Romero, interessada em encontrar no Dirceu dessas liras um poeta brasileiro.[75] Mas Dirceu não poderia ter sido mais claro:

> Tu não verás, Marília, cem cativos
> tirarem o cascalho e a rica terra,
> ou dos cercos dos rios caudalosos,
>   ou da minada serra.
>
> Não verás separar ao hábil negro
> do pesado esmeril a grossa areia,

> e já brilharem os granetes de oiro
> no fundo da bateia.
>
> Não verás derrubar os virgens matos,
> queimar as capoeiras inda novas,
> servir de adubo à terra a fértil cinza,
> lançar os grãos nas covas.
>
> Não verás enrolar negros pacotes
> das secas folhas do cheiroso fumo;
> nem espremer entre as dentadas rodas
> da doce cana o sumo. (I, 96-7)

Esse poema, entre os mais citados de Gonzaga, aparece geralmente como indicador do apego do poeta às coisas da terra em que se encontrava.[76] Longe, portanto, de paisagens arcádicas abstratas, em quatro estrofes, faz-se o resumo das principais atividades da colônia e algumas de suas características. Mesmo esse juízo ainda comporta problemas. Dirceu não se furtava à beleza e às potencialidades do lugar. Longe disso, o seu elogio é a melhor prova de quanto percebia a importância da terra natal para sua amada, daí o significado que assume no processo de conquista de Marília o prepará-la para uma outra vida, no cotidiano íntimo com Dirceu, ou nos "pátrios lares" do amado. Marília "não verá", portanto, consecutivamente, as cenas de uma esmerada pintura realista que adquirem tanto maior impacto quanto mais se afastam de seus olhos. Afinal, o que Marília "verá" capaz de compensar tamanha perda? Verá Dirceu decidindo "os pleitos", lerá a "mestra História" e os "cantos da poesia", trocará os grandes quadros de sua terra por uma calma existência culta ao lado daquele que, por meio da pena, leva sua formosura "à mais remota idade" (I, 97).

O mundo idílico de Dirceu faz transparecer ainda de outros modos a sociedade de seu tempo, ou mesmo seus projetos, suas utopias. Dirceu esboça os termos de uma sociedade idealizada, de pleno equilíbrio entre as partes diferentes que a compõem. É natural, portanto, que se defina uma hierarquia entre os homens:

> Eu, Marília, não sou algum vaqueiro,
> que viva de guardar alheio gado [...]
> Tenho próprio casal e nele assisto (I, 94),

dizem alguns dos versos mais conhecidos de Dirceu. Intertextualmente se aproximam de um poema possivelmente anterior dedicado a uma "Nise", no qual se lê a mesma idéia básica: "Eu não sou, minha Nise, pegureiro,/ que viva de guardar alheio gado" (I, 15). Remetem, também, a um de seus poemas escritos na prisão: "Eu, Maríla, não fui nenhum vaqueiro,/ fui honrado pastor da tua aldeia" (I, 137), em que o poeta espera sobretudo voltar à antiga condição, e ainda a outro, também da prisão, em que a "sorte ímpia" roubou do poeta "honra de maioral, manada grossa,/ fértil, extensa herdade,/ bem reparada choça" (I, 164). Esses quatro poemas tocam-se ainda em diversos outros aspectos, como no desprezo à riqueza em nome do amor. O desprezo à riqueza, tema recorrente nos poemas, permite complementar quais são os outros bens ainda mais importantes para Dirceu nessa natureza aos poucos tomada por distinções e hierarquias:

> A Cresso não igualo no tesouro;
> mas deu-me a sorte com que honrado viva.

> Não cinjo coroa d'ouro;
> mas povos mando, e na testa altiva
> verdeja a coroa do sagrado louro. (I, 15)

O desprezo à riqueza pode ser observado em outros contextos: o poeta sabe que pode, se quiser, "emendar a ventura/ ganhando, astuto, a riqueza" (I, 65). Ou ainda quando o poeta prefere as "saudades" e os "afetos" adquiridos em sua vida em Vila Rica a "meter em férreo cofre cópia d'oiro" (I, 93). Em outro passo, opõe-se ainda o valor da riqueza ao da poesia, com claro privilégio da segunda:

> É melhor, minha bela, ser lembrada
> por quantos hão de vir sábios humanos,
> que ter urcos, ter coches e tesouros,
>   que morrem com os anos. (I, 76)

Importam a honra — seguir "da virtude a honrada estrada" —, o "viver justo", que define o verdadeiro herói (I, 81), o poder de mandar com justiça, não aquele da violência e do governo tirânico. Importam sobretudo a poesia, para que a memória não se perca, e o amor: mais importante que dar "leis ao mundo".

E, mesmo contemplado com todos esses atributos, ainda não existe a garantia absoluta da felicidade. Dirceu pode assim exclamar de dentro da prisão: "não morreram outros,/ que davam honra ao mundo?" (I, 107). Ou ainda:

> Porém se os justos céus, por fins ocultos,
> em tão tirano mal me não socorrem,
> verás então que os sábios,
> bem como vivem, morrem. (I, 106)

Esses fins ocultos, e mesmo essa visão pouco confortável do destino, a consciência de um tempo transitório e destruidor, não são aspectos que apareceriam em Dirceu apenas quando preso, é importante salientar. Tal como já foi observado em relação ao *Tratado* e às *Cartas*, dir-se-ia que o fio dos "fins ocultos" costura um dos significados nodais da obra.

Ainda jovem, provavelmente no período de redação do *Tratado*, podemos encontrar um poeta não tão distante dessas palavras de Dirceu, no que se refere à mudança do destino. Entre seus primeiros sonetos, quando vai ao templo do Destino, lá o poeta encontra exatamente um "duro decreto" (I, 4). Em outro poema, talvez dedicado a Marília, conhece a vingança do "ímpio Fado" (I, 20) que separa os amantes. Em outros momentos, já em poemas referentes a Marília, mas anteriores à prisão, Dirceu de alguma forma indica o sentido geral que estará presente nos poemas futuros: "O fado tirano [...] busca o meu dano/ da sorte que for" (I, 41). Ou ainda quando argumenta junto a Marília pela necessidade imediata do prazer e da felicidade enquanto ainda há tempo:

> Minha bela Marília, tudo passa;
> a sorte deste mundo é mal segura;
> se vem depois dos males a ventura,
> vem depois dos prazeres a desgraça. (I, 62-3)

O poeta sabe, portanto: "pode, enfim, mudar-se a nossa estrela" (I, 64). Os poemas da prisão dizem respeito exatamente a essa amarga experiência de provar a mudança do fado, mas por quem sempre considerou sua permanente ação oculta. A "sorte ímpia" (I, 107), a Fortuna "cega", os fados, os destinos, enfim, são somente "a oculta mão da Providência" que "caminha ao bem de todos" (I, 157). Dirceu, contudo, defende arduamente sua inocência por considerar a mudança de sua sorte fundada em "calúnias" e não em razões comprovadas:

> Há-de, Marília, mudar-se
> do destino a inclemência,
> tenho por mim a inocência,
> tenho por mim a razão. (I, 119)

E dois gêneros de provas apresenta para sua inocência: a permanência de seus versos enquanto celebração do amor e a defesa pontual de sua conduta e do povo das Minas, aspectos mais imediatamente relacionados a seus ideais de justiça, de lei e às explicações que fornece acerca de si no que diz respeito aos fatos em que se vê envolvido. Se a permanência do amor é a prova mais incontestre de sua inocência,[77] neste momento importa avaliar o segundo tipo de afirmação.

Há um poema que é particularmente importante para a verificação das posições de Dirceu no que se refere ao seu envolvimento no "atentado", a Inconfidência Mineira. Alberto Faria deu-lhe o título adequado de "crônica processual rimada",[78] já que o poeta toca em vários pontos do processo de devassa a que estava submetido. Não nos deteremos em todos os seus aspectos, mas somente nos que mais importam aqui.

Não apenas o poeta atribui o "atentado" a um "pobre, sem respeito e louco" (a Tiradentes), como igualmente busca frisar a união que move os brasileiros e sua fidelidade à Coroa: "Americano povo?/

o povo mais fiel e mais honrado", que sempre retorna "à sujeição do luso trono!" (I, 114). E sobre si próprio:

> Não sou aquele mesmo,
> que a extinção do débito pedia?
> Já viste levantado
> quem a sombra da paz, alegre, ria? (I, 117)

"Eu honro as leis do Império" (I, 117), dirá decisivamente Dirceu:

> Esta mão, esta mão, que ré parece,
> ah! não foi uma vez, não foi só uma
> que em defesa dos bens, que são do Estado,
> moveu a sábia pluma. (I, 111)

Em outro contexto, contudo, Dirceu atribuirá sua desgraça exatamente às "injúrias/ do néscio, do atrevido ingrato povo" (I, 106), perdurando nas liras a mesma ambigüidade reinante nas *Cartas* no que se refere à qualificação do "povo". No limite, a meta de Dirceu visa à volta a sua antiga condição, quando, longe da prisão, retome os amores bucólicos com sua amada (I, 139), mesmo que para isso o poeta tenha de abrir mão de alguns de seus valores, como a riqueza, a propriedade ou ainda o posto.

Conclusões parciais

Em termos gerais, essas são as linhas mestras que orientam as definições da obra de Tomás Antônio Gonzaga no que se refere aos campos da sociedade e da política, consideradas as especificidades dessas noções no interior de cada texto. Alguns aspectos comuns, no entanto, chamam a atenção.

Em diversas passagens da produção poética de Gonzaga, seja nas *Cartas*, seja nas poesias, buscou-se averiguar como o autor se posiciona com respeito à nobreza de sangue, à exigência de uma hierarquia social e de códigos de comportamento próprios a essa hierarquia, à noção de lei justa, de poder legítimo, à necessidade das letras, do discurso e da razão e, particularmente, à importância da virtude, quer para o ato do mando, quer para a existência individual digna.

Observou-se de que forma o *Tratado*, tal como as *Cartas*, obtém uma solução de compromisso ante a necessidade do critério hereditário para o exercício do mando. Igualmente, se o *Tratado* defende a forma monárquica de governo, os poemas em nenhum momento divergem desse princípio. No entanto, há um elemento ainda importante: se no *Tratado* a resistência à tirania está inviabilizada pelo fato de se desconhecerem os desígnios divinos, nas *Cartas* a melhor solução, a "heróica virtude", diz respeito a não oferecer resistência ao chefe injusto.

No que se refere à necessidade de uma hierarquia social definida para o bem geral, todos os textos, independentemente dos contextos em que se opera a idéia de sociedade, confluem para a legitimação das formas de dominação do rei sobre os vassalos e, mais particularmente nas *Cartas*, das relações entre reino e colônia, onde permanecem intocados os interesses da Coroa e o estatuto da escravidão.

A concepção de sociedade inerente a todos os textos decorre da particular explicação buscada pela obra para compreender a vida social. Se no *Tratado* a sociedade civil surge como meio para a busca da salvação, nas *Cartas* o que se pretende não é apenas a crítica negativa de uma sociedade dada, mas fundamentalmente a verificação de sua viabilidade para a felicidade humana. Os poemas líricos, ao plasmarem um cenário idílico ideal onde a vila, a rua aparecem como alguns de seus recantos possíveis, se contrastam com a sensibilidade arcádica mais geral, não deixam de ser uma de suas alternativas possíveis a partir de suas próprias contradições. Nesse sentido, a sociedade civil, a cidade, surge como um valor essencial para toda a obra.

Ainda mais importante, essa aderência da obra de Gonzaga a sua época e a determinados valores possui outra forte coerência interna: tal como o *Tratado* busca definir os princípios do direito natural úteis aos cidadãos portugueses, as *Cartas chilenas* e os poemas para Marília demarcam significativamente a origem de seus "narradores", Critilo e Dirceu, ambos estrangeiros de passagem pela colônia, preocupados com os direitos do reino. Se como estrangeiros ambos se encontram relativamente afastados das lutas e dos interesses diversos na colônia e buscam defender os interesses da Coroa, por outro lado, ao menos Critilo integra-se à "sociedade cristã" da colônia, por meio de sua piedade e comiseração para com os injustiçados.

É também importante a dimensão de crítica aos costumes assumida pelos textos poéticos em diversas passagens, bem como seu crivo didático e modelar. Se no *Tratado* pode-se ver a aversão aos de "língua estranha" ou a intolerância religiosa, nas *Cartas* é o mundo dos costumes, públicos ou privados, que aparece corrompido quando comparado a uma idade perdida. O mesmo apego à tradição, à manutenção de determinados códigos de comportamento público, social, privado, dependente de cada situação, foi observado ainda em outros poemas.

Igualmente, a crítica da nobreza de sangue leva a obra poética de Gonzaga à defesa de um outro modelo para o rei. Trata-se de um projeto vincado por preocupações que lhe são bem contemporâneas, como a necessidade das letras para o exercício do poder, o elogio da vida intelectual em detrimento das armas. Esse afã didático possui, contudo, uma orientação particular nos quadros da preocupação pedagógica comum a diversos campos intelectuais do século XVIII: o sábio "deve só tratar com sábios homens" (I, 229), como propõe Critilo; deve viver entre iguais, entre "os poucos da escolha nossa" (I, 133), como fala Dirceu a Marília.

Mas constatou-se como, no pensamento do autor, a maior garantia contra o fado reside na virtude, algo distinto do conhecimento e da educação. Particularmente na virtude do amor, pois o amor é o "princípio de conhecer" do direito natural, é uma das virtudes essenciais para Critilo, e é a maior prova da inocência de Dirceu no processo em que se vê envolvido. Se mesmo as virtudes não são suficientes, trata-se do limite humano em face dos "fins ocultos" da Providência. Há mesmo um "fim oculto" interno à dinâmica de cada texto. Se o *Tratado* esbarra nos limites dos desígnios divinos desconhecidos, se as *Cartas chilenas* atribuem às ações de Fanfarrão o caráter de meio do castigo divino, em poemas de épocas e circunstâncias históricas diversas entre si, soa insistentemente a mesma corda: "a sorte deste mundo é mal segura", "e pode enfim mudar-se a nossa estrela".

Se esses são os limites impostos à felicidade e à perfeição humanas no plano social, é possível, contudo, tentar construir uma felicidade individual, privada, uma obra bela e perene, talvez muito mais ilimitada...

PARTE IV

DO PÚBLICO AO PRIVADO

Buscando definir as concepções de sociedade e de política da obra de Tomás Gonzaga, em diversos momentos fez-se menção a aspectos relacionados às noções de público e privado, notando-se via de regra como o autor as distingue ou as aproxima.¹ No entanto, importa observar mais de perto como os textos concebem a organização do mundo profano por meio das noções de público e de privado para que se esclareça mais nitidamente não só uma concepção genérica da vida social presente na obra, mas particularmente o lugar reservado ao indivíduo nela, tendo-se em conta preferencialmente as relações privadas. A problematização do conteúdo da esfera privada pretende verificar de que forma seu campo se organiza e se constitui enquanto modelo em que se retomam temas nodais para a compreensão do significado mais geral da obra, como os temas da felicidade, da virtude e do amor.

Se para o autor os campos do público e do privado possuem limites diversos, ou ainda podem-se opor em determinado aspecto, é visível, porém, que se imbricam por relações bem definidas, e nesse sentido não podem ser reduzidos a dois pólos de uma dicotomia rígida. É preciso anotar, aliás, que as noções de público e privado, tendo-se em conta no mínimo algumas de suas definições conceituais, possibilitam que se opere com mais de uma noção tanto de público quanto de privado e que se verifiquem os pontos de contato entre elas.

Antes de abordar mais detalhadamente esses aspectos, impõem-se algumas observações preliminares com respeito aos textos de Gonzaga retomando uma consideração anterior. Se o *Tratado de direito natural*, as *Cartas chilenas* e mesmo alguns poemas encomiásticos permitem, de forma preferencial ou mais imediata, a visualização das questões gerais que dizem respeito às concepções de sociedade, hierarquia social, forma de poder, tradição, lei e justiça etc., os poemas referentes a Dirceu e Marília, diversos sonetos do poeta a suas amadas, apesar de igualmente "responderem" a alguns desses problemas, por sua natureza lírica, se constituem ligados à esfera da vida íntima, privada, da solidão individual.[2] Por outro lado, já foi observado até que ponto Dirceu afasta-se de um conteúdo lírico em sentido estrito, preocupado em tomar sua defesa por meio dos próprios versos.[3] Nesse sentido, o que está em pauta é fundamentalmente analisar o conteúdo desse campo de relações da vida íntima, privada, individual, para que se observe, a par da concepção de sociedade e política em sentido lato, o que a obra nos reserva em seu outro nível de realização, o do tempo da vida individual e seus projetos.

As *Cartas chilenas*, por seu turno, fornecem uma gama detalhada de elementos acerca das esferas pública e privada, particularmente pelo fato de que ali esses elementos aparecem a todo instante relacionados, imbricados, para efeito da avaliação geralmente moral de Critilo. O *Tratado de direito natural,* por fim, é o texto que menos aborda o campo das relações privadas. Evidentemente, por sua própria natureza, detém-se no âmbito do direito público. Mas as poucas passagens selecionadas são fundamentais para a visualização do que o *Tratado* reserva ao indivíduo e sua liberdade pública e privada. Tentemos refazer o caminho do público ao privado, para em seguida determo-nos especificamente no campo privado e contrastar por fim esses dois níveis.

Capítulo 1

"A OBRIGAÇÃO DE SE OBEDECER NASCE DA SUPERIORIDADE DE QUEM MANDA"

O TRATADO DE DIREITO NATURAL, definindo os "santos direitos a que estão sujeitos" os homens e cidadãos, abordará apenas de forma marginal questões ligadas diretamente à esfera privada. A partir dos preceitos religiosos gerais para a conduta individual, e que norteiam uma certa visão das instâncias públicas e privadas, é possível ainda ressaltar no interior da concepção do poder público, em seus deveres, mas particularmente em seus direitos, o lugar reservado ao domínio privado.

O alicerce das condutas individuais, no que diz respeito tanto às suas manifestações pública ou privada, repousa em última instância em preceitos bíblicos, regras morais prescritas no Antigo e no Novo Testamento. Citando o Antigo Testamento, para provar o primeiro argumento de sua "santidade" (a "pureza" e a "sublimidade" de sua doutrina), o autor atribui a esse texto as qualidades de uma copilação perfeita dos direitos da natureza, "um compêndio de direito civil em tudo justo, em tudo santo".

Uma explicação do ofício dos juízes, das obrigações dos pais e dos filhos; dos ofícios da humanidade para com os pobres e peregrinos. (II, p. 73)

Com respeito às obrigações dos pais e dos filhos, o autor recorre ao Eclesiástico numa referência de rodapé. Desdobrando-a, podemos precisar melhor o conteúdo dessa "explicação". O autor cita primeiro a passagem onde se lê: "Tens filhos? Educa-os,/ e curva-os à obediência desde a infância" (Ec. 7, 25). Curiosamente não é citado o versículo seguinte, sobre as filhas. Gonzaga salta alguns capítulos para encontrar outro bem mais específico sobre o mesmo tema: "Vigia cuidadosamente a filha que não se retrai dos homens,/ Para que não se perca achando ocasião" (Ec. 26, 13).

Em outra parte do *Tratado,* o autor aborda as relações entre o homem e a mulher no plano divino, em que o fundamento dos sexos distintos repousa estritamente em sua finalidade de "propagação" da espécie, e somente nessa finalidade realiza-se a tarefa exigida por Deus. Esse aspecto é importante para ser cotejado, de outra parte, com o papel conferido ao casamento e aos filhos nos poemas de Dirceu e Marília.

Do Novo Testamento o autor retoma, além da obediência a todos os preceitos divinos, os de

> que sejamos moderados nos enfeites, honestos nas acções, prudentes em tudo; que os filhos vivam obedientes aos pais, as mulheres aos maridos, os servos aos senhores, os vassalos aos soberanos; e, enfim, que amemos a todos. (II, 75-6)

Sobre a moderação nos enfeites, a referência de rodapé é particularmente importante quando tornamos ao texto bíblico e encontramos um preceito em parte semelhante àquele adotado por Dirceu ou por Critilo, como se verá adiante, quando consideram o mesmo aspecto:

> Do mesmo modo, quero que as mulheres se apresentem em trajes honestos, decentes e modestos. Que os seus enfeites não consistam em tranças, em jóias de ouro nem em vestes luxuosas. (1Tm 2, 9)

"Enfim", como diz Gonzaga, "uns preceitos e uns conselhos dignos em tudo de um legislador e de um Mestre divino" (II, 73).

O fato de termos acesso apenas a uma parte do *Tratado de direito natural*, e nem sequer podermos afirmar que chegou a ser concluído, não permite que conheçamos com mais detalhes a posição do autor em outros pontos importantes nesse contexto e aos quais ele faz referência no "Prólogo" já citado. Referimo-nos às suas oposições a Pufendórfio, que supõe o matrimônio dissolúvel quanto ao vínculo; e a Grócio e Cocceo, quando supõem o matrimônio extinguível como qualquer outro contrato ou que não é sacramento. Apesar de o *Tratado* não voltar a esses aspectos, a partir das passagens citadas e principalmente das notas desdobradas sobre os diversos preceitos morais, é possível de certa forma supor a orientação adotada para a definição das condutas individuais e privadas.

Por outro lado, é possível observar as relações traçadas entre o público e o privado no interior do *Tratado* a partir das definições do poder do rei e de sua relação com o domínio privado dos súditos. Considerando que o poder real é não apenas ilimitado, mas irresponsável — no sentido exato de que não conhece nenhuma subordinação —, não está "obrigado às suas próprias leis" (II, 143), o príncipe pode usar das vidas e dos bens dos vassalos para "acudir às públicas necessidades" (II, 118), ainda que deva sempre ressarcir ao particular por outras vias. Em caso de guerra, enquanto "direito da majestade", o príncipe tem "direito também indireto sobre os bens e sobre as vidas dos vassalos" (II, 119). Indireto porque, em sentido lato, o príncipe do *Tratado* tem poder imediato sobre tudo: "um poder amplo sobre todos os bens, sobre a estimação e enfim sobre as próprias vidas dos seus vassalos" (II, 115).

"A obrigação de se obedecer nasce da superioridade de quem manda e não do consentimento do súdito" (II, 142): o pai é superior ao filho; o homem, à mulher; o soberano, ao súdito. Enfim, numa cadeia de vínculos de dependência, "não é menos sujeito para a obediência o particular ao particular que o todo ao seu soberano" (II, 142). O único aspecto que apresenta nuanças mais delicadas é o que se refere à autoridade e superioridade do homem sobre a mulher, o que não se verifica nas liras para Marília, como se verá. Os outros, contudo, são permanências a que já se fez referência em mais de uma passagem.

Opera-se desse modo uma nítida valorização do domínio do público em relação ao privado, no que a obra se aproxima da perspectiva geral de seu meio.[4] No entanto, não é possível desconsiderar as diferenças entre a defesa de uma monarquia absoluta de caráter divino e matriz acentuadamente teológica, como a de Gonzaga, na qual se verifica a "doutrina da completa subordinação da ação política às leis da moral, que são no fundo os preceitos da religião dominante",[5] e a defesa do absolutismo no campo do direito natural moderno que, paralelamente à atribuição do poder a um mandato divino, considera cada vez mais a política como algo distinto do campo teológico e moral.[6] Além desse aspecto nuclear, o pensamento jusnaturalista, principalmente a partir do século XVIII, debate cada vez mais o problema da legitimidade do poder, do povo transmitir ou conceder o poder ao soberano.[7] Já foi observada a concepção singular do *Tratado* com seu pacto e seus dois decretos, em que a escolha dos governantes como um "decreto" e não como um "pacto" relega a um nível inferior o pacto inicial de obrigações entre governantes e governados, e "a subordinação dos súditos passa a ter vigor absoluto".[8]

É na proposição de uma obediência "passiva" que se encontra o núcleo de legitimação e predomínio do instituto público sobre o privado, em termos tanto políticos quanto sociais. Não é possível no *Tratado* qualquer alternativa de oposição política ao poder estabelecido. A única esfera de liberdade é o campo das relações privadas, particularmente econômicas, ainda que permanentemente controladas e sancionadas pelo poder do príncipe, quer enquanto promovedor do bem-estar material de seus súditos, quer enquanto depositário de preceitos morais ordenadores da conduta dos indivíduos.

Os direitos dos "particulares" ficam restritos ao poder do pai sobre o filho, por exemplo; e, quando há choques de orientação entre os mandatos do soberano e os do pai, vencem os do soberano, salvo exceções, como no caso de uma lei concedida, e não permissiva, deste: "a faculdade geral dada por uma razão não me isenta da proibição particular dada em outra" (II, 114). O rei não "proíbe que os outros usem do seu direito e do seu poder" (II, 11), mas no campo que lhes é próprio e sem que este se interponha ao interesse geral.

O primado do público, enquanto "caminho inverso ao da emancipação da sociedade civil do Estado",[9] no *Tratado* é levado a conseqüências singulares. Afora o Estado (com sua burocracia, sua magistratura e os "particulares" (vassalos, famílias), o autor concebe apenas uma "sociedade cristã", que em nenhum sentido pode ser tomada como tendo qualquer equivalência com as instituições próprias a uma "sociedade civil", a uma esfera pública que se vai diferenciando do poder público, compreendido estritamente enquanto o Estado, suas instituições e burocracia, na forma em que se vinha constituindo em seu tempo.[10]

As próprias noções de público e privado no *Tratado* aproximam-no mais dos tipos de relações jurídicas de domínio feudal e de vassalagem do que da moderna definição dessas noções no campo da economia política.[11] "Há 'autoridades', superiores e inferiores, 'privilégios' maiores e menores":[12] "O privilégio é uma lei privada" no *Tratado* apenas no sentido de que se refere a algo ou a uma pessoa (privilégio real ou pessoal); mas o privilégio, antes de tudo, "é uma faculdade constante concedida pelo monarca" (II, 148), o que tem o poder de legislar.

Paralelamente às concepções do direito público e do direito privado enquanto uma dicotomia que remete essencialmente à "situação de um grupo social no qual já ocorreu a diferenciação" entre propriedade coletiva e particular,[13] e que portanto se refere à distinção essencial entre as instâncias políticas e privadas, é ainda fundamental considerar essas noções de um outro ponto de vista conceitual:

> a distinção segundo a qual por "público" se entende aquilo que é manifesto, aberto ao público, feito diante de espectadores, e por privado, ao contrário, aquilo que se diz ou se faz num restrito círculo de pessoas e, no limite, em segredo.[14]

Mantidas as diferenças conceituais e históricas entre esses dois pares de significados de público e privado, é possível verificar que tipo de relação se estabelece entre eles. Quando foi anotado anteriormente de que forma determinadas condutas públicas se alicerçam em condutas privadas, tinha-se em conta exatamente a possibilidade de diversas relações cruzadas. Assim, de uma definição do poder público no primeiro sentido, decorre uma outra que se refere ao público no segundo: de um homem público espera-se determinado comportamento público. O mesmo para o homem em sua vida privada ou para o que reúna os dois atributos.

Essas relações são específicas: o poder do rei e sua conduta pública não se assemelham, a não ser em um sentido geral, ao poder do magistrado, do vassalo ou do pai e suas respectivas condutas. Se ao príncipe não cabe a obediência a suas próprias leis, no entanto "sempre devemos advertir que a razão natural pede que o soberano observe as suas próprias leis, pois é sumamente útil e justo que a parte convenha com o todo" (II, 144). Do mesmo modo, tanto o soberano quanto o súdito estão sujeitos às leis naturais (II, 113) e, nesse sentido, a todos os preceitos morais dos quais alguns foram citados.

É importante observar como no próprio cerne do domínio de tipo feudal (fundiário e de vassalagem) estão contidas as premissas para que a representação do poder, portanto a esfera pública, não se distinga da figura do próprio representante: o príncipe representa sua dominação não "pelo povo", mas "perante o povo":[15]

> A evolução da representatividade pública está ligada a atributos da pessoa: a insígnia (emblemas, armas), hábito (vestimenta, penteado), gesto (forma de saudar, com-

portamentos) e retórica (forma de falar, o discurso estilizado em geral), em suma: um rígido código de comportamento "nobre". Este se cristaliza, durante o outono da Idade Média, num sistema cortesão de virtudes, uma forma cristianizada das virtudes cardeais aristotélicas, que abranda o heróico para o cavaleiresco, senhorial.[16]

Se o *Tratado* fornece pouquíssimos elementos para que se observem esses travejamentos entre representações política e pública (isoladas somente para efeitos compreensivos), entre ação privada e vida íntima, os outros textos do autor, contudo, iluminam significativamente a citação anterior, que, apesar de se referir estritamente ao que compreendemos usualmente por representatividade pública, guarda implicações importantes para a definição do comportamento "nobre" em qualquer momento ou lugar.[17]

Capítulo 2

"Obrou o nosso chefe
o que eu faria"

Retomemos uma passagem que consideramos como uma das máximas organizadoras do conteúdo das *Cartas chilenas*: a de que "os gestos, mais o traje, nas pessoas" expressam "uma boa idéia" do que são. Fanfarrão veste-se como "casquilho", é definido como um "peralta", em tudo distinto de um "fidalgo" (I, 199), como igualmente governa como um tirano: essas duas desqualificações são simultâneas e visam a um mesmo alvo. Contrário aos hábitos da corte e ao cerimonial com sua hierarquia, Fanfarrão não se senta na casa do antigo chefe, deixa os participantes de sua posse do lado de fora da casa, caminha à frente da bandeira do Senado.

Critilo aborda de forma sistemática diversos envolvimentos do governador em negócios que o narrador considera escusos, nos quais o governador, por meio do poder público, beneficia determinados interesses privados.

Apesar da importância desse aspecto a que já se fez referência,[18] as *Cartas* constroem-se igualmente em torno da desmontagem do comportamento privado, íntimo, do governador e de seus protegidos, e dos hábitos de sua residência. Fanfarrão, como anti-modelo público (em ambos os sentidos), encontra seu equivalente em sua vida privada. O contraste com o comportamento de outros homens, quer possuam ou não funções públicas, é iluminador para que se observe a discrepância do governador e se defina o comportamento "ideal" em todos os níveis do público e do privado. Critilo, nesse sentido, opõe-se profundamente a Fanfarrão, tendo em vista os ideais e o próprio modo de vida do narrador. Mas o contrário mais especular do governador pode ser encontrado em Dirceu, na medida em que reúnem um atributo central em comum a aproximá-los: ambos "povos mandam", possuem atribuições públicas.

O posicionamento sobre a moda, as vestes suntuosas, as jóias, visto no *Tratado* e nas *Cartas*, norteia a crítica de Fanfarrão como um "peralta", um "casquilho", na época "aproximados das mulheres por este traço feminino":[19] o apego à moda e ao cuidado excessivo de si. Se é nítido o preconceito de Critilo em relação a diversas mulheres, a ambigüidade do estatuto da mulher nas *Cartas chilenas* ou nos outros poemas permite que se matize de que mulher ou de que mulheres se trata, a par da definição dos papéis masculinos.

Duas desqualificações de Fanfarrão são particularmente importantes para a verificação dos estereótipos e preconceitos de Critilo comuns à mentalidade da época: a comparação de Fanfarrão aos brutos, aos animais, o que já foi comentado, e sua comparação a determinadas mulheres. Nesse contexto, importa observar o segundo aspecto. É assim que Fanfarrão "é qual mulher ciosa, que não pode/ vingar no vário amante os duros zelos,/ e vai desafogar as suas iras,/ bebendo o sangue de inocentes filhos" (I, 285).

Há ainda outras passagens onde se verifica o mesmo tipo de comparação entre Fanfarrão e as mulheres, mas a obediência incondicional de Critilo aos preceitos morais de seu tempo em relação às mulheres cobre ainda um arco mais amplo. Nesse sentido, particularmente por meio da Carta 11ª — "Em que se contam as brejeirices de Fanfarrão" —, as insistentes referências às mulheres tornam nítida a apreciação moral de Critilo, o seu desprezo pelas "vis mulatas" e a "torpe michela" (I, 295). As danças noite adentro no palácio envolvendo meretrizes, Fanfarrão e sua turba são longamente descritas. A personalidade de Fanfarrão, em alguns momentos, é captada com aguda percepção, por meio de palavras que Critilo lhe atribui. Interrogado por Fanfarrão acerca do barulho durante uma das noites de festa, seu criado lhe relata as brincadeiras dos homens que estavam presentes com a mulher do lacaio do governador. Como todos estavam bêbados, observa o criado:

                não puderam
o intento conseguir, só eu, mais forte..."
Apenas isto diz o vil criado,
o chefe as costas vira e lhe responde,
soltando um grande riso: "Fora fracos!" (I, 296)

Mas um dos casos mais escandalosos ou contrários à moral narrado na mesma Carta 11ª é o relato dos amores entre Fanfarrão e uma "certa mocinha", uma "madama" (I, 297-8) sua protegida. Tal como Fanfarrão, Critilo também, nos tempos de "Salamanca", "fingia necessitar de livros" ou estar doente para receber dinheiro de casa e comprar presentes para sua amada. Esta "miséria d'homem" (I, 197), em si mesma, não é negativa, mas Fanfarrão sempre ultrapassa os limites.

O que interessa nesse passo nem é tanto o fato de o chefe desviar materiais da construção da cadeia, pagar melhor os negros de sua amante e ainda entregar os reparos de sua casa nas mãos do "grão-tenente" (I, 297-8), mas a forma que Fanfarrão encontrou para não "deixar ao desamparo sua dama" (I, 298). Tanto a "lei da Igreja" exige o amparo das que, "por nossa culpa, se perderam", como a "lei da fidalguia" (I, 298). Trata-se, portanto, de casar a perdida dama com algum subalterno, e assim estaria reparado o mal.

Até aqui Fanfarrão comporta-se estritamente dentro dos limites e das prescrições impostas por seu tempo, ao menos no que diz respeito à liberdade e às prerrogativas de que gozavam os príncipes. As "açafatas", meninas de famílias nobres, mas empobrecidas, ocupavam no paço uma posição intermediária entre as criadas e as damas de honor:

> Os príncipes, criados à solta entre elas, procediam de modo que o governo paternal tinha de patrocinar-lhes o casamento com militares gratificados com patente superior ou com o governo de algum forte.[20]

O que indigna Critilo não é o aspecto moral desse procedimento. Em suas próprias palavras: "conheço também aonde chegam/ os deveres de quem nasceu fidalgo:/ obrou o nosso chefe o que eu faria" (I, 303). O procedimento inadmissível de Fanfarrão é o "dote" dado ao noivo: "a banda,/ o castão de coquilho, as mais insígnias,/ são dotes que se dêem a um soldado [...]?" (I, 303). A "insolência", o "desaforo", é Fanfarrão não atender outros "preteridos", que esperam um posto melhor e têm mais direitos a ele (II, 303).

Critilo é um vivo defensor do recato, da moral e dos bons costumes da Igreja e da fidalguia tradicionais. É desse ponto de vista, da "honra" masculina, que condena a imoderação de enfeites nas mulheres e nos homens, o meretrício e determinados comportamentos públicos femininos e masculinos. O recato feminino é mesmo um imperativo para "as moças, que inda querem ser donzelas" (I, 296), e, nesse sentido, algumas poucas donzelas, como Nise, a amada de Critilo, às vezes são mencionadas nas *Cartas*. Constrastam, portanto, dois modelos de mulheres: no primeiro, a mulher é donzela pura e casta; no segundo, ela é a sede da perversão, o que ainda será retomado adiante.

Para aquelas, tal como as prostitutas, que fogem ao recato, que se fazem presentes em determinados espaços públicos, é contundente a posição de Critilo. Comentando acerca de uma moça que ele viu no palanque da cerimônia pública em homenagem aos desposórios dos sereníssimos infantes, diz: "Não posso conceber o como deva/ estar uma senhora em tal palanque" (I, 244). Mesmo que o chefe fosse casado, "a sua esposa/ não havia sentar-se com barbados" (I, 244). Aguçando mais a vista, Critilo então "conhece" tratar-se de "uma muito esperta mulatinha,/ que dizem filha ser do seu lacaio" (I, 244). Somam-se aos valores tradicionais ligados ao sexo[21] e às raças as conotações referentes à hierarquia social e aos espaços sociais masculinos e femininos.

Para as prostitutas, como não seria difícil supor, Critilo tem ainda uma palavra de compaixão — as "pobres moças", que vivem "à custa de seu corpo" (I, 306-7) —, mas que não altera suas idéias gerais. Para Fanfarrão, um último dado que coroa sua conduta desregrada. Trata-se do que relata Critilo quase ao final da Carta 12ª, em que a economia de meios é essencial para o efeito desejado: o "mal oculto" de Fanfarrão, "que a modéstia cala" (I, 313).

Outros personagens das *Cartas* permitiriam um detalhamento ainda maior das condutas privadas desejáveis e indesejáveis, bem como seu imbricamento com os papéis públicos, principalmente com respeito aos homens e cidadãos, já que no universo das *Cartas* as mulheres não possuem nenhum papel público (no sentido político) e seu lugar nos espaços públicos conhece restrições quase ilimitadas.[22] Mas é o próprio narrador-personagem Critilo que pode ser tomado como um dos modelos mais contrastantes com o governador. Tanto pela avaliação e juízos gerais em aspectos que vão desde os político-administrativos até os da vida íntima ou dos gestos, quanto pelo fato de as *Cartas* serem a oposição mais consistente a Fanfarrão Minésio. Se Critilo está submetido à "heróica virtude" da obediência incondicional à tirania, as *Cartas* apostam na sua permanência histórica como texto e estão animadas de um projeto "instrutivo",[23] por um conhecimento do exemplar.

A presença de Critilo no interior das *Cartas* revela um problema com várias implicações. O narrador-personagem Critilo pode ser até certo ponto exaustivamente conhecido, o que no mínimo chama a atenção para os narradores de outros poemas satíricos ou herói-cômicos do arcadismo.[24] Critilo não narra fatos que lhe sejam distantes; pelo contrário, experiencia diversos deles, busca todos "os meios" para descobrir a "sã verdade" (I, 225). Mas, principalmente, é por meio da estrutura epistolar que mais se evidencia a sua radical aproximação do objeto em discurso. Critilo não apenas fala a Doroteu, mas, utilizando esse interlocutor básico, desloca-se a todo momento e então se dirige diretamente a Fanfarrão, desafia-o diversas vezes,[25] ou surpreende outros personagens, pergunta, debate, acusa.

Dessa forma, não apenas podem ser analisadas as avaliações de Critilo das condutas públicas e privadas, como igualmente a própria vida de Critilo e seu cotidiano surgem tratados pontualmente nas *Cartas*. Já foi observado que Critilo é um estrangeiro, o que cabe considerar mais de perto. Tal como Fanfarrão, Critilo veio do reino, está de passagem cumprindo sua missão de poeta.

O seu alheamento imediato das questões concretas abordadas nos poemas não o isenta contudo de imbuir-se da função de julgá-las de seu ponto de vista, porque cumpre sua missão. Se é solidário com o sofrimento dos povos de Chile, não supõe que estes ou ele mesmo devam rebelar-se. Do ponto de vista de Critilo, ele é um estrangeiro para "tomar partido" prático ante a situação imposta pelo governador. Ao mesmo tempo, Critilo está ligado ao universo de Chile, porque este pertence a algo muito mais amplo, ao domínio do reino. Critilo preocupa-se com Chile porque se preocupa em primeiro lugar com o reino.

Critilo assemelha-se ao povo em geral, é pobre e não escreve as cartas com nenhum intuito de angariar riquezas. É assim que o poeta nos apresenta sua casa humilde, passagem que se aproxima, em termos das idéias que sugere, de outros versos do autor:[26]

> Não cuides, Doroteu, que brandas penas
> me formam o colchão macio e fofo; [...]
> custosos pavilhões, dourados leitos
> e colchas matizadas, não se encontram
> na casa mal provida de um poeta,
> aonde há dias que o rapaz que serve
> nem na suja cozinha acende o fogo. (I, 203)

Em algumas outras passagens de sua obra poética, depreende-se o mesmo desprendimento pela riqueza, se não em termos reais, como a pobreza de Critilo, ao menos como possibilidade ou algo de que se possa abrir mão em detrimento de outros objetivos. Mas

Critilo é uma das encarnações mais complexas do desprezo à riqueza e da busca da simplicidade e, nesse sentido, pode ser tomado como uma conseqüência possível, um dos "casos-limite" a partir dos próprios códigos árcades.[27]

Ao menos Critilo pode tomar "na fina porçolana,/ o mate saboroso", mesmo que os estrondos da artilharia de Fanfarrão estremeçam sua velha casa e façam o estuque desprender-se do teto, com o que o poeta perde uma "tigela esmaltada", única coisa que possuía "de algum preço" (I, 270). A afirmação de Critilo acerca de sua pobreza, se por um lado é motivo de orgulho e auto-estima, por outro não ultrapassa esse nível: em nenhum momento, a poesia é relacionada, enquanto trabalho, a um valor "material", ou mesmo é especificado como Critilo consegue sobreviver. Evidentemente não de favores, apesar de seus amigos possuírem alguns bens.

Nas poucas e preciosas passagens em que Critilo nos conta seus hábitos e de seus amigos, encontra-se um quadro pitoresco da vida que levavam em Chile. Pela descrição de um jantar que Alceu oferece a Critilo, e ao qual este não compareceu para ficar escrevendo suas cartas, é possível avaliar os hábitos e as posses do amigo, bem como o gosto de Critilo, que se revela possuidor de fino paladar:

> Eu bem sei, Doroteu, que tinha sopa
> com ave e com presunto, sei que tinha
> de mamota vitela um gordo quarto,
> que tinha fricassés, que tinha massas,
> bom vinho das Canárias, finos doces
> e de mimosas frutas muitos pratos. (I, 222)

Um cardápio variado, citando-se desde pratos franceses até os conhecidos vinhos das Canárias e os finos doces, hábitos alimentares próprios dos portugueses. Em outra longa passagem, Critilo faz ainda referência a seus amigos Alcimidonte, Floridoro, Dirceu, Josefino e outros,[28] passando uma tarde de chuva em casa: um "revolvendo" livros para avaliar um processo, outro na rede olhando os filhos brincando próximos (I, vv. 1-39, 212-3). Comparado a seus amigos, o poeta vive em condições bem mais modestas, mas todos fazem parte do mesmo grupo enquanto homens virtuosos e cidadãos dignos.

Como foi observado, a pobreza de Critilo e seu desinteresse pela riqueza ou pelo poder e o fato de ser um estrangeiro permitem-lhe até certo ponto uma postura mais distanciada para a crítica a Fanfarrão (até porque Critilo não defende ou mesmo concebe a supressão da pobreza, mas no máximo uma distribuição um pouco mais justa da riqueza, particularmente da riqueza pública, nos termos da lei ou de necessidades imperativas). Mas o que importa salientar é que esses aspectos do narrador-personagem se por um lado permitem uma visão mais detalhada dos modelos, por outro fazem ressaltar um Critilo que se envolve emocionalmente com os eventos narrados (a cada passo ele se desvela, principalmente observado ao lado de Doroteu, o principal polemizador da veracidade dos fatos narrados), o que repercute sobre a postura mais distanciada sugerida acima.[29]

Critilo e Fanfarrão formam, até certo ponto, um par antagônico. Não pelo fato de um ser poeta e outro um homem público e haver outras tantas diferenças observáveis à primeira vista (riqueza e pobreza, ignorância e conhecimento etc.), mas principalmente pelos valores políticos e morais que encarnam. Afora algumas semelhanças, como serem estrangeiros, terem passado por Salamanca, pode-se dizer também que ambos visam indiretamente a objetivos semelhantes — o governo dos povos —, ainda que por meios e procedimentos absolutamente distintos: o governador pela ocupação do poder, Critilo pela denúncia literária.

CAPÍTULO 3

"EU SOU MONARCA;
DOU LEIS, QUE É MAIS,
NUM CORAÇÃO DIVINO"

SE CRITILO E FANFARRÃO MINÉSIO permitem verificar o campo dos papéis públicos e privados desejáveis ou não, os outros poemas do autor ampliam esses papéis ou revelam pequenas nuanças que inauguram novos problemas ou retomam de uma outra ótica aspectos mencionados anteriormente, como as concepções dos papéis femininos ou o ideal de vida privada e familiar. No limite, será fundamentalmente por meio de Dirceu e Marília que virão estabelecidas as comparações mais significativas com os outros personagens, como Critilo ou Fanfarrão. Se Dirceu, por exemplo, aproxima-se de Critilo, ou do magistrado ideal definido no *Tratado*, ele pode também ser visto como a imagem especular do governador.

No entanto, os poemas líricos que não se referem estritamente a Dirceu e Marília são essenciais para a avaliação dos papéis femininos, principalmente porque Marília apresenta diferenças e semelhanças com outras mulheres presentes na vida do poeta. Igualmente, eles delineiam um homem e um cidadão ideais próximos, em vários aspectos, ao próprio Dirceu. Além disso, se no *Tratado de direito natural* não chega a ser mencionada a presença da mulher na vida pública e nas *Cartas chilenas* é reservado um papel no espaço público muito específico a elas, que não se distingue regra geral do presente no restante da obra poética, resta sempre o poema dedicado a d. Maria I como exceção importante.

Não há quem duvide da importância da mulher na obra de Tomás Antônio Gonzaga, sendo mesmo significativo o número de leitores que privilegiam esse aspecto para a abordagem das liras e outros textos.[30] Esse tema remete necessariamente ao lugar ocupado pela mulher na sociedade e na literatura, sendo índice significativo para a avaliação de mudanças coletivas ou grupais de comportamento. Numa primeira aproximação, o poeta guarda afinidades com diversos outros árcades. Uma comparação com o mesmo aspecto em Cláudio Manuel permite introduzir um problema importante da mentalidade da época.

Gonzaga comunga com Cláudio alguns aspectos gerais de um mundo barroco que, se ainda presente em solo europeu, é particularmente vivo nas Minas da época.[31] Tal como a poética de seu grande amigo poeta (Doroteu, Glauceste, Alcimidonte...), a de Gonzaga reflete aquela instabilidade, inconstância, o sentido das variações da realidade.[32] Mas é possível observar de que forma a concepção barroca do mundo e da arte vem filtrada em seu texto: se os poemas mais barrocos de Cláudio já se diferenciam bastante de um poema barroco "típico", em Gonzaga o sentido das contradições, a instabilidade do real, estão ainda mais diluídos que em seu amigo e mesmo compõem um campo de realizações literárias mais aproximável ao arcadismo.[33]

Assim, se nos poemas de Cláudio se verifica a "absoluta sujeição do poeta ao inimigo", nos quais o poeta é sempre vitima frágil da amada — a "tirana", "doce inimiga" — ou do amor,[34] Gonzaga, apesar de submetido ao mesmo fado, não o experimenta com grau semelhante de "descontentamento cósmico" do amigo.[35] Tal como em Cláudio e na maior parte dos poetas da época, a mulher e o amor são "tirânicos", "inimigos" inelimináveis.

Ormia, Lidora, Albina, Laura, Altéia, Dircéia, Nise e mesmo a "harpia Olaia" citada nas *Cartas* (I, 297), uma amada interesseira para quem Critilo comprava presentes nos tempos de Salamanca, todas essas mulheres possuem traços por vezes comuns. Em primeiro lugar, todas são belas, "deusas", o poeta não amaria um rosto "feio": "amar formosos rostos acredita,/ amar os feios, de algum modo infama" (I, 45), Dirceu dirá a Marília.

Por outro lado, a maioria delas abandona o poeta. Em todos os poemas, a inconstância da mulher vem ressaltada em contraste com a firmeza do amante: "Oh! céus, agora/ mostrou que era mulher: a natureza,/ só por não se mudar, a fez traidora" (I, 11); ou ainda: "esse teu sexo nunca foi constante" (I, 4). O poeta, ao contrário, é o "firme amante" (I, 4) que sempre se "engana" (I, 3-4), confiando na "singeleza", na "aparência", no "rosto belo", na "gentileza", nas "prendas" e "modéstia" de suas amadas. É o que defende a fidelidade amorosa como um valor essencial. Sentindo-se atraído ao mesmo tempo por Altéia e Dircéia, o poeta adverte: "Prender as duas com grilhões estreitos/ é uma ação, ó deuses, inconstante,/ indigna de sinceros, nobres peitos" (I, 19).

As mulheres não são apenas inconstantes, mas chegam mesmo a assumir comportamentos enganadores e falsos: Albina é uma pastora "de rosto belo, coração fingido,/ umas vezes cruel, e as mais traidora" (I, 14). A "falsidade" de Laura "tornou num breve dia/ quanto a razão não pôde em longa idade" (I, 19).

Esta primeira concepção da mulher enquanto perigosa porque essencialmente má é tributária do pensamento moralista cristão, herdeiro do pensamento clássico e judaico, em que Pandora e Eva são um mesmo mito, o da mulher como sede do mal.[36] No discurso normativo acerca da mulher em Portugal e no Brasil da época, a mulher possui as qualidades de ser tagarela, maldizente, lasciva, interesseira, caprichosa, preguiçosa, gulosa, andeja, vaidosa, desmazelada, ignorante, gastadora, ambiciosa e inconstante, entre outras,[37] algumas delas presentes nos poemas anteriores.

O poeta parece contudo submetido ao duro decreto do fado: "Adore Polidoro a bela Ormia,/ sem dela conseguir a recompensa,/ nem quebrar-lhe os grilhões a tirania" (I, 4). Mas não é exatamente assim que se passa, pois, apesar de tudo, o poeta sempre se recompõe, mesmo que sofra intensamente, inclusive o remorso de desejar o mal para sua traidora: "Quebrei o vil grilhão que me oprimia" (I, 19), "mas tu perdeste mais em me enganares:/ que tu não acharás um firme amante,/ e eu posso de traidoras ter milhares" (I, 4).

Essa abertura para o futuro caminha *pari passu* à valorização de determinados ideais que se localizam no passado perdido. O soneto sobre o "português sisudo"[38] não apenas remete a uma idealização de um tempo melhor, ainda que irretornável, como faz ecoar alguns preceitos citados do *Tratado,* norteadores das condutas do marido e da esposa: "Quando a mulher à sombra do marido/ tremer se via; quando a lei prudente/ zelava o sexo do civil ruído" (I, 14), o reino luso era "inocente", diferente do tempo do poeta com suas imperfeições.

Nesses primeiros poemas, particularmente no dedicado a Nise, já se esboçam os traços centrais que depois estarão presentes na figura de Dirceu. Nele o poeta aparece como o avesso de um "pastor grosseiro", ao mesmo tempo em que não possui tesouro: "Não cinjo coroa d'ouro;/ mas povos mando, e na testa altiva/ verdeja a coroa do sagrado louro" (I, 15). Este fragmento sintetiza parte de sua localização pública e privada: manda povos, é proprietário e poeta. Oposto às mulheres que amou, é constante, firme e leal. A condenação sistemática da "vil riqueza", um tema muito recorrente nos poemas, a defesa de moderação na riqueza, culmina ainda com a sublimação de todo e qualquer valor material ou de *status* em nome do amor por uma mulher: o amor como valor supremo iguala o poeta aos próprios "deuses".

Por fim, uma palavra sobre o poema dedicado a d. Maria I antes de se retomarem esses aspectos em *Marília de Dirceu*. Trata-se do único texto do autor em que uma mulher ocupa uma função pública (no sentido político). A rainha, assim, está dotada de todos os atributos de um rei prudente e sábio. O poema tem ainda um traço importante nesse contexto. Ao mesmo tempo em que traça o perfil da rainha, o autor aborda "a mais que todas feliz sorte" de d. Maria I: ter "tal consorte", "príncipe" e "esposo" a um só tempo modelares (I, 9), o que confere ainda mais cabal legitimidade ao poder que se estabelece.

A aproximação do bom "príncipe" com o bom "pai" é ainda mais importante quando se verifica em outra passagem a figura do "pai" tomada como metáfora para definir os reis portugueses, o que é particularmente importante para que se caracterize o tipo de conduta esperada dos governantes. Se os reis portugueses "como pais dos povos se portaram", os súditos por seu turno dedicam-lhes um "filial, ardente afeto".[39]

A metáfora do pai, que remete à instituição familiar, não deve ser exagerada em seu significado, mas, se considerada em sua justa medida, adquire um conteúdo valioso para os problemas referentes ao público e ao privado. Com efeito, se a família pode ser considerada uma "sociedade de desiguais",[40] do ponto de vista jurídico pertence convencionalmente à esfera privada. Tanto é assim que o direito público moderno

> considerou privatistas as concepções patriarcalistas, paternalistas ou despóticas do poder soberano, que assimilam o Estado a uma família ampliada ou atribuem ao soberano os mesmos poderes que pertencem ao patriarca, ao pai ou ao patrão, senhores por diversos títulos e com diversa força da sociedade familiar.[41]

Gonzaga, no *Tratado de direito natural*, também afasta-se dessas concepções, apesar de apontar as conveniências da monarquia sucessiva, inclusive no que diz respeito ao futuro do patrimônio familiar. Mas, na própria base de seu sistema, o Estado não pode ser assimilado a uma família ampliada. Nesse sentido, Gonzaga não recua diante do problema propriamente moderno de direito natural e seu distanciamento em relação a Aristóteles.[42]

No entanto, é necessário considerar o significado particular da família na Idade Moderna. Presente ainda na reflexão jurídica,[43] em que por vezes, segundo Mumford, reaparece como único grupo a par do Estado com existência validada em si mesma,[44] ela adquirirá também um valor social específico para determinados grupos e verá mesmo transformado o seu significado literário (ainda que retomando temas quase tão antigos quanto a própria literatura). Para a família convergem novos projetos de vida em comum ao mesmo tempo em que se processa sua transformação estrutural.[45] Por outro lado, sua revalorização literária é outro indicador de mudanças na sensibilidade da época.[46]

É compreensível, portanto, que a metáfora empregada por Gonzaga se insira nesse movimento geral; não apenas a família tem algumas de suas funções nucleares transformadas, exigindo uma redefinição profunda de seus papéis, como igualmente se constitui num dos poucos espaços em que é possível distanciar-se do poder do Estado à busca de uma outra forma de realização da felicidade. Nos poemas de Dirceu, a família, enquanto forma superior e acabada do amor, torna-se o lugar mais privilegiado dessa realização e, nesse sentido, está acima do poder e da riqueza, organiza-se e fundamenta-se em novos valores emergentes na época.[47] Parece haver certa coerência nisto: considerar a dimensão mais íntima da vida humana (o amor, a vida em comum) como o lugar de realização da felicidade e da liberdade mais plena e obedecer sempre ao príncipe, qualquer que seja sua conduta. Com efeito, a família não é uma instituição que ameace o Estado.

Essas considerações, no entanto, só aparecem em toda sua nitidez por meio de um maior detalhamento dos personagens Marília e Dirceu e sua idealização amorosa, tendo-se em conta a historicidade própria a esse projeto afetivo. É importante, sobretudo, considerar a particularidade dessa coleção de poemas. É visível que Marília e Dirceu não apenas possuem uma densidade literária maior que as outras musas que o poeta cantou, como também mapeiam mais amplamente o território de uma experiência afetiva.

Não é possível depreender de textos líricos uma historicidade imediata como de qualquer texto em geral, mas pode-se qualificar a variedade dos textos segundo sua maior ou menor aderência a uma dada realidade. No lírico não ocorre a reprodução lingüística de um fato,[48] ele parece escapar "à lei da gravidade da história porque sua palavra nunca é inteiramente histórica".[49] Se a história não esgota o sentido do poema, no entanto, o poema não teria sentido "nem sequer existência — sem a história, sem a comunidade que o alimenta e à qual alimenta".[50] No campo da história, o fenômeno lírico relaciona-se mais diretamente ao quadro de sensibilidade de uma época e às suas estruturas mentais, terrenos de investigação complexos.[51] Mas o fenômeno lírico encontra-se ligado principalmente a aspectos internos à história da literatura, essenciais para a definição de alguns valores do texto em termos "formais" e de "conteúdo", ainda que seja sempre problemática tal distinção.

Essas observações têm um caráter bastante limitado. Visam principalmente a considerar Dirceu e Marília enquanto modelos, comparáveis aos grandes amantes da história, da literatura e da mitologia, como o próprio Dirceu o supõe insistentemente. Mas esses modelos não se dão em abstrato; referem-se de tal forma a um presente determinado, da história literária às condições históricas mais gerais ou ainda biográficas, que são esses o seu substrato mais individualizador.

Dirceu e Marília só se deixam conhecer aos poucos ou por partes: qualquer tentativa de compreendê-los exaustivamente não alcançará muitos resultados, particularmente quando se pensa em Marília, mulher e amante mais complexa que as outras musas do poeta. Se nos sonetos e em outras peças de "juventude" sobressai o desencanto do poeta ante a inconstância feminina, além do contraste entre a beleza e as atitudes, nos poemas para Marília o tema da inconstância feminina quase não se repete, e a imagem bela da mulher ganha novos significados. Há uma diferença essencial, portanto, entre Marília e as outras pastoras: sua "fidelidade", mesmo que não saibamos exatamente qual o sentimento que nutre por Dirceu. Se mesmo Marília muda — "Tu já te mudaste;/ e a olaia frondosa,/ aonde escreveste/ a jura horrorosa,/ tem todo o vigor" (I, 41) —, não apenas

Dirceu a "desculpa", como igualmente esse não é o procedimento habitual da amada, em tudo oposta ao primeiro modelo de mulher esboçado, da mulher traidora e inconstante.

Marília, uma das poucas personagens femininas de nossa literatura, não se deixa conhecer profundamente. Antonio Candido observa como Marília ora é uma pastora em tudo semelhante a outras pastoras da Arcádia, ora uma mulher concreta, real.[52] É preciso mesmo ver nesse movimento pendular entre convenção e naturalidade uma tensão inerente à representação neoclássica.[53] Essa ambigüidade geral de Marília não é a única. Mesmo como mulher real, apesar do "garbo", da "graça" (I, 51), da "modéstia" (I, 91), do "riso imperfeito", ela não se deixa conhecer mais exaustivamente.

Contraposto ao primeiro modelo esboçado sobre as mulheres, cujo arquétipo é Pandora ou Eva, o perfil de Marília aproxima-se, por outro lado, apenas relativamente da outra face do mesmo discurso normativo, em que o modelo da boa mulher tem por arquétipo a Virgem Maria: uma mulher assexuada, passiva, recolhida, silenciosa, obediente, conformada, trabalhadora, geralmente elogiada por sua "gravidade, sisudeza, modéstia e recato".[54] Na verdade, a complexidade de Marília reside exatamente em sua não-conformação aos modelos, afastando-se radicalmente do primeiro, mas não se integrando em todas as facetas do segundo.

Outras vias de acesso são necessárias para a análise do significado de Marília, observando-se mais cuidadosamente de que forma ela expressa um ideal de mulher e de beleza, e refere-se ao tema do amor. Igualmente, é importante anotar o convívio de Dirceu e Marília para que ambos sejam precisados. A partir dessas noções e de outras referentes a Dirceu, é possível considerar não apenas os problemas históricos e literários inerentes aos poemas,

mas a forma particular de experiência afetiva entre Dirceu e Marília que os torna "um coração e uma alma".[55]

Para Dirceu, a mulher é o ser mais próximo à perfeição constituído pela natureza e Marília, a mulher mais perfeita. As flores, as aves, as cores, as jóias, nenhuma delas iguala-se à mulher em sua beleza. O maior tesouro de Marília para Dirceu, avesso à riqueza material, é esse tesouro não ser "formado/ do buscado/ metal louro" (I, 64). Marília é em si mesma algo muito mais valioso: seus cabelos são "fios d'ouro" (I, 95), seus "beiços graciosos" de "rubis" (I, 28) ou "granada" (I, 91), "seus dentes delicados são pedaços de marfim" (I, 38). Todas essas metáforas, bem como as das flores, dos pássaros, das cores, são ainda frágeis para definir suas qualidades, seus dotes e suas virtudes: comparadas a Marília, "pérolas não valem nada,/ não valem nada os corais" (I, 47); "aos negros olhos, que matam,/ não imitam, não retratam/ nem auroras nem estrelas" (I, 48).

Se a Natureza "ao homem deu as armas do discurso,/ que valem muito mais que as outras armas" (I, 78) (referindo-se às armas dos diversos animais), o atributo da beleza é uma exclusividade feminina:

> Às tímidas donzelas pertenceram
> outras armas, que têm dobrada força:
>   deu-lhes a Natureza,
> além do entendimento, além dos braços,
>   as armas da beleza.
>   Só ela ao céu se atreve,
> só ela mudar pode o gelo em fogo,
> mudar o fogo em neve. (I, 78)

A mulher como ser mais perfeito porque belo, possui portanto o poder máximo. Se no poema dedicado a Dircéia já encontramos versos como:

> Desses teus olhos divinos,
> que, ternos e sossegados,
> enchem de flores os prados,
> enchem de luzes os céus [...]
> que domam tigres valentes,
> que nem rígidas serpentes
> resistem aos tiros seus [...] (I, 21)

Marília possui um poder ainda mais amplo, não apenas sobre a natureza, mas também sobre a realidade humana: "és árbitra da terra:/ tu podes dar, Marília, a todo o mundo/ a paz e a dura guerra" (I, 79).

A beleza e o amor da mulher, de Marília, constituem critérios a partir dos quais todas as outras coisas adquirem um sentido relativo. O poeta não "se cansa" como Galileu "a saber se o sol se move", nem busca enfrentar os mares ou acumular riquezas (I, 46). Passa as horas admirando a amada e refletindo sobre a sabedoria de Jove: "quem fez uma obra tão perfeita e linda,/ minha bela Marília,/ também pode/ fazer os céus e mais, se há mais ainda" (I, 47).

A partir dos estudos sobre o padrão de beleza de Marília,[56] em que a tensão entre convenção e naturalidade novamente se verifica, infere-se contudo que Dirceu não se opõe fundamentalmente aos padrões literários da época, o que não o impede de momentos perspicazes na observação de expressões possíveis do belo: "A vista furtiva, o riso imperfeito" (I, 39). Apesar disso, o contraste entre Marília e os padrões de beleza femininos da colônia é enorme: não a mulher gorda, mole, caseira; tampouco a mulher franzina, meio doente,[57] mas a mulher esbelta e saudável.

Mas o que se patenteia sobretudo a partir do perfil de Marília, além de sua profunda diferença em relação às amadas anteriores do poeta, é o fato de ela, e da mulher, surgir como um ser superior entre os demais.[58] Apenas considerando-se a condição feminina em Portugal e no Brasil do período, esse perfil torna-se compreensível, por meio da confrontação dos papéis femininos legitimados ou não com as ações de Marília.

A época moderna assistiu a uma transformação profunda da idéia de família e dos papéis femininos e masculinos. Particularmente, a mulher transformou-se num objeto de curiosidade e debate quanto mais passou a ocupar novos espaços sociais e experimentar outras atividades. Portugal não esteve imune a esse movimento geral, ainda que com certa lentidão, afinal, a França no século XVII já havia produzido *As preciosas ridículas*. Mas é somente a partir da segunda metade do século XVIII que a discussão dos papéis femininos invade efetivamente a cena portuguesa por meio de novas preocupações pedagógicas.[59] Com a constituição de uma "nova sociabilidade urbana", na qual sobressaem as reuniões em salões (conhecidas por "assembléias" ou "partidas"), os temas da moda e dos costumes a dividir "antigos" e "modernos", os novos lares, que deixam de ser clausura, recato, e se tornam lugar de encontros e divertimentos, o que se verifica é a organização de um novo espaço heterossexual de convivência.[60]

A nova educação feminina, ainda que limitada, já não se reduz estritamente a ler, escrever, contar, coser e bordar, mas passa a constar "de matérias destinadas à aplicação imediata na vida social e mundana".[61] As mulheres passam, portanto, a aprender música vocal e instrumental, poesia, dança e "conversação" para as "assembléias".[62] Os antigos espaços tradicionais da mulher, a clausura do convento e da casa, as festividades religiosas e as visitas, são radicalmente inovados: a mulher burguesa e nobre passa a freqüentar o teatro, as touradas, as mascaradas, os bailes públicos, os banhos de mar,[63] e seu aparato de saída adquire convenções próprias.

Delineiam-se aos poucos dois estereótipos que combinam esses novos elementos aos modelos anteriormente referidos da mulher como Eva ou Maria e que se confrontarão durante todo esse período. Assim, a "rapariga modelar" é grave, modesta, sem vontade própria, costura e lê em casa, não possui mestres. A outra rapariga participa da vida do *grand monde*,[64] é desenvolta e namoradeira, aprende a música, a dança, a "conversação". Se durante todo esse período persistiram, contudo, os comportamentos pautados na "rapariga modelar", o que importa reter sobretudo é que esse novo comportamento feminino se encontra muito mais próximo de nossa época que do princípio de seu próprio século,[65] vindo desde então a tornar-se cada vez mais hegemônico.

A europeizada Vila Rica não passou ao largo desse movimento, ainda que num grau muito reduzido. As mulheres dos sobrados mineiros ficavam dentro de casa e não apareciam para as visitas. As moças, particularmente, dormiam nas camarinhas, quartos sem janela, e apareciam no máximo nas janelas, na varanda, no palanque.[66] Mulher de sobrado que ia à rua podia ser tomada como "mulher pública", como diz Gilberto Freyre. No entanto, uma outra presença feminina pode ser percebida, ainda que nos espaços convencionais: Saint-Hilaire comenta sobre as mulheres que viu em um baile oficial, que, vestidas à francesa, tocavam e dançavam.[67] As *Cartas chilenas* mencionam igualmente a presença de mulheres no teatro e em bailes públicos.

Marília não é apenas uma pastora da região árcade e suas convenções, mas possui um perfil singular. Ainda que em tudo condizente com o modelo da mulher grave, modesta, que passa as horas na janela de sua casa, "na expectativa do casamento e da felicidade doméstica",[68] Marília possui vontade própria, sabe conversar e dançar, não é assexuada, passiva, obediente e conformada. Representa, portanto, uma outra perspectiva entre esses modelos, em que o "antigo" incorpora o "moderno" buscando moldar um ideal de mulher.

Vista como "esposa amante" (I, 73), Marília é cantada como a futura mãe virtuosa dos filhos de Dirceu. Mas, além de amante e esposa modelar, Marília possui outros dotes, sabe admirar como Dirceu "os fastos da sábia, mestra História,/ e os cantos da poesia" (I, 97), participa com ele das reuniões dos pastores e pastoras, quando se encontram com Laura, apaixonada por Dirceu:

> Quando há, Marília,
> alguma festa
> lá na floresta,
> (fala a verdade!)
> dança com esta
> o bom Dirceu?
> E se ela o busca,
> vendo buscar-se,
> não se levanta,
> não vai sentar-se
> ao lado teu? (I, 70)

A própria presença de Laura como rival de Marília, em alguns poemas, aponta para um procedimento pouco convencional nas liras eróticas da época.[69] É assim que os três, Dirceu, Marília e Laura, se encontram no baile descrito e na rua, quando Laura volta "prudente" seus olhos para o chão (I, 70). Laura, que "com a vermelha roda, a seis puxada", faz "tremer a rua" (I, 75).[70]

Mas é principalmente Marília que surpreende com seus atos e sensualidade os códigos da época:

> Quando apareces
> na madrugada,
> mal embrulhada
> na larga roupa,
> e desgrenhada,
> sem fita ou flor,
> ah! que então brilha
> a natureza!
> Então se mostra
> tua beleza
> inda maior. (I, 69)

Essa cena de profunda liberdade amorosa contrasta visivelmente com a imagem convencional da amada na janela, dentro de casa, e com os limites próprios à relação entre namorados.[71] Todos esses aspectos fazem de Marília um ser complexo e facetado, a um só tempo correspondendo aos antigos e modernos ideais de feminilidade.

Enquanto motivo para os poemas, a ascendência de Marília sobre Dirceu verifica-se não apenas em suas emoções mais imediatas (o que ocorre igualmente no sentido de Dirceu para Marília, o que se verá adiante), como na passagem: "Se estavas alegre,/ Dirceu se alegrava;/ se estavas sentida,/ Dirceu suspirava/ à força da dor" (I, 40). Os próprios poemas em sua totalidade podem ser lidos como o efeito de uma emoção essencial, o amor provocado em Dirceu pela figura de Marília; donde a entrega de Dirceu à amada e ao amor. Marília e o Amor são mesmo cambiáveis nos poemas, no que se destaca um traço particular de Dirceu ao resgatar o deus Cupido de Anacreonte,[72] ou tomar Marília por Vênus.[73]

Se a figura de Marília e o amor desencadeiam a submissão do amante, Dirceu, no entanto, para Antonio Candido, canta mais a si mesmo que a sua amada: "a sua grande mensagem é construída em torno dele próprio".[74] Dirceu não é apenas pastor com "próprio casal", mas igualmente é magistrado, poeta, homem virtuoso e amante fiel. Em termos de sua caracterização como pastor arcádico, tal como Marília, obedece a um campo de convenções próprias ao bucólico-pastoril do tempo. Nesse sentido, é importante notar como mesmo no idílico campo arcádico de Dirceu já se instalou a diferença social entre os pastores. "Ao simbolismo do pastor arcádico liga-se também um sentido regalista", como observou Teófilo Braga.[75] Dirceu tanto não é "algum vaqueiro", "pegureiro", "pastor grosseiro" como define os poucos "de sua escolha", veste "finas lãs" e alimenta-se bem, ainda que em tudo de forma sempre moderada. Na escala da riqueza social, sua poesia constitui um exemplo da "virtude" de uma vida mediana, sem extremos.

Mas Dirceu é também um magistrado, e estamos até certo ponto diante de um traço singularizador de sua poética. Diferentemente de certa tradição que reserva aos magistrados, juristas em geral, um lugar nem sempre confortável na literatura,[76] Dirceu busca precisamente a defesa da pureza e da dignidade do exercício de aplicação da justiça. O tema da justiça, presente em todos os textos do autor, encontra na realização de Dirceu como magistrado sua máxima concretude. Se não é possível considerar que o significado das liras repouse precipuamente no problema da justiça, é necessário, contudo, reafirmar sua importância. Não são muitos os exemplos de um poeta-juiz como Dirceu,[77] e esse fenômeno é certamente explicável não apenas pela valorização do modelo da vida intelectual, mas sobretudo pela constituição de uma burocracia nos termos do Estado moderno, e que aos poucos vai delineando um código de condutas que adquire mais consistência e relevo, um *status* social próprio, na medida de sua importância para a gerência desse mesmo Estado. Trata-se, nesse sentido, de um "orgulho" ligado a um segmento bastante específico da estratificação social da Idade Moderna, particularmente em Portugal, e que se faz presente também na colônia.[78]

Dirceu é a um só tempo poeta, magistrado, pastor, amante e vassalo fiel ao reino. Se não há incoerência entre essas caracterizações, a harmonia advém da conduta que a um só tempo considera a especificidade de cada campo de ação e a necessidade de uma orientação ideal fundada na noção de virtude que norteie esse indivíduo multifacetado. Em outra passagem, o poeta que dedica o soneto a Vila Rica, semelhante a Dirceu, julgando crimes não se deixa corromper por interesses pessoais: "Não foram, Vila Rica, os meus projetos/ meter em férreo cofre cópia d'oiro,/ que farte aos filhos e que chegue aos netos" (I, 93). E mesmo no juiz que o condena encontra as "virtudes" de "homem" e de "juiz" unidas (I, 151).

Dirceu orienta-se pelos ideais da vida simples, digna, o ideal da *aurea mediocritas*, que controla os excessos tanto da natureza quanto dos sentimentos. Busca a justiça e as virtudes essenciais e, nesse sentido, opõe-se em todos os aspectos ao Fanfarrão das *Cartas*. É na virtude do amor, na obediência a sua lei, que se explicam fundamentalmente não apenas os poemas, mas a própria tarefa do homem ante o mundo e a vida.

Abdicar de si ante o amor, no entanto, não é experimentado como um dilema ou uma perda, mas como a possibilidade mesma de transformação e de um futuro melhor, futuro esse que pode ser diferente do antigo passado idílico, mas não muito distinto ou oposto. É assim que Dirceu, na prisão, imagina seu futuro: "Qual eu sou, verá o mundo;/ mais me dará do que eu tinha,/ tornarei a ver-te minha:/ que feliz consolação!" (I, 119). Ou mesmo num outro poema, também da prisão e já referido anteriormente, em que o autor imagina um futuro que, apesar de mais modesto, nem por isso é menos exemplar ou muito distinto do anterior, pois alicerçado num mesmo quadro de valores:

> Se não tivermos lãs e peles finas,
> podem mui bem cobrir as carnes nossas
> as peles dos cordeiros mal curtidas,
> e os panos feitos com as lãs mais grossas.
> Mas ao menos será o teu vestido
> por mãos do amor, por minhas mãos cosido. (I, 139)

Dirceu não promete riquezas a Marília, ou mesmo postos, mas uma vida digna fundada na honra, na virtude e no amor: "Tu não habitarás palácios grandes,/ nem andarás nos coches voadores" (I, 75). Ainda que sejam pobres, ao menos as "mãos do amor" tecem seu enredo. Dirceu e Marília ampliam ainda mais seu campo modelar, são "exemplos da desgraça e são amores" (I, 139). Todas essas passagens assemelham-se aos preceitos anteriormente referidos, como o da moderação no vestir-se e no uso dos enfeites, mas algumas alterações fazem-se sentir. Se no *Tratado* as mulheres não devem usar tranças, nem é assim que Marília surge retratada em seus momentos de maior realismo: "as tranças belas" (I, 85), "as negras tranças" (I, 91).

Dirceu é um personagem que demonstra uma coerência de idéias gerais do princípio ao fim dos poemas, particularmente pelo fato de que, quando preso, não apenas não altera suas posições, como almeja em linhas gerais reconstruir a mesma condição anterior em que vivia.

Importa considerar também outro aspecto dos poemas escritos na prisão. É através de comparações entre o valor do amor e do poder representado no "trono" que se estabelece o significado mais amplo do ideal de felicidade contido no texto: "porém, gentil pastora, o teu agrado/ vale mais que um rebanho e mais que um trono" (I, 95). Dirceu não é apenas uma "alma digna de um trono" (I, 107) — ele mesmo já o possui:

> Eu é que sou herói, Marília bela,
> seguindo da virtude a honrosa estrada:
> ganhei, ganhei um trono,
> ah! não manchei a espada,
> não o roubei ao dono!
> Ergui-o no teu peito e nos teus braços;
> e valem muito mais que o mundo inteiro
> uns tão ditosos laços. (I, 81)

Ou ainda:

> Vaidoso então direi: — Eu sou monarca;
> dou leis, que é mais, num coração divino.
> Sólio que ergueu o gosto e não a força
> é que é de apreço dino. (I, 112)

O trono, o monarca, não são meramente metáforas, apesar desse nível de conteúdo evidente. Acusado como réu de lesa-majestade, Dirceu, para provar sua inocência, ao tomar esses parâmetros comparativos, está efetivamente escolhendo entre eles. E, a par de um projeto social de felicidade — de que o mundo relativamente harmônico e hierarquizado dos pastores e reis expresso nos poemas constitui uma elaboração literária até certo ponto relacionada a determinadas condições das formações sociais portuguesa e brasileira —, encontra-se o objetivo mais profundo dos poemas: o elogio da felicidade individual que, alicerçado numa conduta virtuosa e honrada, é nutrida nas regras da fidalguia e se funda, tal como a felicidade social, na virtude do amor. A sua máxima realização é o amor correspondido, a família e os filhos, a obediência humana à lei da natureza. Se para todos os homens importa a vida em comum, o amor é o meio por excelência para a salvação e felicidade de cada indivíduo.

Importa ter em conta essa condição ou, mais propriamente, o ideal de vida íntima, o projeto afetivo de Dirceu e sua "dignificação" dos "sentimentos quotidianos".[79] Dirceu não apenas prepara Marília para que deixe o "turvo ribeirão" em que nasceu e o acompanhe à "grã Lisboa". Narra-lhe também a condição da maternidade, buscando pintar-lhe os prazeres da vida em comum: "Que gosto não terá a esposa amante,/ quando der ao filhinho o peito brando/ e refletir então no seu semblante!" (I, 73). Não apenas na semelhança de traços entre o filho e Dirceu constitui um espaço de maior sensibilidade na relação entre pais e filhos. Essa passagem, aliás, atesta como aos poucos penetra na literatura cenas como a da amamentação, tendo-se em conta como esse ato era valorizado na época.[80]

Mas o modelo de vida traçado por Dirceu tem uma especificidade ainda maior. Afora o elogio do casamento, da fidelidade, da maternidade, é o próprio cotidiano da vida em comum que aparece pintado nos termos de novos comportamentos, como já foi indicado. Quando comentamos anteriormente, o poema em que Dirceu prepara Marília para as coisas que ela "não verá" — os trabalhos e as riquezas da terra —, contrapondo esses valores ao do ideal da vida em comum, foram apenas observados determinados aspectos. É essencial, nesse sentido, citar o poema a partir de onde se interrompeu:[81]

> Verás em cima da espaçosa mesa
> altos volumes de enredados feitos;
> ver-me-ás folhear os grandes livros,
>   e decidir os pleitos.
>
> Enquanto revolver os meus consultos,
> tu me farás gostosa companhia,
> lendo os fastos da sábia, mestra História,
>   e os cantos da poesia.
>
> Lerás em alta voz, a imagem bela;
> eu, vendo que lhe dás o justo apreço,
> gostoso tornarei a ler de novo
>   o cansado processo. (I, 97)

O comentário de Rodrigues Lapa a esse poema introduz um aspecto importante para a discussão em pauta, particularmente porque ele veio a conhecer significativa aceitação ao longo dos anos:

> Ao ideal industrialista da vida brasileira [...] a essa vida agitada opõe ele um ideal de paz burguesa e sedentária, toda orientada nos deveres da profissão e perfumada com as graças da poesia. Era o ideal caseiro e burguês da poesia do século XVIII. Gonzaga revela-se como um dos seus mais típicos representantes.[82]

Instala-se aparentemente um conflito ou contraste com o que antes vinha se afirmando sobre as concepções do autor acerca da honra, dos códigos de comportamento alicerçados nas normas da fidalguia (apesar da especificidade de seus textos com respeito à nobreza de sangue) e na defesa das relações de suserania e vassalagem. Importa, nesse sentido, uma compreensão do que seja essa "burguesia" na Europa, em Portugal e na colônia, para que se possa verificar o "ideal burguês" contido nessa passagem, abandonando o tema do "ideal industrialista", forma pouco feliz para designar a atividade mineira do período.

A distinção entre "burgueses propriamente ditos, as velhas corporações profissionais de artesãos e pequenos comerciantes"[83] e a noção "tradicional" do "burguês" esclarece possivelmente de que "burguês" falava Lapa:

> Junto com o moderno aparelho de Estado surgiu uma nova camada de "burgueses" que assume uma posição central no "público". O seu cerne é constituído por funcionários da administração feudal, especialmente por juristas [...]. Acrescentam-se médicos, pastores, oficiais professores, os "homens cultos" [...] Assim, também os "capitalistas", comerciantes, banqueiros, editores e donos

>de manufaturas [...] pertencem àquele grupo de "burgueses" no sentido tradicional do termo quanto ao novo estamento dos "homens cultos".[84]

Considerado o conceito de burguesia, é ao sentido "tradicional" que Dirceu pode ser referido. Outros aspectos que se relacionam com a caracterização dos comportamentos burgueses são os modelos de comportamento e o valor atribuído a certas instituições durante a Idade Moderna: a corte, enquanto capital do Estado, possui um papel ao mesmo tempo político e social. A própria corte busca confundir-se com a "imagem nacional", sua influência é poderosa nas cidades e mesmo nos hábitos domésticos, ao menos nas casas das "classes médias".[85] A "propagação da intimidade dentro do lar", o aperfeiçoamento dos costumes, expresso no próprio verbo "cortejar",[86] indica de que forma do interior do cerimonial e do código de comportamento da sociedade de corte emergem condições para o crescimento da intimidade. Se o quarto do rei, na corte, é um lugar ao mesmo tempo público e privado,

>a última configuração da representatividade pública, ao mesmo tempo reunida e tornada mais nítida na corte dos monarcas, já é uma espécie de reservado em meio a uma sociedade que se ia separando do Estado.[87]

Se é possível traçar uma linha de demarcação nítida entre "mentalidade burguesa" e "mentalidade "aristocrática",[88] é essencial compreender os fios de ligação entre elas, ou sua ocorrência histórica freqüentemente "impura".

A partir dessas observações, as estrofes citadas podem adquirir uma nova luz e revelarem ainda mais a complexidade da obra de

Gonzaga. Se como cidadão Dirceu é um defensor implacável dos deveres do súdito para com o monarca, como homem projeta um espaço "privado" centralmente familiar. Sua caracterização é ainda mais específica pelo elogio do marido magistrado e seu cuidado em tornar a ler o "cansado processo" somente depois de verificar que Marília dá o "justo apreço" a uma imagem bela, num nítido elogio dos ideais de uma vida culta.

O mapeamento dos traços "burgueses" do pensamento de Dirceu deve levar em conta também outro dado fundamental: se, por um lado, sua valorização da vida culta leva-o a rejeitar o mundo dos negócios (o que de certa forma é coerente com a imagem que a "família burguesa" faz de si mesma), no entanto, por outro, fundamenta o elogio do trabalho burocrático no seio do espaço familiar. É possível, apesar desse aspecto, localizar o ideal de vida "burguesa" de Dirceu na concepção burguesa segundo a qual a família compreende a si mesma como "uma esfera que elabora intimamente a humanidade",[89] com seus respectivos ideais de felicidade e amor. Apesar de a idéia que a família burguesa tem de si mesma colidir com as reais funções que assume no mundo econômico, estão dadas condições para a constituição de um espaço livre das imposições sociais, "como reino da pura humanidade".[90]

É no longo percurso da constituição da "família burguesa" e da institucionalização de uma privacidade ligada ao público mediada pela "esfera pública literária" que se torna possível localizar os ideais de Dirceu. É essencial, nesse sentido, ressaltar o papel da família, da "esfera pública literária" e de novos espaços públicos como o salão para a redefinição da "esfera pública política",[91] por meio da "refuncionalização da esfera pública literária", que efetua a crítica do poder do Estado. Mas é essencial verificar que esses ideais "burgueses" de Dirceu encontram-se ainda no ponto de partida desse processo, buscando alçar junto a um "público" a legitimidade de sua "privacidade", que em nenhum momento é tomada como modelo a partir do qual se questiona a ordem do Estado; no máximo, comparada a ela, surge como uma forma de felicidade mais desejada.

Após tantas mediações, é essencial ainda considerar o significado possível da noção de "burguesia" no Portugal da segunda metade do século XVIII. Se a definição de burguesia em outros conjuntos históricos no mesmo período vai sendo mapeada com certa segurança, em Portugal esse problema teórico adquire um significado matizado pela especificidade de sua formação social vista em termos de longa duração.

Se desde o fim do século XV Portugal constitui um sistema mercantil relativamente significativo, sua "burguesia", com o comércio de produtos exóticos e da atividade financeira, não consegue alargar sua incidência econômica e política. A par dessa "burguesia" constituem-se também estratos "burgueses" médios, particularmente referidos às profissões liberais e à burocracia do Estado (magistratura principalmente). A "burguesia" portuguesa, ainda na segunda metade do século XVIII, apenas inicia a passagem da esfera de circulação à de produção, não pondo em risco a dominância das relações feudais.[92] A "burguesia" portuguesa, portanto, pertence maciçamente àquele grupo "tradicional" de "bugueses" definido acima. Nesse sentido, há um aspecto particular no "caso português": a expansão colonial e mercantil é utilizada pelo sistema feudal no reforço de suas instituições: "a forma celular das relações sociais manteve-se com estabilidade".[93] É somente no último quartel do século XVIII que Portugal assiste a modificações ainda em tudo "tímidas" no sentido do enfraquecimento do feudalismo: todo o período que se estende de 1780 a 1850 pode mesmo ser considerado como de transição de relações de produção feudais para propriamente capitalistas.⁹⁴

A obra de Gonzaga insere-se nesse contexto de fundo em que a velha corte de Luís XIV segue sendo o modelo de organização do Estado e das condutas sociais para Portugal,⁹⁵ onde apenas começa a despontar um salão que, em oposição à corte, vai desenvolver-se no sentido do que propriamente poderá se constituir mais tarde como "esfera pública política".

Dirceu, como representante da burguesia portuguesa, pertence ainda ao seu pólo mais específico ou problemático: nem sequer é um representante do setor "burguês" mercantil, mas sim dos "burgueses" médios ligados à burocracia do Estado, apegados à vida no burgo, aos padrões de sociabilidade citadinos e geralmente interessados em participar do exercício do poder mediante benesses do Estado e adquirir privilégio e *status* próprios. É por isso que seu texto oscila entre a defesa de uma "personalidade pública" típica da representação da nobreza e uma "personalidade que se desenvolve livremente".⁹⁶ Não há contradições, contudo, entre uma esfera íntima definida em termos "burgueses" e o elogio de uma hierarquia fidalgal, na medida em que essa esfera íntima não se opõe, de seu próprio interior, às relações dominantes,⁹⁷ buscando, pelo contrário, adequar-se a elas.

Conclusões parciais

Após esse longo percurso, é necessário buscar um balanço mais geral das concepções do público e do privado nos textos de Tomás Gonzaga, tendo em vista as especificidades apresentadas no interior de cada um deles. Trata-se de um terreno difícil, pois as condições de comparação e contato são relativamente exíguas, apesar de já se ter feito referência a mais de um ponto em comum, desde o estatuto do magistrado no interior de diversos textos aos padrões de conduta desejáveis ou não à luz dos códigos prescritos pela época, desde as relações entre papéis públicos e privados à valoração destes.

Em termos gerais, tomando-se as definições de organização da vida pública e do exercício do poder no *Tratado de direito natural* com o mesmo aspecto nas *Cartas chilenas* e em alguns poemas, é possível considerar certa homogeneidade de pontos de vista na defesa dos interesses da Coroa, no submetimento do súdito ao chefe, no primado do público (política) em detrimento do privado (economia).

De outra parte, observadas as relações entre as condutas pública e privada, particularmente os modelos e antimodelos de vida privada ilustrados por Fanfarrão e por Critilo, por Dirceu e Marília, verifica-se, em primeiro lugar, o apego aos padrões de conduta "no" público próprios a uma sociedade estratificada e alicerçada fortemente em privilégios e códigos de comportamento fidalgais. Em segundo lugar, a apologia das relações afetivas e da família como o lugar por excelência de realização da felicidade e do amor, onde não vigoram diretamente as mesmas regras de fidalguia. O que se vê, pelo contrário, é toda uma redefinição dos papéis masculino e feminino, dos quais Dirceu e Marília manifestam a um só tempo facetas dos padrões estabelecidos para o comportamento ideal e dos novos padrões emergentes.

Que a esse espaço de intimidade seja reservada a função mais completa e universal de realização da felicidade individual demonstra talvez como Gonzaga era apegado à "sã doutrina" que buscou professar: a obediência ao amor como a obrigação do mandato divino a todos os homens (e nisso a importância do casamento e dos filhos). Ao mesmo tempo ele realiza uma obra de seu tempo, que tematiza um espaço de intimidade e um tipo de família efetivamente novos e que vão se constituindo como idéia em Portugal e no Brasil, de que o próprio autor é exemplo.

Se no *Tratado* e nas *Cartas* há o predomínio da esfera pública sobre a privada, em *Marília de Dirceu* esse problema adquire outros sentidos. São redefinidas as condutas privadas a partir da idealização de uma relação afetiva e de um tipo de família "burguesa", de cujas atividades de produção Dirceu não se afasta inteiramente, quer porque exerce a atividade não diretamente produtiva da jurisprudência, quer porque, se for necessário, Dirceu trabalhará arduamente e ainda assim será pobre só pelo amor de Marília. Nesse sentido, a par das relações "puramente humanas", o mundo de Dirceu e Marília surge atravessado pelos problemas da riqueza e da propriedade, e sua resposta é o ideal da *aurea mediocritas*, que unifica os ideais de uma certa "burguesia" a determinada tradição literária e moral.

O amor de Dirceu e Marília, contudo, independe da esfera das relações econômicas e políticas, e nisso se encontra o caráter mais radical de afirmação desse sentimento, porque realiza-se alheio aos interesses políticos e materiais. O amor não depende nem mesmo da existência social para se consumar; antes disso, ele é uma lei da natureza. É por meio do amor, na forma de suas contradições "burguesas", que Dirceu transforma a idéia de felicidade individual em uma nova possibilidade humana geral.

Apesar da importância e do significado do poder do príncipe e do bem público, presente no *Tratado* e nas *Cartas*, os poemas acabam por constituir outra alternativa para o projeto de felicidade humana: o amor, livre de quaisquer travas políticas e materiais e, por isso mesmo, desimpedido de ter que se transformar em crítica ao poder constituído. Tanto para o príncipe quanto para o súdito ou o homem, o amor constitui-se enquanto princípio de realização da felicidade terrena e de Deus. Para Dirceu, é a possibilidade de realização da felicidade individual comum a todos, ainda que não em contradição com as formas de exercício do poder e da organização da vida econômica, que podem inclusive, ou preferencialmente, fundar-se nesse mesmo sentimento. Mas é no amor individual que se consuma a esfera mais plena da liberdade, ainda que sensivelmente reduzida, pois não supõe a crítica da ordem estabelecida.

É na vida individual que se realiza o ideal do amor porque é por meio do amor que o homem mais simples pode igualar-se aos grandes deuses. A felicidade está ao alcance de qualquer um. Dirceu faz sua escolha: não quer ter riquezas ou poder, apesar de possuir idéias precisas sobre isso. Prefere construir o pequeno mundo ideal de sua vida íntima, para que seu exemplo permaneça e sua obra seja o testemunho desse modelo passível de se transformar em uma nova conduta geral.

Parte V

O tempo:
a história e a poesia

RETORNEMOS À PRIMEIRA VEZ em que citamos uma passagem da obra de Tomás Antônio Gonzaga. Aos poucos vai sendo esclarecido o que Dirceu nos diz em uma de suas liras: "Só podem conservar um nome eterno/ os versos, ou a história" (I, 76). Apesar de os capítulos precedentes serem pontuados por aspectos das noções de "história", "poesia" ou mesmo "obra", esses temas estiveram encobertos em seus significados diversos e não puderam ainda ser vistos em suas articulações com o campo geral das idéias abordadas.

Não é possível observar de um único ponto de vista noções como as de história e de beleza no interior dos textos do autor. Confrontados dessa perspectiva, cada qual possui um corpo particular de problemas, ou mesmo nem todos se referem a ambos os temas, o que dificulta o campo de observação. Mas considera-se historicamente relevante obter desses textos uma resposta para a seguinte questão: o que eles compreendem por história, pela dimensão temporal da existência e por obra, pelas diferentes expressões da linguagem (filosófica, científica, literária, etc.), e como resolvem, de formas menos ou mais particulares, esses problemas.

Cremos que o resgate da concepção de história presente nos textos é essencial para que seus aspectos filosóficos, políticos e sociais se encarnem em sua própria época. Por outro lado, em um estudo que tem por objeto de investigação textos literários em sentido estrito, as questões literárias adquirem relevo central para a compreensão do significado deles entre seus contemporâneos. O tratamento de ambas as questões em uma mesma parte deste trabalho segue as indicações do próprio autor, que aproxima a história e a poesia como meios ideais de realização e conservação da obra humana.

O *Tratado de direito natural* abarca apenas a questão da história de modo mais significativo, apesar de se referir também à literatura, como será visto. As *Cartas chilenas* situam-se exatamente na fronteira entre ambos, tendendo imediatamente para a história ao privilegiar o problema da "verdade" do narrado, mas visando tanto a fidelidade aos fatos acontecidos quanto permanecerem como pura poesia. Os outros poemas, particularmente o livro *Marília de Dirceu*, apesar de possuírem uma organização narrativa e delinearem histórias individuais, visam diretamente à própria literatura.

Esses aspectos, no entanto, só definem claramente seu sentido em relação ao movimento geral das idéias e da literatura do período em Portugal e no Brasil. Se em outros momentos privilegiaram-se as noções da obra acerca do passado, da tradição, da passagem do estado de natureza ao de sociedade civil, das relações desses aspectos com a defesa de uma certa forma de exercício de poder, de hierarquia social, de condutas públicas e privadas, de procedimentos regulares e irregulares, ou mesmo de beleza, não se observou, porém, de que forma essas idéias ancoram-se em uma concepção de história, de tempo e de arte e como seus significados são redefinidos a partir do valor atribuído à noção de obra em cada um dos textos.

Se a observação dos padrões de beleza literária em vigor em Portugal e no Brasil é mais nítida devido à multiplicidade de trabalhos existentes, a história da idéia de história em Portugal no mesmo período é um tema bem mais obscuro. A dificuldade amplia-se particularmente pelo fato de o *Tratado* não enfocar de maneira direta ou exaustiva o problema da história. Não é seu objetivo, ainda que seu sistema repouse em uma concepção histórica sobre o mundo e os homens. O *Tratado* divide as grande "etapas" da existência humana. O mundo das *Cartas chilenas*, dos outros poemas e mesmo do *Tratado* pertence à última dessas etapas.

Por outro lado, quando pensamos na questão do tempo, não apenas as dimensões temporais importam, como igualmente a observação da dicotomia clássica eterno *versus* transitório, que aponta para a observação da linha divisória no interior dos textos entre o transitório, o fugaz e o duradouro, e permanente. Esse segundo modo de abordagem dos fenômenos temporais é importante não apenas porque "condiciona", qualifica as dimensões temporais (o passado, o presente e o futuro), mas porque define a forma de relação entre o transitório e o eterno, ou melhor, define os meios pelos quais é possível escapar ao efêmero e atingir a eternidade. Trata-se do problema das "utopias", dos projetos e modelos interiores aos textos, a cada momento que estes almejam a história ou a poesia como meios de permanência no tempo.

Capítulo 1

"A GLÓRIA DE SER EU O PRIMEIRO QUE ESCREVO NESTA MATÉRIA ENTRE OS PORTUGUESES"

COMECEMOS PELO *TRATADO DE DIREITO NATURAL* reorientando elementos anteriormente indicados. Primeiro serão abordadas as concepções de tempo e de história internas ao texto para que a seguir se avalie como o autor considera seu próprio presente e qual o sentido que atribui a seu texto.

A concepção de tempo e de história inerente ao *Tratado* repousa em proposições doutrinárias de caráter teologal, avessas às possibilidades abertas pela ciência e pela filosofia modernas, ainda que o texto se utilize de uma linguagem cara a seu tempo: a idéia de "progresso" ou a metáfora do mundo como uma grande "máquina". Não há incongruências entre o que se afirmou acerca de Deus no âmbito do direito natural. Ao contrário, a concepção de tempo funda-se na existência do Criador.

A demonstração metafísica da existência de Deus define-o como um princípio interno, causa incriada na coleção de todas as coisas, causa da existência necessária de todas as outras. Mas se a existência dos entes não é contingente (porque fundada na causa incriada), obra do acaso, ela ocorre, portanto, no tempo. Deus é eterno (II, 20, 75), o tempo e a matéria são suas criações: "Da história manifestamente consta que o mundo foi criado em tempo" (II, 21).[1] Mas como Deus não pode "mudar o que uma vez quis" (II, 136), porque "assim convém a sua perfeitíssima natureza" (II, 136), o tempo e o mundo adquirem algo como uma segunda "eternidade" cuja razão de ser é o próprio Deus, ali onde Deus e natureza são uma única coisa. De tal forma o tempo e o mundo existem para a glória de Deus, que em sua existência fugaz o homem existe para glorificá-Lo — e mesmo beneficiado com os céus, com a eternidade espiritual, sua função é louvar eternamente o Criador.

Se o tempo do mundo permanece fundido à eternidade de Deus, as grandes transformações operadas na história humana, em última análise, encontram-se justificadas na mesma vontade divina, ainda que por articulações nem sempre explicitadas. Nesses momentos verifica-se como o autor opera e se apropria da história do passado buscando manter a coerência de seu direito natural. Em linhas gerais, observando-se como o *Tratado* concebe a "sociedade civil" e a "sociedade cristã", esse ponto se esclarece.

Os cortes temporais no interior do tempo do mundo são inequivocamente teologais. Se em outros aspectos o autor apóia-se na história e na tradição, suas fontes básicas são as Sagradas Escrituras. Há, portanto, um primeiro período temporal, o da vida paradisíaca e da religião natural. Com "o pecado do primeiro pai" (II, 16) se inicia a segunda etapa histórica, aprovada por Deus. Observou-se em outra parte este aspecto: o autor sempre se apóia em argumentos da tradição, mas é a própria tradição que precisa ser definida.

Para a causa do surgimento das cidades, como é impossível uma compreensão clara obtida "por meio de uma sucessiva tradição", a Providência divina reaparece como árbitro, tal como no Antigo Testamento Deus refaz o pacto com os homens.²

Do tempo transcorrido da "primeira culpa", da ignorância, da revolta dos elementos (a perda da regularidade da natureza), ao da construção das cidades, dos antigos impérios, define-se a sociedade civil com suas formas mais recorrentes de organização e que ainda perduram. No entanto, há ainda uma terceira etapa temporal sem a qual são incompreensíveis a sociedade e a história tal como Gonzaga as imaginava. Esse terceiro período é o da religião revelada, de Cristo e da fundação de uma "sociedade cristã", inaugurado a partir do segundo pacto essencial entre Deus e a humanidade.³ Esse é o tempo em que se inscreve o *Tratado*, o da sociedade "cristã e civil". É nessa concepção de pacto que o autor alicerça seu direito natural, não nas proposições contratualistas modernas.⁴ Esse tempo presente é o da superação possível do estreito estado de sociedade civil ao reinscrever o projeto social na trilha da salvação: a sociedade "cristã e civil" é a sociedade da felicidade possível, a forma que mais se aproxima da perdida felicidade paradisíaca.

É a partir dessas diversas temporalidades que são agrupadas as "testemunhas" (II, 21) do passado, que comparecem no texto para a comprovação de determinados argumentos ou para serem invalidadas. Por outro lado, Gonzaga apóia-se não apenas em uma vasta tradição como também em elementos ou "evidências" de seu próprio presente.

Os vários testemunhos históricos são essenciais para o *Tratado*. Em primeiro lugar, as Sagradas Escrituras, lidas a partir da ortodoxia católica romana da época para os aspectos doutrinários gerais. Como principal testemunho histórico, depositárias da verdade, explicam e fundam o mundo e o tempo. A preferência de Gonzaga pelo Novo Testamento atesta ainda mais sua orientação católica ortodoxa:

> A lei nova a que chamamos lei da graça é muito mais perfeita do que a velha, não enquanto ao seu legislador, mas enquanto ao modo de sua publicação, a sua brandura e os seus efeitos. A lei velha foi publicada por Moisés, um puro homem. A nova por um homem-Deus. Aquela era uma lei de terror, esta uma lei de amor; os sacramentos daquela não tinham a eficácia dos sacramentos desta, nem os sacrifícios igual valor. (II, 138)

Essa preferência pelo Novo Testamento não está isenta, contudo, de tensões. O Deus de Gonzaga assemelha-se bem mais ao Deus do castigo e do temor pintado pelos hebreus. Por outro lado, essa faceta é abrandada, pois os mandamentos divinos sintetizam-se na lei do amor bebida em são Paulo, indicando o caminho da salvação terrena.

Todos os outros testemunhos da história são lidos para confirmar as Sagradas Escrituras ou são utilizados como "provas" (II, 21, 25-6) paralelas para a explicação da organização temporal do mundo. Cada etapa da história possui, portanto, "provas" históricas próprias, firmadas pela tradição. Mas, observe-se, no *Tratado* parte-se da evidência divina. A prova histórica é apenas um complemento, tal como o é a própria "condição da consciência humana" (II, 27-8).[5] A existência de Deus e suas leis é atestada não apenas por "Sócrates, Sexto Empírico, Sêneca, Cícero", como também "os tártaros, os cafres, os gentios da América setentrional e meridional e todas as nações mais bárbaras que se têm descoberto não duvidam desta verdade" (II, 21). Como diz Lourival Gomes Machado, o argumento dos gentios, "segundo a moda do tempo, possuía grande força".[6]

Sendo constante "a persuasão que os homens tiveram da existência de Deus" (II, 21), há portanto uma causa universal "todas as vezes que os homens convêm geralmente em uma só cousa" (II, 22): a "sucessiva tradição, ou a voz da Natureza, que não se engana" é a manifestação de uma "revelação de Deus" para os homens (II, 22). Mais adiante, para a prova da existência da lei natural, o autor retoma esses aspectos: não apenas os católicos têm certeza da lei, mas "dos antigos gentios nos servem de prova Aristóteles, Zenon, Sêneca e muitos. Das nações que atualmente existem, todas; e nem os bárbaros da América e África nos dão testemunho em contrário" (II, 28). E mais uma vez repete-se o argumento: "logo", todos não podem se enganar sobre "matéria de tanto peso" ao mesmo tempo (II, 28).

É necessário considerar também como Gonzaga se afasta de outras fontes. Para Lourival Gomes Machado, a prova histórica da existência de Deus pela tradição definida no *Tratado* demonstra a notável

> elegância de estilo intelectual que emprega [...] sobretudo quando nos lembramos das fastigiosas comparações, nem sempre submetidas à depuração crítica, encontradiças nos livros correntes da época.[7]

Nesse passo, posto que segundo Gonzaga "a história digna de crédito se não estenda além de Nino", apenas a partir desse momento ela "se conservou sempre pura por tradição desde o primeiro homem" (II, 21). Em nota de rodapé se especifica mais o sentido da passagem: "As histórias assíricas, e outras, que são alguma cousa anteriores a Nino, são totalmente indignas de crédito, pelas muitas fábulas de que se convencem estar cheias" [II, 21, nota (a)]. Para Lourival Gomes Machado, essa passagem "denota a força do jovem estudioso", a "finura, senão mesmo a malícia crítica" do autor,[8] ao afastar a história antiga oriental como elemento que não lhe serviria de apoio em nenhum aspecto. Mas em momento algum a passagem pode ser tomada como uma operação de crítica às fontes, ao menos no sentido que na própria época começava a se esboçar. Por outro lado, Gonzaga nada comenta acerca do fato de a Sagrada Escritura, àquela altura, ser um documento não confiável historicamente para outros autores.

Em outros aspectos, o testemunho recorrente e geral da tradição é ainda a base para a comprovação da verdade. Mas é importante salientar como o *Tratado*, removendo a tradição e o discurso para o reconhecimento da causa do advento da cidade, faz uma opção coerente com o projeto geral de suas idéias. É a partir da ambigüidade das Sagradas Escrituras e das diversas causas propostas pela tradição que é possível não apresentar uma prova histórica definitiva sem eliminar a Providência divina. Se as provas históricas não são mais importantes que as puramente metafísicas e morais, não deixam contudo de ser muito úteis toda vez que venham a confirmar as outras.

Passando à comprovação histórica da religião revelada, a terceira etapa temporal da humanidade, são essenciais diversos planos de provas apresentadas, referentes a Cristo, à santidade da religião e à santidade da Página Sagrada. Se a religião revelada é a que Cristo nos ensinou, o *Tratado* começa por "puramente mostrar que houve esse homem Deus" (II, 70), de forma semelhante às provas anteriores:

Da Sagrada Escritura consta... Mas não recorramos a ela, nem ao testemunho dos Santos Padres [...] vamos buscar os escritos daqueles que, seguindo o gentilismo ou religião diversa, podem fazer uma prova legalíssima da sua existência. (II, 70)

Nesse contexto são citados Tácito, Plínio, Suetônio e os maometanos. Não apenas Cristo existiu, mas igualmente era filho de Deus, de que são prova "seus prodígios" (II, 71), todos os milagres a ele atribuídos.

A santidade da religião cristã é demonstrada pela persistência e empenho dos primeiros cristãos submetidos a martírios vários; e, por sua extensão, dominante na Europa e ainda presente na Grécia, na Ásia, na África e em quase toda a América (II, 72). A santidade da Página Sagrada, por seu turno, é demonstrada, para Gonzaga, também por razões históricas: as diversas profecias do Antigo Testamento, bem como todos os milagres mais recorrentes da história hebraica (II, 73-4).

Observou-se que o *Tratado* é sempre seletivo. Um mesmo testemunho pode ser referido em uma passagem e, em outra, ser deixado de lado, como Aristóteles, que, se confirma a existência de uma lei natural (II, 28), a faz matéria eterna (II, 20), o que para Gonzaga é inadmissível. Principalmente as referências greco-romanas anteriores ao cristianismo vêm assimiladas, lidas e criticadas a partir da doutrina cristã.

Não apenas o direito natural, a sociedade religiosa, a sociedade civil e o poder do príncipe derivam de Deus, como igualmente a história define suas passagens essenciais a partir de Sua contínua referência. É Deus que se encontra na origem do mundo, tal como no seu fim, que firmou um pacto com os homens depois da queda e o reafirma por meio de seu filho. Deus, contudo, não obriga os homens a uma determinada conduta.

Os homens possuem a liberdade de fato (não apenas *de jure*) para tudo fazerem, podem ou não conformar suas ações às leis divinas. A liberdade individual, restrita no estado de "sujeição civil" à obediência incondicional ao poder, se orienta pelas virtudes essenciais do cristianismo, é o caminho para a salvação. Aliás, o único caminho. O mundo presente, ainda que redimido pela religião revelada, permanece sendo o lugar de uma prova. A liberdade individual se define a partir de sua causa e finalidade, que é Deus, está condicionada por um plano divino que a engloba. O tempo da história individual é a única alternativa para a salvação.

Se os indivíduos são fugazes, se sua vida possui um tempo determinado, isto é apenas um momento de uma eternidade de que se desconhecem as razões. A obra individual dirá aos olhos de Deus se ela é merecedora de um eterno castigo ou de uma eterna salvação. O foro divino é indubitável, inequívoco; o mundo dos homens está sujeito à corrupção e ao engano. Não é, portanto, evidente que uma história individual seja interpretada da mesma forma pelos homens e por Deus, já que os homens são falíveis. A convicção e o fervor religiosos dos primeiros cristãos são um testemunho disso.

O *Tratado* repousa em uma concepção de tempo e de história ainda dominante em sua época e que pertence mesmo ao senso comum.[9] Se a observação da realidade de outras partes da Europa, em sua reflexão sobre a história, indica o abismo entre o *Tratado* e algumas vertentes do Iluminismo, como as reflexões sobre a história de Voltaire, Diderot, Bayle, entre outros,[10] é porque esses não são os "melhores" parâmetros comparativos. Esse percurso leva diretamente à exclusão da reflexão histórica de Gonzaga do Iluminismo mais crítico e laico, à oposição integral entre ambos.

A realidade da reflexão científica e filosófica em Portugal na segunda metade do século XVIII é bem diversa da de outras partes mais "avançadas" da Europa. Não apenas pelo fato de uma ou outra obra, ou mesmo dezenas e dezenas de obras de gêneros vários, permanecerem proibidas em Portugal, mesmo porque em espaços mais restritos era possível o acesso a um número teoricamente ilimitado de textos.[11] Mas reflexões originais no campo das ciências, da filosofia e das artes não surgem espontaneamente, nem ao mesmo tempo ou numa mesma obra. Portugal encontra-se "séculos" afastado da produção de conhecimentos em curso em outras partes da Europa. Manteve intactas relações feudais de produção, construiu um Estado nacional com uma história própria, conheceu as agruras da União Ibérica, como também singularizou-se pela manutenção de um saber escolástico em algumas de suas modalidades mais avessas a qualquer inquietação científica ou filosófica.

Não se trata de culpar os jesuítas, como usualmente se fez, para a avaliação do estado precário das ciências e da filosofia em Portugal no século XVIII, sendo mesmo impossível citar um nome português de relevo mais geral para a produção européia do período. No entanto, não é possível desconsiderar os problemas próprios ao controle jesuítico da educação por mais de dois séculos.[12] As "novidades", ainda que introduzidas em Portugal, eram-no com certo atraso, por vezes alteradas em aspectos essenciais.[13]

Gonzaga escreve seu *Tratado* durante a época pombalina, o que, queira-se ou não, tem fisionomia própria. Longe de ser um marco zero na história,[14] a "época pombalina" possui algumas especificidades, caracterizando-se por uma determinada política econômica e modo de exercício do poder, o "despotismo ilustrado", uma forma particular do Estado absolutista.[15] Não apenas um plano geral de reformas é proposto, ainda que não executado ou fracassado em grande parte, mas momentaneamente se assiste a impactos mais significativos gerados pelo ouro das minas brasileiras, ao mesmo tempo em que surgem os primeiros indicadores de seu esgotamento.[16]

Se desde o reinado de d. Manoel funda-se uma Academia Real de História[17] e outras instituições de caráter científico, essas medidas são ainda tímidas. A reforma pombalina do ensino quase não produziu resultados imediatos, mas não é possível negar a importância que foi adquirindo a partir de d. Maria I, ao menos em alguns campos de conhecimento.[18]

A forma como o texto se posiciona em relação ao seu presente temporal, a sua própria intenção, tem que ser analisada no bojo desse quadro de transformações ainda lentas, em que o próprio texto deve ser lido como um dos índices, um dos ideários em presença. Desde já sua "originalidade" está garantida. Afora a irredutibilidade do texto mesmo ao grupo de seus análogos, Tomás Antônio Gonzaga é ainda o primeiro autor português a fazer um texto didático sobre o assunto, imbuído de um sentimento nacional e de renovação dos costumes e das artes, genérico na época entre os autores. É compreensível que manifeste orgulho por isso:

> Se disseres que nada do que eu digo é meu, para me tirares a glória de ser eu o primeiro que escrevo nesta matéria entre os portugueses, ao menos não me negarás que li o que talvez não terias feito em idade mais avançada, tendo talvez para isso razões a que ainda não me vejo sujeito. (II, 14)

O empreedimento de Gonzaga liga-se diretamente às reformas pombalinas, atesta a sua contribuição, o seu "espírito de gratidão" (II, 11) para com o marquês. Principalmente a nova orientação pombalina aos estudos jurídicos[19] é elogiada pelo *Tratado*. Pombal é

> aquele Herói, que, amante da verdadeira ciência e desejoso do crédito dos seus nacionais, os estimulou aos estudos dos Direitos Naturais e Públicos, ignorados se não de todos, ao menos dos que seguiam a minha profissão, como se não fossem sólidos fundamentos dela. (II, 11)

Se o *Tratado* foi escrito durante os primeiros anos da década de 1770, é ainda mais reveladora essa passagem, na qual o autor como que se desculpa por sua precária formação.

A "liberal mão" do marquês, os "benefícios" de sua ação pública são elogiados sob diversos aspectos: a disciplina das tropas, as leis justas, as armadas (II, 11-2). Tendo-se em conta no entanto o conteúdo, o sistema do próprio *Tratado*, a carta inicial poderia permanecer oculta se lida apenas como uma adesão incondicional do autor à política de Pombal. Se em termos práticos e como regra geral não existem conflitos entre a orientação do *Tratado* e as políticas pombalinas, já que Gonzaga tem uma visão pragmática das coisas e não negaria a "utilidade" do marquês, no campo das orientações teóricas as diferenças são amplas,[20] como já foi observado.

Longe, portanto, de uma falsidade condenável, de um oportunismo desenfreado, o autor faz um elogio até certo ponto sincero e propõe suas próprias idéias.[21] Se não exterioriza nesse momento incompatibilidades práticas entre as ações do marquês e seus objetivos, é porque as diferenças vêm estabelecidas num plano muito mais amplo. Só assim se tornam mais compreensíveis outro elemento posterior de crítica que Gonzaga fará ao período pombalino e a posição em grande medida equilibrada que adota no momento da "viradeira".

O *Tratado* não é apenas um dos primeiros textos sobre a matéria em Portugal. O que mais chama a atenção é que, como obra de caráter compilativo, como "coleção de doutrinas mais úteis, que andam dispersas nos autores de melhor nota" (II, 13), o texto está longe de se manter "neutro", ou melhor, diferentemente de outras obras "estritamente" compilativas, como a obra de Burlamaque, afasta-se da tradição jusnaturalista moderna e propõe uma doutrina própria.[22] Este aspecto é importante porque a utilização de Burlamaque na universidade atesta que as idéias do jusnaturalismo moderno já estão sendo assimiladas em Portugal.

Algumas diferenças "formais" foram já notadas. Apesar do aspecto compilativo geral do texto, sua ordenação obedece a uma hierarquia de argumentos e demonstrações efetivamente distinta da de outros trabalhos da área.[23] Nesse sentido, é possível considerar a própria estruturação do texto, suas partes, ordem de exposição, não enquanto meramente um aspecto formal, exterior, mas comportando uma relação de afinidade com os argumentos. A observação de parte do índice do *Tratado* com outros textos do período permite verificar esse aspecto.[24]

É assim que a existência de Deus é o primeiro problema abordado pelo autor na Parte I do *Tratado*: "Dos princípios necessários para o direito natural e civil", e só depois se falará da existência do direito civil segundo um princípio teológico. Na Parte II, seguindo a mesma hierarquia lógica, o autor trata "Dos princípios para os direitos que provêm da sociedade cristã e civil", em que os problemas da necessidade da religião revelada, da verdade da religião cristã e da Igreja são abordados antes dos princípios da sociedade civil, como o próprio título indica. Na terceira e última parte do texto, o direito, a justiça e as leis serão compreendidos igualmente a partir das considerações doutrinárias indicadas, apesar de o sumário, nesse momento, não possuir elementos como os anteriores.

Mesmo onde a ordenação interna dos capítulos pode se assemelhar a outras obras do gênero, o tema em discussão vem geralmente precedido por um princípio teologal.[25] Esses aspectos incidem diretamente sobre a educação do jovem estudante de direito, o leitor mais específico do *Tratado*, para que não comece por ler os "erros" de toda a tradição jusnaturalista moderna, "erros [...] que um principiante não sabe conhecer, e lhe custará depois o deixá-los" (II, 14). O modo de exposição do texto, sua organização formal, nesse sentido, explicita a própria hierarquia e o valor das idéias, e vice-versa.

Considere-se por fim que o texto, em seus momentos mais essenciais, argumenta por meio de deduções silogísticas que remontam à tradição escolástica e a seus métodos de ensino, privilegiados em Portugal. A preferência por essa forma de argumentação é explícita no *Tratado*, como se pode verificar pelas próprias palavras de Gonzaga, ao elogiar os silogismos com que Heinécio "elegantemente" (II, 61)[26] demonstra ser Deus o "princípio de ser", e ainda em outras passagens.

CAPÍTULO 2

"PELA SÃ DOUTRINA E PELO LOUVÁVEL FIM COM QUE TALVEZ AS ESCREVEU O SEU AUTOR CRITILO"

SE A DIFERENÇA ENTRE O MODO de exposição das idéias e a estrutura formal do *Tratado* é acentuada em relação a outros trabalhos do período, os demais textos do autor não se apresentam do mesmo modo, ainda que possam ser demarcadas as suas especificidades no campo da literatura árcade. Aqui se trata apenas de indicar que as diferenças formais e de idéias entre o *Tratado* e outros textos sobre o direito natural são imediatamente mais visíveis e de caráter mais profundo que as diferenças entre a obra poética do autor e a literatura da época.

Tal como o *Tratado*, a obra poética de Gonzaga se insere no mesmo movimento geral de renovação das ciências e das artes em Portugal, mas igualmente, e por razões diversas, se inscreve na realidade artística de Minas Gerais. O autor, utilizando-se da linguagem geral do arcadismo, atesta a atualidade, a contemporaneidade de seus textos em relação aos padrões estéticos da época. Mas o poeta árcade, sobretudo, visa a um dado equilíbrio entre a imitação dos antigos e a originalidade, a força criadora. Sua criação busca conformar os novos elementos da realidade aos preceitos de uma certa tradição literária. Voltaremos a isso.

Além dos aspectos literários em sentido estrito, tal como no *Tratado*, é possível percorrer nos poemas referências diversas sobre a história, mas não apenas. Essas referências, aliás, não conflitam com o esquema histórico geral do *Tratado*. É necessário, contudo, buscar compreender as dimensões históricas internas a esses textos literários para que se perceba melhor seu significado, nos quais os principais personagens representam modelos de relações para o cotidiano de seu tempo.

Para Gonzaga, como para a maioria dos homens de seu tempo, a história é a "mestra da vida": os exemplos do passado são invocados para a resolução de conflitos de todas as ordens, quer sejam para conduta individual, quer para a melhor forma de governo.

Já se disse que as *Cartas chilenas* se situam na fronteira entre a história e a poesia, porque intencionam "deleitar" e "instruir" a um só tempo. Primeiro verifiquemos como elas "instruem", que história nos contam. As *Cartas chilenas* não são um livro de história, como a época os conhecia, mas relatam uma história cuja veracidade pode ser atestada por vezes até em ínfimos detalhes,[27] ressaltando-se nesse sentido a posição de Critilo ante os fatos que narra.

Essa dimensão histórica do texto não é o que nos interessa imediatamente aqui, tendo sido já abordada anteriormente sob alguns prismas. O que importa anotar é o tipo de articulação entre o governo e as ações de Fanfarrão Minésio e os exemplos da história do passado, ou mesmo do presente, quando a comparação é possível. Para as atitudes ou ações do governador, Critilo volta e meia encontra uma história, um exemplo do passado a lhe opor ou cotejar. É assim que Fanfarrão só pode ser comparado a Nero, pois com ele "fingir nos intentou que tinha uma alma/ amante da virtude" (I, 205), a Mesêncio, ainda que pior que o exemplo (I, 252), ou a outros tiranos da história.

Em outros momentos, as referências aos textos bíblicos têm a mesma função: comparar e qualificar as ações de Fanfarrão ou a situação de Chile: "Ah! pobre Chile, que desgraça esperas!/ Quanto melhor te fora se sentisses/ as pragas, que no Egito se choraram" (I, 198). Ou ainda quando Critilo nos diz que Fanfarrão pretende construir uma enorme cadeia "para escurecer a velha fama" da Torre de Babel e das pirâmides egípcias (I, 214).

Afora esses aspectos gerais, há ainda que observar o fato de Fanfarrão vir substituir o antigo chefe, completamente diferente do novo tirano. O passado imediato, portanto, em que vigoram os interesses dos proprietários e governantes tradicionais, aparece pintado como melhor que o tempo presente. Fez-se ainda referência à análise de Critilo sobre a riqueza de Chile no tempo em que possuía muito ouro. As próprias *Cartas* como um todo reivindicam e adquirem um sentido histórico: ficarem como testemunho para que a história não se perca. É nesse sentido que são o único antídoto admissível contra Fanfarrão. Se a resistência ao governo injusto não é possível, é contudo permitido ao súdito firmar seu registro para que o futuro não se esqueça e aprenda com o antiexemplo de Fanfarrão, mesmo que o futuro seja o resultado de um compadecimento divino.

É nessa medida que as *Cartas* são movidas pelos desafios de Critilo a Fanfarrão, para ver qual dos dois permanecerá na história: "E nós, indigno chefe, e nós veremos/ a quais destes padrões não gasta o tempo" (I, 232). Ou ainda quando Critilo compara as histórias contadas pela "brejeira família de palácio" (I, 292) com sua própria história: "verdades,/ em que possam falar os homens sérios/ inda daqui a mais de um cento de anos" (I, 293).

Essa história, contudo, além de a seu modo instruir, visa também a deleitar. O poema satírico no campo da poesia arcádica imbui-se particularmente da mesma perspectiva reformadora geral: a arte como síntese de beleza e conhecimento, com uma dupla função, estética e formativa (moral) . A crítica dos costumes, por meio da sátira, é um dos campos mais apropriados para essa clivagem.

As *Cartas chilenas* não apenas possuem uma definição acerca do passado, do presente e do futuro de Chile, uma explicação para as diferenças entre a realidade social e política de Chile e a da Coroa no tempo dos fatos acontecidos, ou ainda do sentido geral da história humana, em que Fanfarrão comparece enquanto meio pelo qual somos punidos por nossos pecados. Igualmente, como poesia, fazem referência a uma dada tradição literária e se configuram como uma solução particular a partir das definições gerais da poesia árcade.

Em alguns aspectos gerais, as *Cartas* assemelham-se aos outros poemas. Os poemas árcades herói-cômicos ou satíricos estruturam-se a partir de elementos comuns: geralmente em uma história de algum modo surpreendente para a época, objetivam a crítica dos costumes por meio da arte. A forma usualmente adotada é a do verso decassílabo branco (à exceção de algumas sátiras de Tolentino), e o "estilo" é geralmente "simples", como orienta o próprio lema árcade, o que pode ser verificado no texto de Critilo, traduzido, como vem indicado no "Prólogo", pela "simplicidade do seu estilo" (I, 190). A divisão por "cantos" é mais recorrente,[28] diferindo as *Cartas* nesse aspecto.[29]

As *Cartas chilenas* não contêm de forma sistemática uma reflexão estética, ou melhor, essa reflexão está contida no próprio texto,[30] num primeiro nível quando este se aproxima de aspectos literários evidentes. O número de questões é tão amplo que se torna necessário enumerar apenas as que serão abordadas: as definições gerais sobre arte e literatura, os modelos literários do passado e das *Cartas*, os literatos pertencentes à própria trama narrada e, por fim, as diferenças mais imediatas entre as *Cartas chilenas* e os outros poemas satíricos árcades. Apesar de serem aspectos muito gerais, não apenas podem ser articulados entre si e a outros abordados ao longo deste trabalho, como igualmente permitem um mapeamento extensivo para uma primeira sinalização das especificidades do poema. Esses cortes, de aspecto temático e histórico, a todo momento permitem a delimitação de questões mais estritamente literárias.

As definições gerais sobre arte e literatura aproximam as *Cartas* de outros poemas contemporâneos. A referência a Horácio retoma uma das artes poéticas mais importantes para o arcadismo:[31] "Na sábia proporção é que consiste/ a boa perfeição das nossas obras" (I, 216). As *Cartas* consideram o problema da proporção em diversos planos;[32] nesse passo se referem especificamente à cadeia construída por Fanfarrão, às suas enormes dimensões em relação ao "humilde povoado, aonde os grandes/ moram em casas de madeira a pique" (I, 215). Igualmente, as *Cartas* estão imbuídas do ideal horaciano do *dulce et utile,* do compromisso entre a imitação e a originalidade, e podem ser ainda consideradas "na perspectiva do ideal horaciano e arcádico do *ut pictura poesis*".[33]

Isso se verifica não apenas pelas referências ao poeta como pintor: empregando o verbo "pintar" e mencionando elementos referentes à arte pictórica. Critilo não contará a Doroteu o que as "vãs quimeras" lhe "pintaram" em sonho, mas "casos, que jamais pintaram/ na idéia do doente, ou de quem dorme,/ agudas febres, desvairados sonhos" (I, 194). A partir de alguns temas ou fatos ocorridos, Critilo define o "tema central" das *Cartas* e em cada uma delas desfila uma sucessão de quadros nem sempre com uma ordenação clara. Após essa referência introdutória à Carta 1ª, em que se alude brevemente aos "casos que serão pintados", o retrato de Fanfarrão é apresentado: "Ora pois, doce amigo, vou pintá-lo/ da sorte que o topei a vez primeira" (I, 195).

Outras passagens apontam para a mesma identificação da poesia à pintura. Critilo não expõe os outros retratos da "família" de Fanfarrão, porque "o resto da família é todo o mesmo,/ escuso de pintá-lo" (I, 198). O prédio da cadeia, riscado por Fanfarrão em um papel, é apresentado com os mesmos termos, numa tentativa de dar uma idéia fiel do prédio, o que pode ainda hoje ser verificado: "Ora pois, doce amigo, vou pintar-te/ ao menos o formoso frontispício" (I, 215). Do grão-tenente das obras da cadeia, Critilo esboça "com cores delicadas, uma cópia" (I, 223), tal como "pinta" (I, 243, 247) os festejos dos desposórios dos sereníssimos infantes e as fazendas envolvidas nos despachos e contratos (I, 260).

Mais de um autor já indicou pontos de contato entre as *Cartas chilenas* e a pintura, tomando-as quer como uma pintura, quer como retrato, mas em torno desse campo metafórico.[34] Seria importante observar que aqui não se trata da observação de uma metáfora exterior ao texto, mas essencial à definição de seus procedimentos internos. As *Cartas* não apenas sugerem que "pintam" os fatos acontecidos — elas efetivamente o fazem e as cenas observadas podem ser consideradas segundo os diversos tipos de imagens pictóricas do tempo. Existem, portanto, retratos, paisagens interiores, naturezas-mortas, paisagens, cenas de costumes, grandes painéis, quadros ordenados que constituem uma história, quadros dentro de quadros, por vezes até retrospectivos, partes que se refletem para constituírem cenas, algumas fragmentárias, escuras.

É impossível nos limites deste estudo a análise de todo esse "acervo". Vamos nos deter estritamente em alguns retratos porque eles remetem mais imediatamente à configuração dos personagens no campo da sátira. Para Critilo é essencial a fidelidade do retrato, haja vista a importância que atribui à aparência para a revelação dos caracteres humanos.

O retrato de Fanfarrão, ainda que o maior detalhamento resida nas características da cabeça e das vestes, não visa a um efeito cômico ou o riso, mas a desqualificação do governador mediante o ridículo e a ironia.[35] Fanfarrão cobre o defeito do "cabelo ruço" e da "fria calva" com o "polvilho que lhe deita"; podemos vê-lo "no gordo rocinante escarranchado" com "as longas calças pelo embigo atadas" (I, 195). Todo o corpo de Fanfarrão é irregular, principalmente o efeito final produzido pela relação entre as partes; mesmo sua estatura é "um tanto esbelta" (I, 195). Todos os comportamentos de Fanfarrão que foram abordados, das ações de culto à conduta pública como governador ou aos gestos mais íntimos, todos podem ser observados como outras pinturas do governador, nas quais talvez sobressaiam as que captam determinados "modos" do seu corpo ou os movimentos e os gestos.

Robério, poeta de "coxos versos" e aio entre os criados do governador, é seu mais fiel seguidor: "estatura pequena, largo o rosto,/ delgadas pernas e pançudo ventre,/ sobejo de ombros, de pescoço falto" (I, 196). São bem pouco freqüentes referências a outras partes dos corpos dos retratados. Em geral, os retratos são de meio corpo, ainda que seja pertinente uma ou outra menção. Matúsio é retratado como um "rapaz de tesas gâmbias" (I, 197);

o padre que acompanha Fanfarrão na entrada em Chile possui um corpo "que tem de nabo a forma" (I, 197); e do tenente, inspetor da cadeia, Critilo diz que "o seu cachaço é gordo, o ventre inchado" (I, 223). Ou ainda, quando Critilo descreve numa cena de festa, no palácio do governador, um "machacaz, mexendo a bunda,/ pondo uma mão na testa, outra na ilharga" (I, 295).

Nessas e em outras passagens anteriores, o que se pode observar é a atribuição negativa de que estão revestidos diversos gestos e formas.[36] Elas visam a demonstrar a falta de "proporção" não apenas nos atos gerais do governador e de sua "família", mas também entre eles e os seus corpos, gestos, roupas e vaidades.

De outra parte, se os amigos de Critilo são ao menos superficialmente retratados, o próprio narrador não aparece descrito a não ser de forma indireta (I, 222). Mais fisicamente oculto ainda que Dirceu, seu perfil é centralmente moral, do que já se falou em diversas passagens, mas nem por isso afastado do ideal da poesia como pintura, onde a ponderação de todos os aspectos que qualificam Critilo ao longo do texto resulta por fim em uma ampla imagem moral, aquela que Critilo esboça de si mesmo e se confunde com a própria mensagem das *Cartas*.

Nesse contexto será privilegiada estritamente a imagem literária que Critilo faz de si e de sua obra. Em primeiro lugar, por meio de suas referências literárias mais gerais; em segundo, observando mais especificamente o narrador e outros modelos literários concorrentes: Robério, o poeta dos "coxos versos", ou mesmo Fanfarrão — não como poeta, mas como "homem de letras".

Diferentemente de diversos poemas de *Marília de Dirceu*, onde o grau de intertextualidade é muito alto, podendo ser referidos a poemas de Anacreonte, Horácio, Petrarca e outros autores, as *Cartas chilenas* não possuem o mesmo tipo de semelhança com os textos satíricos que lhes são contemporâneos ou anteriores. O próprio Critilo não menciona textos satíricos entre a literatura citada, mas apenas o *Dom Quixote* como exemplo mais próximo a uma farsa burlesca. Mas é diretamente aos poetas épicos que Critilo faz alusões quando quer delimitar a intenção de sua obra:

> Nasceu o sábio Homero entre os antigos,
> para o nome cantar do grego Aquiles;
> para cantar também ao pio Enéias,
> teve o povo romano o seu Vergílio:
> assim, para escrever os granões feitos
> que o nosso Fanfarrão obrou em Chile,
> entendo, Doroteu, que a Providência
> lançou na culta Espanha o teu Critilo. (I, 271)

Ao invés de contar a história de um herói, Critilo espelha-se nos modelos de herói existentes para a avaliação das "ações indignas" do governador. É nesse sentido genérico que aparecem citados os textos épicos da Antigüidade, afora uma ou outra referência mais específica a uma passagem de uma obra que Critilo retoma no interior da história. É o que se verifica quando Ele cita as *Elegias* de Ovídio, na parte em que se refere às "ondas decumanas", para em seguida abandonar sua inspiração e narrar as "asneiras decumanas" de Fanfarrão (I, 283-4). Ou ainda em outro momento citando Virgílio (I, 261).

Quando Critilo descreve seus amigos, fornece alguns traços do que para ele seria o perfil de um bom leitor: "O nosso bom Dirceu talvez que esteja/ com os pés escondidos no capacho,/ metido no capote, a ler, gostoso,/ o seu Vergílio, o seu Camões e Tasso" (I, 213). Dirceu aqui é provavelmente o próprio Critilo referindo-se a seu outro "eu" poético.[37] Se todos esses textos são indicações genéricas, que demarcam a tradição na qual Critilo busca se inserir, no entanto, nenhum pode ser tomado como modelo para as *Cartas*. É notável, por outro lado, que Critilo não mencione uma única vez Baltasar Gracián, que escreveu *El Criticón*, a obra mais imediatamente próxima de seu texto. Se *El Criticón* forneceu-lhe certamente a estrutura epistolar, o nome Critilo — que não é, aliás, um nome árcade — e a referência à literatura espanhola, à qual o texto busca filiar-se, a distância entre as concepções dos narradores é tão ampla, porém, que chega a se opor em diversos pontos capitais,[38] sendo mais significativa a comparação para que se verifique a diferença entre elas.

Dos textos da literatura clássica, *Dom Quixote* é o mais freqüentemente citado, o que é significativo tendo-se em conta que o romance apenas lentamente passa a ser apreciado como gênero literário.[39] Igualmente, note-se que Cervantes é um autor espanhol, o que o aproxima de Critilo. Fanfarrão ora aparece como "ilustre imitador a Sancho Pança" — o "segundo Sancho" gerado pela Espanha (I, 194), "no gordo rocinante escarranchado" (I, 195), ou como chefe da "Baratária" (I, 210) —, ora como o próprio cavaleiro da triste figura:

> Já leste, Doroteu, a Dom Quixote?
> Pois eis aqui, amigo, o seu retrato;
> mas diverso nos fins; que o doido Mancha
> forceja por vencer os maus gigantes
> que ao mundo são molestos, e este chefe
> forceja por suster no seu distrito
> aqueles que se mostram mais velhacos. (I, 206)

Apesar dessas passagens, a relação entre os textos é mínima, Fanfarrão pode ser tanto um "retrato", mas com cores diversas, de Dom Quixote, quando "ilustre imitador a Sancho Pança".

É necessário salientar que, se o século XVIII viu a sátira sendo praticada nos mais diversos pontos da Europa, a opção de Gonzaga por escrever um poema herói-cômico pode ser imputada bem mais à própria tradição literária portuguesa que cultivou esse "gênero" durante todo o período.[40] Seu empreendimento, portanto, filia-se primeiramente a uma tradição nacional.

Com relação aos poemas satíricos portugueses contemporâneos às *Cartas*, só seria possível uma comparação com o *Hissope* e com *O desertor das letras*, únicos textos que talvez Gonzaga conhecesse.[41] Se as cartas possuem alguma semelhança com o *Hissope*, o que já levou mais de um intérprete a atribuí-las a Antônio Diniz da Cruz e Silva,[42] as diferenças não são menos evidentes. Fez-se menção em outra parte à própria distância que separa o narrador Critilo dos narradores dos outros poemas árcades como um traço marcante para o entendimento do personagem e do sentido da obra. Critilo não apenas está presente em muitas circunstâncias, manifestando suas idéias, comentando cada detalhe de suas pinturas, externando sua individualidade que se demarca constantemente, como ainda se emociona, sofre e chora.[43]

Critilo não pode escapar à sua sina de poeta. Dado que as *Cartas chilenas* são o único antídoto possível contra Fanfarrão, Critilo está investido de uma missão não apenas educativa, exemplar, reformadora, mas também poética e, de certa forma, divina: ali onde a arte da poesia é um desígnio tão divino[44] quanto a vinda do tirano:

> Amigo Doroteu, não sou tão néscio,
> que os avisos de Jove não conheça.
> Castigou, castigou o meu descuido,
> pois não me deu a veia de poeta,
> nem me trouxe, por mares empolados,
> a Chile, para que, gostoso e mole,
> descanse o corpo na franjada rede. (I, 270)

Intimado pela Providência a dar testemunho do que viu, o poeta conhece o risco que corre "pelo gosto/ de fazer quatro versos, que bem podem/ ganhar-lhe uma maçada, que só serve/ de dano ao corpo, sem proveito d'alma" (I, 222). O que havia ocorrido com Garção era de conhecimento geral, fato que revela certa semelhança não apenas literária entre Garção e Gonzaga.[45] Contemporaneamente a Gonzaga, pense-se ainda nas biografias de Filinto Elísio e Bocage.[46] Mas Critilo não apenas se oculta com raro rigor, como também acredita no são propósito de sua história.

Critilo não é propriamente um modelo do ideal arcádico da impessoalidade, tampouco é possível ver nas *Cartas* uma descrição distante e fria, ainda que ancoradas numa suposta neutralidade forjada por Critilo. Aliás, quanto mais diretamente distante ele se encontra dos eventos narrados, mais reveladora a força de sua indignação moral, bem como certa incoerência entre sua distância objetiva e suas reações subjetivas.[47] Os ideais de instrução e de prazer estético adquirem sentidos determinados a partir das indicações sobre a impessoalidade. Há, portanto, um aspecto central para a demarcação dos tipos de "instrução" e "prazer" que o poema tem em vista e que especifica suas opções literárias, ao mesmo tempo que as relações entre o prazer estético e a educação dos costumes.

Retoma-se o problema da sátira, particularmente do ponto de vista dos meios que emprega para o divertimento e a instrução. A advertência ao final do "Prólogo" introduz o problema: "Lê, diverte-te e não queiras fazer juízos temerários sobre a pessoa de Fanfarrão" (I, 190). Para que o prosseguimento dessa citação se torne mais compreensível, principalmente a referência a Horácio, é necessário aludir a outras passagens.

Trata-se da clara definição de Critilo sobre as emoções que pretende despertar em seu leitor. Se todo o texto vem demarcado desse ponto de vista, ele tende ainda para uma narrativa grave, séria, de caráter moral. Por isso as *Cartas* não pretendem levar ninguém a rir; pelo contrário, antes a chorar pelas desgraças narradas:

> Não esperes, amigo, não esperes,
> por mais galantes casos que te conte,
> mostrar no teu semblante um ar de riso.
> Os grandes desconcertos, que executam
> os homens que governam, só motivam,
> na pessoa composta, horror e tédio. [...]
> Não esperes, amigo, não esperes
> mostrar no teu semblante um ar de riso
> espera, quando muito, ler meus versos,
> sem que molhe o papel amargo pranto,
> sem que rompam a leitura alguns suspiros. (I, 233-4)

Essa mesma idéia está presente entre os primeiros aspectos mencionados por Doroteu em sua "Epístola a Critilo" (I, 183), e mesmo as *Cartas* ainda a retomam mais de uma vez: "Ditoso de quem vive, neste mundo,/ no estado de ver rir os outros homens/ das suas vis ações, sem que lhe suba/ um vermelho sinal de pejo à cara!" (I, 300).

O riso só é admissível como felicidade justificada, como quando "rirão aqueles que choraram" (I, 255), no futuro em que "mão santa" se condoer de Chile. Mas é inadmissível que as *Cartas* despertem o riso, quando antes se espera do leitor indignação e tristeza. É por isso que não convém fazer "juízos temerários" de Fanfarrão, dando prosseguimento à citação anterior:

> Há muitos Fanfarrões no mundo, e talvez que tu sejas também um deles, etc.
> ...*Quid rides? mutato nomine,/ de te Fabula narratur...*
> Horácio. Sat. 1, vv. 69 e 70 (I, 190)

Critilo situa-se em posição diametralmente oposta a qualquer tendência valorizadora do riso, mantendo-se fiel ao espírito da sátira em uma de suas possibilidades,[48] em que mesmo os conteúdos de ironia, mordacidade e desprezo, em diversos momentos presentes, são suplantados no limite pela indignação e pela tristeza. Aqui não se pode fazer referência nem mesmo à "ironia voltairiana".

Como poeta, Critilo também se define pela oposição absoluta a outro das *Cartas*, Robério, criado protegido por Fanfarrão. A "performance" poética de Robério contribui para elucidar, portanto, os valores literários do próprio Critilo. Poeta de "coxos versos", que só canta "ao som da má rabeca" (I, 197), Robério é capaz de apenas compor "algumas quadras, que batiza/ com o distinto nome de epigramas" (I, 190):

> Rançoso e mau poeta, não nasceste
> para cantar heróis, nem cousas grandes!
> Se te queres moldar aos teus talentos,
> em tosca frase do país somente
> escreve trovas, que os mulatos cantem. (I, 241-2)

O poeta não apenas possui versos "coxos" (imperfeitos, truncados, irregulares), a que chama de "epigramas", forma de fundo conceptista adotada pelos barrocos e não encontrável entre os árcades. Mas igualmente é qualificado como capaz apenas de compor trovas em frase tosca para os mulatos cantarem, o que explicita a posição de Critilo acerca de parte da literatura colonial como uma poesia inferior à que pratica. Não se observa o mesmo ar de desprezo ou desdém intensos que podemos encontrar, por exemplo, em Bocage quando aborda aproximadamente o mesmo aspecto,[49] mas o comentário de Critilo não se afasta dos preceitos árcades gerais acerca de uma linguagem clara, simples, culta.

Não apenas Robério é um modelo contrastante com Critilo, mas o próprio Fanfarrão é visto como um "homem de letras" por meio de suas ações. Além de aspectos já mencionados acerca do comportamento de Fanfarrão ao escrever, ou da necessidade do estudo para o exercício do poder,[50] o governador é revelado em outras facetas de sua "formação". Ele sentencia sem nunca "botar (que ainda é mais) abaixo um livro/ da sua sempre virgem livraria" (I, 210). Em outra passagem, tomando a pena, "põe na petição um — *escusado* —/ com uns rabiscos tais, que ninguém sabe/ ao menos conhecer-lhe uma só letra" (I, 230). Assim como é chamado de "baxá" (I, 234) e deveria ter nascido "sultão do Turco Império" (I, 200), Fanfarrão Minésio também escreve "em frase moura" (I, 234).

Igualmente, comparado a Dirceu (o leitor citado por Critilo), o governador "tem muito estudo de 'Florinda',/ da 'Roda da Fortuna' e de outros livros,/ que dão aos seus leitores grande massa" (I, 250). As novelas citadas gozaram de grande popularidade e são exemplos importantes da "subliteratura" da época.[51] Mas algo ainda pior sucederia se Fanfarrão Minésio passasse de leitor a tradutor, o que felizmente é impossível: "Ah! se ele doce amigo, assim discorre,/ sabendo apenas ler redonda letra,/ que abismo não seria, se soubesse/ verter o breviário em tosca prosa!" (I, 256-7).

A partir dessas observações que visaram a mapear genericamente alguns aspectos arcádicos do poema, bem como suas referências literárias e seus poetas, importa finalmente uma última nota avaliadora do poema. Se as *Cartas chilenas* participam do movimento geral de renovação das artes e dos costumes imbuídas de ideais estéticos árcades, aspectos diversos ligados à "instrução" e ao "deleite" se configuram de modo a particularizar sob alguns ângulos esse poema árcade no rol de seus contemporâneos. Note-se, aliás, que é o único poema, entre os mais lembrados, escrito fora de Portugal.

Critilo é um narrador distinto dos narradores dos outros poemas satíricos, sendo possível uma aproximação limitada somente com algumas sátiras de Tolentino. Ele não visa a nenhuma "impessoalidade", e mesmo a estrutura epistolar coaduna-se bem com esse espírito. Mas há ainda outros aspectos importantes, como a linguagem, o universo vocabular do poema.

Ainda está por ser feito um estudo mais exaustivo do campo lexicográfico e histórico-filológico das *Cartas chilenas*, no qual seja possível um tratamento mais detalhado de grupos ou classes de termos, bem como definições mais precisas sobre o emprego de algumas palavras. Por outro lado, Affonso Ávila já considerou com minúcia os elementos estilísticos barrocos presentes no poema, o que contrasta com a posição do próprio Critilo em relação a Robério, o poeta dos versos "coxos".[52] O trabalho até aqui reunido é, contudo, suficiente para a análise do modo como as *Cartas chilenas* operam com as idéias de naturalidade e imitação. Naturalidade, nessa circunstância, quer dizer mesmo fidelidade na imitação. Doroteu inicia sua "Epístola a Critilo" tocando exatamente nesse aspecto, e de modo a indicar por um paradoxo seu significado nuclear: "Vejo, ó Critilo, do chileno chefe/ tão bem pintada a história nos teus versos,/ que não sei decidir qual seja a cópia,/ qual seja o original" (I, 183).

O imitado não é diretamente uma imitação, mas uma realidade histórica precisa. E não apenas fatos, figuras, lugares são descritos minuciosamente, mas a linguagem utilizada se apropria de diversos termos próprios à sociedade imitada, sem que no sentido geral essa incorporação venha a subverter parâmetros lingüísticos previamente definidos. Assim, o texto incorpora determinados termos redefinindo-os, dosando para cada qual uma atribuição de valor. São raras as circunstâncias contrárias ou diversas, em que se observaria, por exemplo, em questões decisivas, utilização menos denotativa de termos da linguagem "popular".

Os termos indígenas e africanos, em suas diversas especificações, as palavras de origem árabe, as gírias da época, a dar grande movimento e riqueza expressiva a determinadas passagens, todos se encontram subsumidos à lógica de uma linguagem geralmente clara, transparente, ainda que por vezes barroca, e raramente esses termos entram em contraste com aquela. Nesse sentido, as *Cartas* levam o ideal de naturalidade árcade, em sua vertente mais "realista" — de apego à expressão "exata" do acontecido —, a limites mais amplos.

Aquilo que aparece como destoante em princípio explica-se a partir de determinadas necessidades contrastantes e internas ao próprio arcadismo.⁵³ Comparável ao poema, apenas o *Hissope* apresenta um campo lingüístico tão rico e amplo,⁵⁴ ainda que nem tão diversificado internamente. No contexto das *Cartas chilenas*, Critilo opta sistematicamente pelo "amor ao verdadeiro", mas não até o ponto de abandonar sua moldura árcade geral. Observem-se os diversos planos de adesão das *Cartas* ao universo popular da cultura: Critilo não apenas revela seu respeito pelas manifestações populares da fé,⁵⁵ possui seu próprio rol de superstições e se identifica com o sofrimento dos humildes enquanto "o povo de Deus", mas também assimila seu linguajar. Do ponto de vista da linguagem, como disse Rodrigues Lapa, Gonzaga é "um aristocrata com o gosto do popular".⁵⁶

Capítulo 3

"Respeita a mão, a mão discreta, que te segura a duração"

Outros poemas do autor permitem observações semelhantes sobre o emprego da linguagem, ainda que de um ponto de vista diverso. Se os poemas, particularmente *Marília de Dirceu*, visam a conservar um nome na história por meio da beleza literária, retorna o problema da linguagem utilizada, cujas opções são até certo grau contrastantes com as das *Cartas chilenas*. Por outro lado, a lírica de Gonzaga está de certo modo marcada pela experiência de seu tempo. Trata-se não apenas de percorrer suas orientações estéticas específicas, mas de buscar as articulações entre a "história" presente nos poemas e seus aspectos literários.[57]

Tal como para as *Cartas chilenas,* é necessário retomar alguns ideais árcades básicos, como os da imitação e originalidade horacianos. Se muito da poesia árcade não soube corresponder ao equilíbrio entre ambos, é bem elevado o número de leitores que ressaltam esse aspecto em *Marília de Dirceu*,[58] por meio da observação detalhada do modo como o autor soube dosá-los.

Um trabalho sobre as relações intertextuais dos poemas de Dirceu com a literatura clássica encontraria enorme gama de aspectos a serem abordados. É possível "isolar" odes "anacreônticas", temas de Petrarca e de Horácio, imitações de poemas de Tasso.[59] Para além das referências à literatura clássica presentes nas *Cartas*, os poemas do autor se realizam como imitação, por modos diversos, de poemas e *topoi* conhecidos, nos quais a forma de "originalidade" define sua individualidade e seu alcance, o que importa notar.

A imitação realizada por Gonzaga da literatura clássica e da arte de seu tempo efetua-se segundo modalidades diversas que cobrem desde aspectos ligados às idéias que informam os poemas até as opções por determinadas formas estróficas, métricas etc. São as relações entre esses elementos que permitem avaliar o tipo de originalidade e imitação em pauta.

Mas a conceituação de arcadismo, ao indicar o programa estético geral do período, que perpassa a poesia do autor em quase todos os seus aspectos, supõe a consideração de outros conceitos além dos de imitação e originalidade, como o conceito de clássico (e neoclássico) enquanto fenômeno mais geral da história literária e da arte.[60] Segundo Croce,

> o Classicismo se distingue fundamentalmente por elementos como o equilíbrio, a ordem, a harmonia, a objetividade, a ponderação, a proporção, a serenidade, a disciplina, o desenho sapiente, o caráter apolíneo, secular, lúcido e luminoso. É o domínio do diurno. Avesso ao elemento noturno, o Classicismo quer ser transparente, claro, racional.[61]

O neoclássico possui uma "fé na harmonia universal", a natureza concebe-se em termos racionais, regida por leis, e a obra reflete precisamente essa harmonia da natureza. Os impulsos subjetivos encontram-se disciplinados, o autor desaparece na obra, a "tipificação" visa não à diferença ou ao individual, mas ao universal, o típico. As artes situam-se rigidamente separadas, em que cada gênero possui leis próprias, e visam ao *dulce et utile* horaciano, à diversão e à dimensão instrutiva, pedagógica e prática.[62] As obras visam ao aperfeiçoamento moral dos homens mediante uma disciplina clássica e uma "inspiração tópica ainda reinante".[63]

Se é possível verificar mais de um ponto de contato entre a orientação clássica e neoclássica e o Iluminismo, e entre ambos e o arcadismo, segundo Antonio Candido, a designação arcadismo

> engloba os traços ilustrados, e se tivermos a preocupação de não restringi-la à convenção pastoral, que evoca imediatamente, ainda é melhor que as outras, dado o seu sentido histórico, pois, como se sabe, o movimento renovador partiu, em Portugal, da Arcádia Lusitana.[64]

O termo "arcadismo" parece, portanto, o que melhor convém para designar a poesia dominante em Portugal aproximadamente entre 1760 a 1810, como igualmente para parte da poesia produzida no Brasil no mesmo período. Mas o que importa observar é que não existem correspondências integrais entre esses termos, principalmente entre arcadismo e Iluminismo. O neoclassicismo e o arcadismo, por outro lado, fazem apelo a uma tradição específica e visam a inserir-se nesse interior.[65] O arcadismo português, nesse sentido, procurava restaurar a literatura clássica portuguesa do século XVI.[66]

Como propõem António José Saraiva e Óscar Lopes, os tópicos mais recorrentes da teorização árcade portuguesa seriam: a teoria aristotélica da arte como imitação (e não cópia) da natureza; a imitação dos melhores imitadores da natureza, os clássicos antigos; a "elevada finalidade moral e social da literatura"; a "condenação do cultismo e do conceptismo"; a busca do equilíbrio razoável, da "seleção ponderada, o que implica a condenação, tanto do plebeísmo, como da sutileza conceptual do bucolismo seiscentista"; a "condenação da rima"; o culto à razão tendo por referências Locke e Descartes, "freqüentemente citados ou parafraseados"; o uso da mitologia de modo "claramente inteligível, alegórico"; e, no teatro, a separação rígida dos gêneros.[67] Ainda que essa conceituação possa ser um pouco mais ampliada ou mais bem especificada, ela é suficiente para uma primeira abordagem.

Por fim, há que se considerar ainda a realidade artístico-literária de Minas Gerais, particularmente de Vila Rica, àquela época. O que chama a atenção em primeiro lugar é a multiplicidade e a diversidade de obras que estão sendo produzidas. Mais ainda: a especificidade desse momento artístico na colônia, particularmente em relação a Portugal. Aqui convivem idéias e formas artísticas de temporalidades diversas, mantidas como que intactas deste lado do mar. As formas barrocas atenuadas pelo rococó nos templos, nas talhas e nas pinturas, as canções populares de origem ainda mais remota, a literatura barroca e de culto ao lado dos poemas arcádicos encomiásticos ou líricos, mas principalmente diversos em sua atitude mais laica e racionalista, como em Gonzaga, em Alvarenga Peixoto e talvez em Cláudio Manuel.[68]

Os poemas líricos de Gonzaga se definem de forma específica no rol desses aspectos. Pode-se observar como eles realizam quase todos os elementos próprios ao arcadismo português, demarcando suas relações com outros textos. É muito difícil, se não impossível, propor uma leitura radicalmente nova desses poemas. As observações seguintes têm apenas o intuito de mapear sinteticamente os seus traços a partir da razoável extensão do trabalho crítico já existente. Por outro lado, alguns elementos que serão privilegiados buscam preencher possíveis lacunas ou articular, por meio da sua ponderação, algumas conclusões gerais.

Se as *Cartas chilenas* são um poema híbrido, *Marília de Dirceu* busca corresponder ao que havia de momentaneamente mais privilegiado na literatura da época, a poesia lírica,[69] bem como se introduzir numa das mais antigas tradições da literatura portuguesa, a poesia bucólica.[70] Ao eleger o tema do amor, "o tema mais inesgotável da poesia lírica",[71] adere também a um sentimento emergente na época, que possui determinada conformação.

Em termos gerais, os poemas do autor se aproximam de diversos dos itens referidos, tanto no que diz respeito ao classicismo quanto ao arcadismo, apesar de algumas diferenças expressivas para a demarcação do sentido desses textos. É assim que os poemas geralmente são escritos de forma simples, segundo as noções de ordem, disciplina, rigor poético, caráter apolíneo, laico, diurno. Por outro lado, o ideal da impessoalidade, da "delegação poética", não se manifesta, ou melhor, a individualidade do poeta desponta com freqüência; a natureza não é concebida em termos estritamente racionais; ou, ainda, a utilização da rima e a busca da musicalidade poética (melopéia) não é um elemento desprezado ou mesmo secundário para o efeito literário em pauta.

Se os conceitos de razão, natureza e verdade são essenciais para a compreensão do arcadismo, e mesmo podem convergir para um sentido único, como propõe Antonio Candido, o século XVIII assiste ao desequilíbrio desse "padrão teórico, dando preponderância seja ao belo, seja ao verdadeiro".[72] A poesia de Gonzaga não vive essa contradição de forma aguda: expressa a um só tempo um padrão de beleza que se alicerça numa idéia de verdade. Mas importa salientar que a opção pelo amor como o sentimento mais importante e mais verdadeiro condiciona as relações entre razão e verdade. A verdade mais plena é, portanto, a dos sentimentos.

Os poemas, desse ponto de vista, demonstram profunda homogeneidade de sentido: a sublimação de toda a realidade, o transitório e material, em nome do amor, e a sublimação do próprio amor, uma vez inscrito em poesia capaz de levá-lo à frente pelo maior tempo possível. Se esse é o seu alvo, é necessário ponderar como os preceitos árcades compareçam e se adaptam a isso e ao mesmo tempo considerar o tema do amor como um aspecto recorrente e caracterizador de toda a obra de Tomás Antônio Gonzaga.

Se o amor é o "princípio de conhecer" do direito natural, o elemento mais essencial para a definição das condutas pública e privada, da obediência, da justiça e da definição das formas de convívio entre desiguais, tendo mesmo a tarefa essencial de nortear as ações dos governantes, a escolha desse sentimento como o tema central dos poemas reafirma essa tendência geral: a valorização do amor como o meio de realização de todas as formas de felicidade possíveis

Ordenando-se minimamente o exposto até aqui, trata-se de verificar como os poemas de Gonzaga constituem uma forma específica de resolução literária para os grandes temas árcades: a imitação, a natureza e a razão. Esses termos, está claro, convergem para um único sentido, o projeto arcádico do século XVIII, sintetizável no *dulce et utile* horaciano. A operação que recorta, segmenta esses elementos no interior dos textos é analítica, pois os poemas, a um só tempo, expressam um ideal de naturalidade poética segundo uma idéia e uma prática específicas de imitação e uma idéia de razão. A própria "fidelidade à natureza", que por vezes levou à valorização dos sentimentos, produziria conseqüências não previstas para os "cultores da razão" mediante arranjos específicos entre essas noções.[73]

A busca das "formas naturais do mundo físico e moral", enquanto decorrência do conceito do belo como verdadeiro, leva o classicismo em geral ao equilíbrio entre a palavra e a natureza,[74] no qual as formas literárias surgem como análogos do mundo natural. A "equivalência ideal ao objeto", onde a realidade se torna "baliza do ato criador",[75] produz um padrão de naturalidade literária no qual o mais belo é o que mais se conforma a essa fidelidade à natureza captada pelo sentimento e pela razão: "quando apareces/ na madrugada,/ mal embrulhada/ na larga roupa,/ e desgrenhada,/ sem fita ou flor,/ ah! que então brilha/ a natureza!" (I, 69).

A diferença entre esses versos e outras poéticas que lhes são contemporâneas, particularmente a barroca, é acentuada. Mesmo a poesia de Cláudio Manuel, em suas primeira e segunda fases, atesta isso. Particularmente na primeira fase, é significativo o número de figuras retóricas tipicamente barrocas, em que sobressaem as antíteses e os oximoros: "Sabe, que quanto intento a decifrá-la/ Tanto me dificulta o compreendê-la", diria o poeta mineiro.[76]

A linguagem de Tomás Antônio Gonzaga, tanto nas *Cartas chilenas* quanto nos outros poemas, alcança um padrão de naturalidade e equilíbrio que a caracteriza prioritariamente como uma poética árcade. Se o cultismo e o conceptismo barrocos, particularmente em seu extenso campo de figuras retóricas, como os hipérbatos, os paradoxos, as aliterações e assonâncias etc., não estão presentes com freqüência acentuada nos poemas do autor, não é todavia insignificante sua ocorrência, e tampouco é possível compreender as relações entre a poética de Gonzaga e o barroco apenas por essa via. É de outros percursos que aspectos do barroco serão reintegrados no espaço das poesias, e desse modo chegando a participar de seu sentido geral. Antes de retomarmos esses problemas, consideremos ainda as formas de discurso e seu campo de figuralidade para precisar melhor o que vinha sendo tratado: a naturalidade e simplicidade da linguagem dos poemas.

A análise de Antonio Candido do poema que se inicia por "Eu, Marília, não fui nenhum vaqueiro,/ fui honrado pastor da tua aldeia" (I, 137-9) tem em conta precisamente o fato de o poema ser escrito numa linguagem clara, límpida, desprovida de quaisquer adereços (afora poucas palavras ou expressões de caráter metafórico ou metonímico), geralmente em ordem direta e comprensível de imediato à maioria dos leitores pela "transparência" entre a palavra e seu referente, onde a "realidade" enunciada é a paisagem bucólica, o idílio pastoril e suas convenções próprias.[77] O poema, no entanto, ressurge como uma metáfora em sua totalidade, mas metáfora, diga-se, do próprio ideal de naturalidade e imitação árcades, subsumida portanto à arte simbólica, ao clássico.

Se nos poemas de "juventude", ou ainda nos anteriores à prisão de Dirceu, pode-se perceber certa "preferência pelo verso leve e casquilho", pela inspiração "rococó",[78] os poemas da prisão se tornam mais densos, chegam a predominar os versos longos e o tratamento mais extensivo de idéias.[79] Nos primeiros poemas, encontra-se a utilização mais sistemática, e mais tradicional, dos sonetos leves e pequenas composições de caráter "amaneirado": "Amor, que seus passos/ ligeiro movia/ por mil embaraços,/ que um bosque tecia, // Nos ombros me acena/ com brando raminho"

(I, 16). Essa vertente pode ser encontrada ainda em diversos poemas para Marília, o que englobaria mais de duas dezenas de liras "anacreônticas" da primeira parte[80] e ainda algumas posteriores. Em versos curtos, ágeis, e com sentimentos graciosos, o poeta traça o panorama natural e mitológico em que se encontra com Marília e o Amor.

Nem todos os poemas da primeira fase, ou seja, anteriores à prisão, são leves, simples. No conjunto dos poemas é possível verificar certa dimensão reflexiva e criativa de outro caráter, que, se não é dotada todavia de brilhantismo genial, nem por isso deixa de possuir significado literário para o período, além de manifestar uma coerência geral de procedimentos e pontos de vista em seu interior, o que se observa a partir das recorrências "temáticas", à falta de um termo melhor, e formais. Desde os primeiros poemas, pode-se já encontrar tanto o ideal do rei sábio — "um rei sábio, um rei justo, um rei prudente" (I, 6) —, próximo ao ideal do herói virgiliano[81] e cristão, como a percepção da fugacidade do tempo ou da implacabilidade e inconstância do destino: "a falsidade de Laura", que transforma abruptamente a "longa idade" (I,19) ou os "duros fados" que negam ao poeta o ser ouvido pela amada (I, 21). Igualmente, verifica-se a recorrência com que o poeta insiste na qualidade de sua poesia: "Os versos beija,/ gentil pastora,/ a pena adora,/ respeita a mão,/ a mão discreta,/ que te segura/ a duração" (1, 87).

Mas sobretudo nos poemas escritos na prisão é mais densa a realização do equilíbrio entre a necessidade de naturalidade, de expressão fiel dos sentimentos e os ditames da razão.[82] Essa "harmonização difícil", como se verá, justifica-se enquanto expressão de um sentimento que governa a razão. Talvez a outra face da "naturalidade racional"[83] dos poemas seja a "individualidade" do ponto de vista adotado para sua conformação:

> Eu tenho um coração maior que o mundo,
> tu, formosa Marília, bem o sabes;
> um coração, e basta, onde tu mesma cabes. (I, 106)

Assim o poeta dirá num de seus poemas da prisão em versos que expressam precisamente a dimensão de sua individualidade, principalmente no primeiro deles, de rara beleza. Não apenas enquanto homem e cidadão, ou definindo um padrão de heroísmo e de belo, Dirceu possui um perfil exemplar, mas principalmente por sua auto-entrega incondicional à "lógica do coração", "maior que o mundo" e que lhe "basta".

Se a poesia neoclássica e mesmo arcádica visa a imitar as emoções e as paixões, não é um "grito do coração",[84] Dirceu está bem próximo de uma expressão cada vez mais individualizadora e particularizadora das emoções. Importa salientar que esse "controle" das emoções e das paixões é possível porque e enquanto o horizonte do amor é o ideal a ser alcançado, por vezes em detrimento dos próprios versos: "inda vale mais que os doces versos/ a voz do triste pranto" (I, 149).

Sabe-se até que ponto as teorias da naturalidade e da imitação, da razão e da verdade, contêm aporias internas. A partir do apego a um ou outro desses termos, ou ainda tendo em conta suas próprias definições e imprecisões conceituais, podem ocorrer desdobramentos que, se não chegam a romper com os códigos vigentes, dão-lhes contudo uma feição particular. A mudança para o aspecto emocional na arte, a ampliação da interferência do artista, o que aconteceu no século XVIII não foi nada semelhante a uma revolta romântica ou pré-romântica; antes, as questões individuais ocultas na teoria corrente foram abertas à discussão.[85]

Entre a fidelidade aos sentimentos e à razão, Dirceu privilegia os sentimentos, tanto mais pelo contraste quando, escrevendo longos poemas que buscam provar racional e juridicamente sua inocência, abandona essa via em nome do amor. O encerramento de sua "crônica processual rimada". É expressivo disso quando o poeta exclama para a justiça: "Ah! vai-te — então lhe digo — vai-te embora;/ melhor, minha Marília,/ eu gastasse contigo mais esta hora" (I, 118).[86]

O ideal de naturalidade demarca igualmente os retratos de Marília e Dirceu, para além da paisagem em que estão inscritos. Por outro lado, a própria natureza está sujeita a mudanças,[87] ou melhor, a instabilidade do real emerge do campo das leis naturais. Retornaremos aos retratos de Dirceu e Marília quando for abordado o conceito de imitação. É ainda essencial esclarecer o conceito de lei natural no quadro dos poemas, em princípio por meio de suas relações com o bucolismo e a poesia pastoril.

Se o bucolismo, os gêneros pastoris, não constituem todo o arcadismo, essa tendência é contudo significativa e mesmo essencial em sua conformação tanto em Portugal quanto no Brasil. A poética bucólica busca expressar a naturalidade de um modelo de vida e de relações humanas simples, "num quadro natural interpretado segundo normas racionais".[88] Se por um lado o bucolismo de Dirceu não o leva a uma oposição explícita à paisagem urbana e seus valores, por outro lado segue nos outros aspectos as convenções do tempo. A evocação do campo "equilibra idealmente a angústia de viver associada à vida presente, dando acesso aos mitos retrospectivos da idade de ouro".[89]

O tema bucólico faz apelo ao "homem natural", bem como remete diretamente à noção de lei natural: "Deístas, céticos, ateus; materialistas, empiristas, sensualistas, — todos sentiam profundamente essa presença da lei natural, no homem e no universo".[90]

Esquematicamente, a lei da natureza exprime-se nos poemas de Gonzaga segundo duas modalidades básicas, as mesmas, aliás, presentes tanto nas *Cartas chilenas* quanto no *Tratado de direito natural*. Por um lado, as leis da natureza dizem respeito à ordem, organização e regularidades do mundo natural, à beleza, à razão, e sobretudo ao amor. Por outro lado, essa mesma natureza está sujeita a irregularidades, atribuídas no contexto dos poemas à inconstância do fado.

De um lado, portanto, uma natureza ordenadora a reger o equilíbrio de todas as coisas: "Um pouco meditemos/ na regular beleza,/ que em tudo quanto vive nos descobre/ a sábia Natureza" (I, 73). Os peixes, as aves e mesmo os grandes deuses, "todos amam", todos estão sujeitos a essa "lei da Natureza" (I, 49-50). É a natureza a autora da beleza de Marília: "se tens beleza,/ da Natureza/ é um favor" (I, 85), dirá o poeta. Igualmente, a natureza é autora da organização da vida de todos os entes: dando armas específicas a cada um dos animais, as armas do discurso ao homem, as da beleza à mulher (I, 77-9). Mas entre as leis da natureza importa sobretudo "amar a formosura": "Quem, Marília, despreza uma beleza/ a luz da razão precisa,/ e, se tem discurso, pisa/ a lei, que lhe ditou a natureza" (I, 45). Particularmente nos poemas da prisão é significativo o número de vezes que Dirceu busca provar sua inocência não apresentando provas "racionais", mas fundamentado estritamente em sua obediência à lei do amor como prova irretorquível de sua inocência: "Se o meu crime não fosse só de amores,/ a ver-me delinquente, réu de morte,/ não sonhara, Marília, só contigo/ sonhara de outra sorte" (I, 109).[91]

Mas a natureza não é sempre regular, pois as coisas naturais e os destinos humanos estão sujeitos ao fado, à Providência e ao tempo destruidor. Não apenas a "natureza" fez da mulher "traidora" "só por não se mudar" (I, 11), atestando sua falta de regularidade absoluta, como igualmente age por intermédio da Fortuna, que confunde as coisas do mundo:

> A quem não tem virtudes, nem talentos,
> ela, Marília, faz de um cetro dono;
> cria num pobre berço uma alma digna
>   de se sentar num trono.
>
> A quem gastar não sabe nem se anima
> entrega as grossas chaves de um tesoiro;
> e lança na miséria a quem conhece
>   para que serve o oiro. (I, 156)

Mesmo os sentimentos mais essenciais, como o próprio amor, podem ser destruídos pelo tempo voraz: o passarinho que perde os ninhos e os ovos e "logo voa" sem voltar mais ao lugar (I, 154), o que contrasta, aliás, com o quadro de plena felicidade natural vivida pelos animais e os homens em outro poema já citado (I, 73-4). É contra essa dura lei que o poeta exclama, invocando a permanência de sua obra e de seus sentimentos:

> O meu discurso,
> Marília, é reto;
> a pena iguala
> ao meu afeto;
> o amor, que nutro
> ao teu aspecto
> e ao teu semblante,
> é singular.
> Ah! nem o tempo,
> nem inda a morte
> a dor tão forte
> pode acabar! (I, 155-6)

Apesar da moldura clássica, do pano de fundo geralmente mitológico de explicação das leis naturais, as noções de Providência, destino e fortuna transitam sub-repticiamente entre as cosmogonias greco-romana e cristã, podendo-se verificar muito mais afinidades que diferenças entre ambas as intenções. Se os poemas não esclarecem a origem desse comportamento das leis da natureza, apelando apenas para a generalidade de uma Providência, de uma "sorte mal segura" do mundo, ou para um tempo no passado ideal em que isso não ocorria,[92] em comparação com um presente instável e transitório, em termos gerais não contraditam as resoluções presentes nos outros textos do autor acerca do mesmo problema.

Nas *Cartas chilenas*, a visão de uma natureza que possui leis próprias e regulares, mas que por vezes escapa a toda regularidade, é em tudo próxima do contexto dos outros poemas. No *Tratado de direito natural*, a mesma dicotomia pode ser verificada, ainda que de um ponto de vista mais "ortodoxo", no interior do sistema de direito natural: com o pecado original, o homem perde sua antiga natureza perfeita e o mundo se vê submetido à inconstância da forma e às transformações naturais. Desta, quer seja a partir da tradição cristã, quer seja a partir da cosmogonia greco-romana lida principalmente em seus elementos escatológicos (divindades globais como o destino ou a fortuna), converge-se para uma mesma concepção, na qual a natureza inclui tanto elementos de constância quanto de irregularidade.[93]

Na ordem do mundo mesmo, a beleza é corrompida pelo tempo. Somente o amor, mantido pela memória e pela poesia, pode escapar à transitoriedade, à fugacidade das coisas, de modo mais pleno. Para viverem sua natureza decaída, restam aos homens as virtudes essenciais — o amor é a principal delas — e uma entrega incondicional aos "Céus": "Pode ainda raiar um claro dia;/ mas quer raie, quer não, ao céu adoro/ e beijo a santa mão que assim me guia" (I, 135).

Dirceu e Marília já foram avaliados enquanto modelos de conduta segundo alguns aspectos, salientando-se inclusive um dado essencial: o fato de Dirceu construir um determinado perfil biográfico, particularmente de si mesmo, em que sobressaem os ideais da verdade e da virtude: "Quem quiser ser feliz nos seus amores,/ siga os exemplos que nos deram estes" (I, 96). Marília, entre as "falsas histórias" que contar, sempre se lembrará da história "verdadeira" (I, 139) de Dirceu e de seus amores e desventuras em comum: "exemplos da desgraça e sãos amores" (I, 139). Se o amor, as virtudes e a história aparecem garantidos pela memória, é necessário um detalhamento maior dos seus modos de realização, o que pode ser alcançado pela análise do jogo entre imitação e originalidade operado pelo autor. Desse modo, será possível referir tanto o sentido da história quanto parte essencial do significado literário da obra à virtude do amor, como conseqüências, realizações desse elemento primordial.

A imitação operada pelos poemas em relação à literatura clássica, precisada em seu alcance e modos, delimita os padrões de beleza e de amor de Dirceu. Há que se ter sempre em conta que a análise de tal princípio poético passa necessariamente por aspectos já abordados, como a noção de naturalidade do texto poético, da pesquisa neoclássica e árcade da natureza (em que sobressaem certas tensões entre a fidelidade à razão ou ao sentimento), do "individualismo" de Dirceu e sua peculiar concepção do amor.

Até onde conhecemos, deve-se a Fernando Cristóvão a pesquisa mais completa sobre a poesia como "imitação" e como "pintura" na obra *Marília de Dirceu* e que decisivamente supera todas as investigações parciais anteriores. Se outros autores já abordaram com certa extensão a imitação nos poemas,[94] tratava-se de um campo ainda não percorrido de forma mais detalhada. Na constante referência de Dirceu à tradição clássica, além da própria poética que praticou, encontra-se uma concepção da poesia como imitação da natureza. Enquanto exercício de "inspiração e racionalidade", entre a "via platônica de recuperação do arquétipo", do verdadeiro, e "a segurança tranqüila e racionalista do estagirita" na busca da verossimilhança,[95] Dirceu optou pelo segundo. A cópia não é servil, a novidade não é total, mas a reescrita possui sua própria beleza, tanto mais que tem por lema o compromisso horaciano entre imitação e originalidade.

Gonzaga não apenas conhecia todos os textos clássicos até aqui citados, mas certamente terá lido os tratados diversos de arte poética de seu tempo; além dos traduzidos,[96] igualmente aqueles escritos por intelectuais portugueses: a *Arte poética* de Cândido Lusitano, a *Nova arte dos conceitos* de Francisco Leitão Ferreira, a *Arte poética* de Pina e Melo, os escritos de Antônio Diniz e Garção.[97] Uma pesquisa sobre as influências desses textos na obra poética de Gonzaga ainda está por ser feita de modo mais sistemático, apesar de alguns aspectos gerais observáveis de imediato, como as polêmicas em torno do uso da mitologia ou da rima e as respectivas opções do autor. Ressalte-se nesse particular a adesão de Gonzaga, em toda a sua obra poética, à concepção da poesia como meio de "instrução", aproximando-se nesse sentido de Cândido Lusitano.[98]

Se os poemas de Gonzaga possuem alguma originalidade, esta decorre da forma como o poeta retomou diversos autores clássicos, o modo particular que imprimiu aos seus modelos: o *locus amoenus* de Virgílio, Teócrito e outros poetas antigos, sem a vida útil do campo, e sim como "quadro e símbolo de seus sentimentos";[99] o "sentimentalismo" e a forma contemplativa de alguns poemas de Petrarca; o equilíbrio, a medida, os temas da precariedade das coisas e do sábio que não perde o dia que passa, de Horácio; e de Anacreonte, o modelo mais recorrente,[100] o tema do Amor, de Cupido, fiel companheiro de toda a sua poesia.[101] Mas simultaneamente rejeita o elogio hedonístico dos prazeres em Horácio ou Anacreonte, ou não se deixa influir pela poesia teológica de Petrarca.

Fernando Cristóvão propõe "três modalidades principais, em crescendo de originalidade", para a imitação dos antigos: a primeira, menos significativa, trata-se de mera paráfrase.[102] Como segunda modalidade, mais freqüente, o poeta se utiliza de versos ou pensamentos isolados de autores "para prestigiar sua versão pessoal, mais de forma que de conteúdo, na reprodução da ideologia comum".[103] Nesse segundo tipo, agrupam-se os *topoi* mais recorrentes dos versos: o *carpe diem*, a *aurea mediocritas*, a *auri sacra fames* e o *locus amoenus*.

É importante ressaltar a formulação de parte desses *topoi*:[104] ao sobrelevarem-se os aspectos formais na versão do autor, como quer Fernando Cristóvão, nem por isso os aspectos de conteúdo passam despercebidos. Tal como no *locus amoenus* pintado por Dirceu estão ausentes os trabalhos do campo, na retomada do *carpe diem* seus poemas não deixam de interpretá-lo muito a seu modo: se para Dirceu importa principalmente o tempo presente, este só adquire todo o seu significado em virtude de um futuro definido, planejado e sobretudo desejado; o presente é, portanto, meio para outra felicidade. Isso distingue sensivelmente esse *topoi* no autor de sua presença em Horácio, por exemplo, com seu apelo insistente aos prazeres imediatos, ainda que tal elemento se verifique também em Dirceu.

Como terceira modalidade encontram-se os poemas que se inspiram em outros, mas com grande liberdade do imitador, que retoma parte do enunciado, desenvolve-o por expansão e "libera-se quase por completo, quanto a forma de enunciação".[105] É importante observar qual o significado das transformações formais operadas por Dirceu, particularmente nos segundo e terceiro tipos de imitação. Um dos traços mais significativos e presentes na quase totalidade de seus poemas são os procedimentos de enunciação que o distanciam da tradição clássica, de Horácio, Anacreonte, Teócrito ou Petrarca, e "favorecem a sua originalidade".[106]

A dimensão narrativa permite ao poeta não só retomar diversos temas anacreônticos formulando-os a partir de uma pequena história[107] como também lhe propicia certo "travejamento de argumentação" que é essencial para a estruturação das logopéias do texto e para a compreensão de suas opções literárias. A argumentação presente nos poemas pode ser facilmente redutível a silogismos escolásticos, a entimemas, epiqueremas, argumentos *ad hominem* (*ad feminam*, se preferirmos...), *a contrario, a pari, ab absurdo*... revelando uma herança conceptista barroca ainda não totalmente esquecida.[108]

E não apenas nesse aspecto tão recorrente em seu texto, como também no *carpe diem* barroco, já citado, ou mesmo na tendência barroca para o elogio do soberano,[109] se identificam elementos que matizam a poética árcade de Gonzaga. No que o arcadismo retoma ou não consegue se desvencilhar do barroco, Gonzaga adota alguns de seus esquemas gerais. Por outro lado, é essencial a recorrência dos silogismos escolásticos para uma das idéias centrais deste estudo. Dirceu não é apenas um homem e um cidadão ideais, especificamente um magistrado, um jurista. O seu "discurso é reto", obedece a uma lógica argumentativa em diversos aspectos próxima a esse perfil e aos diversos tipos de demonstrações jurídicas. As idéias e as formas imbricam-se para além do retrato que Dirceu faz de si mesmo: dizem respeito à organização do próprio texto.

O argumento *a pari* é utilizado, por exemplo, para provar que o amor de Dirceu e Marília obedece às mesmas leis universais da natureza: "De amar, minha Marília, a formosura/ não se podem livrar humanos peitos".[110] Mas podem-se citar outros poemas em que se emprega o mesmo procedimento. E assim com os argumentos *ad hominem, a contrario*, com os entimemas e outros,[111] todos em geral mobilizados para confluírem no amor de Dirceu e Marília.

No que diz respeito à imitação, há contudo outro aspecto importante. Os poemas de *Marília de Dirceu* se esclarecem em grande medida quando vistos por meio do preceito horaciano e arcádico do *ut pictura poesis*. O próprio poeta fala com uma freqüência muito elevada sobre o tema: "Pintam, Marília, os poetas" (I, 37), "Vou retratar a Marília" (I, 47). A obra de Fernando Cristóvão se dedica minuciosamente à poesia de *Marília de Dirceu* tomada como pintura, tendo em conta que se trata de "uma escolha teórica e temática bem consciente por parte do autor".[112]

Fernando Cristóvão reconstitui não apenas os retratos de Marília e Dirceu, ainda que fundamentalmente, mas também as relações entre as ações do pintor e do poeta e os vários tipos de pintura presentes. A partir do conceito de pintura "de gênero", próprio da época moderna, os poemas podem ser compreendidos como "poemas-pinturas de gênero" e ser agrupados segundo sejam quadros de usos e costumes, cenas familiares, naturezas-mortas ou retratos em geral. Também são mapeadas a decoração mitológico-alegórica dos quadros, a paisagem de fundo e as cenas de vida doméstica.[113]

O número de referências ao ato de pintar, à pintura ou a elementos da arte pictórica é muito amplo e poderia ser ainda mais alargado se se levassem em conta as ações relacionadas diretamente à visão, o que o trabalho de Fernando Cristóvão não recobre. O verbo "ver", por exemplo, surge como um dos mais recorrentes no conjunto dos poemas, confluindo para a imagem de uma poesia como pintura.[114] As semelhanças com as *Cartas chilenas* já foram notadas, mas tem-se em conta algumas diferenças básicas. Em Dirceu e Marília trata-se de um procedimento ainda mais estrutural que nas *Cartas*. Poder-se-ia dizer que em grande parte dos poemas cada estrofe traça um pequeno quadro, por vezes retomado na seguinte, numa sucessão de pinturas. A própria regularidade estrófica, diferentemente das *Cartas*, contribui ainda mais para uma organização pictural equilibrada detectável de imediato.

O tratamento estatístico completo dos poemas de *Marília de Dirceu* termina por revelar os tipos de retratos pintados por Dirceu, particularmente os retratos de si e de Marília, o que deve ser melhor observado. Os retratos de Marília e de Dirceu são bem diferentes — dir-se-ia que, em certo sentido, opostos e fundamentalmente complementares. Isso pode ser notado até na dinâmica de sua exposição: qual a "técnica" pictórica empregada. Se o retrato de Marília, como mulher concreta ou como pastora indiferenciada, está dado como "uma imagem que se fixa indelével na retina",[115] repetindo-se insistentemente e com poucas variações o esboço de um rosto, um olhar, um sorriso, uma atitude espiritual e contemplativa, o de Dirceu não surge de pronto, mas se constitui ao longo do texto, num lento esboço de si em que se somam uma a uma suas qualidades ou facetas.

O uso de cores suaves e pálidas, o retrato de meio-corpo de Marília, a imagem fixa, a insistência na cor branca; é a partir desses elementos que o poeta-pintor traça o perfil dominante de sua amada: "uma donzela na expectativa do casamento e da felicidade doméstica".[116]

Dirceu, ao contrário, é descrito fisicamente em poucos traços e, como pastor arcádico, tal como Marília, segue a caracterização comum a outros poetas. Quando preso, no entanto, expõe com mais freqüência seu estado físico e moral. Mas, ao longo de todos os poemas, Dirceu acaba por traçar de si um minucioso "perfil moral".[117] Tal como já se observou, o auto-retrato de Dirceu converge para a idealização de um poeta, um homem, um magistrado, um súdito e um amante modelares, ainda que por vezes esses modelos se excluam em circunstâncias extremas. Mas principalmente "era sob o ângulo da moderação e da virtude aristocrática que encarava o mundo, seguro da sua experiência e superioridade".[118]

Por fim, uma palavra sobre o ideal de razão presente nos poemas de *Marília de Dirceu*. A partir de alguns elementos já referidos, é possível observar que Dirceu troca o primado da razão pelo do sentimento, à busca da natureza e da particularidade dos modos de sua imitação. Não apenas o poeta possui uma individualidade que contrasta com a impessoalidade da maioria dos pastores árcades, mas fundamentalmente esta individualidade se inscreve enquanto cumprimento incondicionál da lei do amor, acima da riqueza, do poder e dos cargos. A lei do amor

> Não vale mais que cingires,
> com braço de sangue imundo,
> na cabeça o verde louro?
> do que teres montes d'ouro?
> do que dares leis ao mundo? (I, 28)

O amor e a beleza, identificados, são os principais valores, enfim: "Quem, Marília, despreza uma beleza/ a luz da razão precisa,/ e, se tem discurso, pisa/ a lei, que lhe ditou a Natureza" (I, 45). A redução desse argumento compreenderia:

> Quem segue as leis da Natureza ama (não despreza
> [a beleza)
> Ora, todos os que são dotados de razão e discurso
> [seguem as leis da Natureza
> Logo, todos os que são dotados de razão e discurso
> [amam.[119]

Como disse Antonio Candido, interpretando um conhecido trecho de Gonzaga de um dos inquéritos da Inconfidência Mineira, onde o poeta "concluiu dizendo, que quando eles saíssem ia fazer uma Ode, que tão sossegado ficava do seu espírito..." [...] "Gonzaga deixa implícita uma teoria da criação poética"[120] distinta da que parece ter guiado a escrita de seus poemas de amor ou das *Cartas chilenas*. "Talvez a criação não dispensasse, para ele, a paz superior da visão artística, imposta pela força do espírito ao impulso freqüentemente desordenado da paixao".[121] Esse equilíbrio arriscado entre a razão e os sentimentos, no qual os sentimentos governam a razão sem contudo irromperem desordenada ou caoticamente seu "equilíbrio racional", é o que aproxima *Marília de Dirceu* das *Cartas chilenas*, ou mesmo ambas do *Tratado de direito natural*, em que o edifício do direito natural se sustenta igualmente em um sentimento, um elemento "irracional".

A forma pela qual não apenas o amor, mas principalmente ele, pode vir a realizar plenamente seu significado é sua encarnação no tempo, por meio dos versos, ou da história. Ainda uma palavra sobre ambos.

Consideremos novamente a organização do tempo e da história no processo de enunciação dos poemas. A estrutura narrativa ou argumentativa geral dos poemas para Marília compreende as dimensões temporais (o passado, o presente e o futuro) de um modo específico. A análise das interpolações temporais detectaria ainda casos de retrospecção e de "ambigüidade" temporal, na organização narrativa de alguns poemas, principalmente naqueles em que os sonhos desempenham um papel essencial.[122]

Marília de Dirceu, e mesmo outros poemas do autor, distingue-se em certa medida do ponto de vista sobre a história e o tempo presente tanto nas *Cartas chilenas* quanto no *Tratado de direito natural*. Essa distinção, contudo, não apresenta contradições insolúveis com o sentido dos outros textos. A dimensão do tempo futuro praticamente tem pouco relevo no contexto das *Cartas* e, no *Tratado*, terá um sentido muito determinado. Se todos os textos do autor se apóiam em referências até certo ponto comuns sobre o passado e o presente, a dimensão do tempo futuro é também geralmente retomada pelo anseio de restauração de uma antiga ordem (o que impõe, por exemplo, a defesa de uma intolerância religiosa radical), a partir da adaptação de uma doutrina cristã e absolutista às novas condições da época.

Nas *Cartas* o futuro comparece, para além do desejo de que Fanfarrão passasse a cumprir integralmente as "santas leis" do reino, fundamentalmente como uma hipótese de salvação divina: nada resta a fazer contra o chefe a não ser esperar que "mão santa se condoa". O *Tratado* pouco aborda a dimensão do futuro. Seus traços essenciais são o poder divino alicerçado no direito natural bebido na escolástica e no jusnaturalismo moderno, no qual a experiência histórica do Estado nacional português (e sua consolidação nos séculos XV e XVI) pode ser talvez o que mais se assemelha ao tipo de Estado ideal para o *Tratado*, apesar de nada ser dito a esse respeito. O poema dedicado a d. Maria I é mais explícito em seu alvo: "Veremos outra vez com mais verdade／ no mundo florescer aquela idade,／ que d'ouro apelidaram" (I, 6). Um alvo ainda ambíguo, pois pode-se referir tanto ao "século de ouro" português quanto à imaginária "idade do ouro", *topos* a um só tempo poético, político e histórico.

Em relativo contraste com esses textos, nos poemas para Marília a idealização do futuro ocupa freqüentemente o pensamento de Dirceu. Dir-se-ia que no âmbito da realidade social, da existência coletiva em suas dimensões morais, políticas e econômicas, o futuro é uma hipótese permanente mas pouco tangível, o que, aliás, se verifica em *Marília de Dirceu,* vista dessas perspectivas.

Mas é na esfera da vida íntima, da felicidade individual e privada que se realizam as projeções e idealizações sobre o futuro mais detalhadas e caras ao autor.

Considerem-se os traços concomitantemente "modernos" e "tradicionais" dessa postura. Por um lado, a noção de um tempo destruidor no contexto de toda a obra; por outro, a afirmação da vontade individual na construção de sua própria história, no apelo constante a uma felicidade futura como conquista e obra humanas. Essa felicidade individual não está em franca contradição com os projetos dos outros textos. Se os "supera", contudo não se transforma em crítica que poria em questão a sua própria legitimidade. A felicidade individual não é oposta à realização do bem coletivo, porém é mais importante, o que é decisivo para a definição do sentido dos poemas de *Marília de Dirceu*.

A idéia do futuro em Dirceu, fundada no amor, projeta-o para além dos valores sociais, da riqueza, do poder, mas é nesse ponto que Dirceu se detém: o amor como futuro ou o futuro como amor, mais importantes que qualquer outra sorte. E onde o amor e a ordem incognoscível das coisas do mundo se dispõem lado a lado e conflitam o poeta tem "um coração maior que o mundo", pode mesmo a ele renunciar, mas não buscar transformá-lo radicalmente.

Alguns aspectos já foram ressaltados sobre o significado da dimensão do tempo nos poemas de *Marília de Dirceu*. Nesse sentido, é flagrante a diferença entre Gonzaga e o amigo e poeta (talvez seu professor de versos) Cláudio Manuel da Costa,[123] em que propriamente a dimensão do futuro não existe, mas não apenas. Eugênio Gomes aborda o problema alargando seu significado no campo da poética árcade e ainda da reflexão sobre o tempo na literatura clássica.[124] Cite-se ainda a análise das formas de verbo empregadas por Gonzaga em comparação a Garção, mas principalmente interpretadas à luz de sua organização para o estabelecimento dos efeitos estéticos produzidos pelo texto.[125]

Os contrastes entre o presente idealizado e as hipóteses alternativas de um futuro imaginado delineiam-se a partir das formas de verbo adotadas, particularmente as de "futuro, predominantemente na segunda pessoa do singular, em situações antitéticas",[126] como em seu uso anafórico no poema:

> Tu não verás, Marília, cem cativos [...]
> Não verás separar ao hábil negro [...]
> Não verás derrubar os virgens matos [...]
> Verás em cima da espaçosa mesa [...]
> tu me farás gostosa companhia [...]
> Lerás em alta voz, a imagem bela. (I, 96-7)[127]

São igualmente os tempos e modos verbais adotados em alguns poemas que mantêm a tensão, não apenas entre as dimensões temporais, mas entre os sentimentos de Dirceu e Marília. Particularmente nos raros momentos em que são abordados os sentimentos de Marília para com Dirceu, sistematicamente eles são uma interpretação do poeta a seu respeito e raramente adquirem alguma autonomia, expressam as idéias ou os atos da própria amada. Mesmo quando isso ocorre, estão sempre imersos em certa ambigüidade: "Mas tendo tantos dotes da ventura,/ só apreço lhes dou, gentil pastora,/ depois que o teu afeto me segura/ que queres do que tenho ser senhora" (I, 94). Essa ação tanto pode situar-se no passado, como já tendo ocorrido, quanto no futuro, ou idealizado ou confirmado pela amada. E não é o único exemplo.[128]

Ainda algumas passagens mais breves, com o uso de outras formas verbais, se encaminham na mesma direção: pelo emprego de verbos no infinitivo e no presente do subjuntivo, se alcança a ambigüidade desejada. Não apenas as ações de Marília são mínimas, apenas entrevistas, mas quando ocorrem se inscrevem numa temporalidade fugidia e impregnada de sentidos contrastantes: "para viver feliz, Marília, basta/ que os olhos movas, e me dês um riso" (I, 95). As dimensões cronológicas do tempo presente e futuro encontram-se superpostas no interior dessa "máxima", subsumidas ao infinitivo e ao subjuntivo. Os sentimentos da amada permanecem impalpáveis, indefinidos no tempo cronológico, o que sem dúvida contribui de forma definidora para a manutenção da ambigüidade dos poemas e da curiosidade pelo seu desdobramento, ainda que eles não possuam uma ordenação.[129]

O tempo é não apenas o *medium* de realização da felicidade individual, inclusive enquanto a única instância em que a vivência individual pode ser absorvida à memória humana por meio da história. Ele é também o *medium* de "atualização" da poesia. Entre a história e a poesia, o poeta fica com o amor, de que ambos podem ser o melhor testemunho. Cupido "move" a mão de Dirceu, seu "triste pranto" vale mais que os versos. Se o amor e a beleza são uma única coisa para o poeta, no entanto ele conhece os limites da própria literatura, o que não deixa de se constituir como mais um aspecto do significado imperioso desse sentimento no âmbito das liras.

São raras e no entanto preciosas as referências às relações entre o amor, a beleza e o tempo nos poemas. O amor, a beleza e o poeta aparecem ligados num único feixe de que as liras são a manifestação. O amor vale mais ainda que os versos, este é o sentido último dos poemas. O que ocorre com maior freqüência, contudo, é a crença do poeta de que a beleza de sua poesia, inclusive e essencialmente porque inspirada pelo amor, seja mantida porque capaz de expressar esse mesmo sentimento, afora seus dotes, conhecimento e superioridade. Nesses momentos, os temas do amor, da beleza e do tempo adquirem o máximo de interpenetração e circularidade:

> Vê quanto pode
> teu belo rosto,
> e de gozá-lo
> o vivo gosto!
> que, submergido
> em um tormento
> quase infernal,
> porqu'inda espero,
> resisto ao mal. (I, 159)

Por fim, uma observação. Se Dirceu canta mais a si mesmo que Marília, essa preponderância não é acentuada.[130] O que se verifica do sentido geral dos poemas é a profunda simbiose entre os amantes e a circularidade de algumas de suas noções essenciais: o amor, a poesia, a amada e o poeta. Dirceu é tão "individual" entre os pastores árcades quanto Marília entre as pastoras, ainda que essas individualidades se configurem distintamente. Formam "um coração e uma alma" porque só adquirem sentido quando pensados ao mesmo tempo, por meio da união entre a beleza e a sabedoria operada pelo amor.

CONCLUSÕES PARCIAIS

ALGUMAS OBSERVAÇÕES GERAIS podem ser traçadas a partir dos problemas e temas abordados. As concepções de tempo, história, das dimensões do presente, do passado e do futuro no interior dos textos permitiram a visualização de especificidades, semelhanças e diferenças: os textos tenderam bem mais por apresentar semelhanças.

Apesar de a obra poética não possuir uma definição "abstrata" de tempo, como no *Tratado*, sua concepção da história humana enquadra-se perfeitamente na explicação do transcurso temporal e das etapas da história humana definidas no *Tratado*. Em todos os textos, permanece a referência a um passado idealizado, visto como a "idade do ouro". A história, como "mestra da vida", nos mais variados contextos, vale como argumento de autoridade, a indicar a lição moral que podemos resgatar dos exemplos do passado. O tempo presente permanece como provação, mas particularmente o presente em que os próprios textos foram escritos, período que ao menos os textos poéticos identificam como de crise dos costumes. É neste presente que os textos se inscrevem, buscando de alguma forma alterá-lo, e deles sobressai uma visão do futuro que geralmente pretende restaurar uma ordem imediatamente anterior considerada mais justa.

Em todos os textos é igualmente comum a afirmação da singularidade de seus empreendimentos e o orgulho com que isso se manifesta.

A avaliação dos procedimentos literários adotados, ao menos entre os textos poéticos, indicou de modo imediato semelhanças diversas no que diz respeito aos conceitos árcades de natureza, da imitação e da razão. Nesses textos, tanto Dirceu quanto Critilo orientam-se, em suma, por sentimentos de caráter moral.

Outras semelhanças formais aproximam os textos de um ponto de vista singular: não apenas *Marília de Dirceu* como igualmente o *Tratado de direito natural* (e mesmo as *Cartas chilenas*, ainda que em grau menor), possuem modos de argumentação bebidos em uma mesma tradição: os vários silogismos e argumentos que estruturam seus textos. Modos de argumentação que atestam em que medida as formações jurídica e poética têm afinidades, onde a retórica literária e a lógica de argumentação aproximam-se do gênero judicial e da retórica escolar em sentido mais amplo, nos quadros do "renascimento" da retórica, das letras e das artes e do incremento dos estudos jurídicos em Portugal no século XVIII.[131]

Igualmente, todos os textos buscam registrar a singularidade de seus empreendimentos (o que se manifesta no grande orgulho dos enunciadores) e encontram-se imbuídos de um ideal formativo, pedagógico, sendo ainda recorrente uma definição precisa dos "pedagogos". No caso, Gonzaga como professor, Dirceu e Critilo como poetas, que conhecem e detêm os instrumentos do conhecimento e produzem-no à sua maneira, obedecendo não apenas a determinados princípios racionais, mas principalmente a ideais morais, ao amor, que é um princípio, um sentimento, uma virtude essencial a todos os textos do autor, já que é do cumprimento dessa lei que se trata em última instância. O amor, portanto, como "princípio de conhecer", como virtude essencial do súdito e do príncipe, ou como sentimento privilegiado para a realização da felicidade e da liberdade individual mais amplas possíveis.

Algumas diferenças entre os textos podem ser interpretadas como referentes à própria coerência de cada um em si mesmo, permitindo que as comparações acabem por resultar mais em coincidências ou complementaridades do que oposições. A ausência aparente de Deus nas liras, por exemplo, revelaria muito mais coerência interna e fidelidade a determinado padrão clássico que propriamente uma diferença em relação ao *Tratado*. É exatamente a manutenção da diferença que permite considerar ou reconstruir a unidade de sentido dos textos. Nas *Cartas chilenas*, gênero mais híbrido, Deus e Jove convivem mesmo pacatamente nos museus dos valores da Antigüidade.

A definição precisa do autor, de opções e procedimentos particulares a cada um de seus empreendimentos textuais, é o que importa ressaltar. Os seus modelos literários são os da tradição clássica, e nesse contexto uma passagem do *Tratado de direito natural* torna-se essencial. Nas diversas "provas" apresentadas acerca da verdade da religião revelada e das Sagradas Escrituras, Gonzaga, mesmo que não chame seu argumento de prova, como o faz com os outros apresentados, insere-o contudo no último parágrafo de um primeiro grupo de comprovações:

> Mas que diremos nós do estilo com que estão escritos semelhantes livros [as Sagradas Escrituras?]. Quem não repara neles uma frase tão sublime e ao mesmo tempo uma simplicidade tão bela, só poderá deixar de conhecer que excedem muito a toda eloqüência humana. (II, 74)

A tomar-se o autor ao pé da letra, seus poemas não deixam de se orientar pelos mesmos ideais, do "sublime" e da "simplicidade", sem pretenderem igualar-se à eloqüência dos textos sagrados. As ações e os versos do poeta só são comparáveis — e tidas mesmo como superiores em alguns aspectos — aos empreedimentos terrenos, às histórias e aos poemas deixados pelos homens.

Diferenças ou pequenas transformações que não comprometem o sentido geral. Na linguagem clara das liras e na riqueza vocabular das *Cartas chilenas,* na "poesia como pintura" presente nas *Cartas* e nos poemas líricos, nos *topoi* poéticos, na presença de traços barrocos no conjunto dos textos poéticos, na caracterização singular de Critilo, Dirceu e Marília, verifica-se a coerência entre a especificidade do sentido e o destinatário de cada texto, além da semelhança entre eles. Não há ruptura com o quadro geral da teorização árcade. Pelo contrário, os poemas do autor demarcam sua originalidade exatamente pelo uso específico de alguns elementos do arcadismo em seu interior.

Um aspecto, contudo, chama a atenção. Se as especificidades da obra poética do autor não o distanciam do arcadismo, entre o *Tratado de direito natural* e a a reflexão jusnaturalista da época, as diferenças são em maior grau. Certamente isso se explica pelo descompasso de desenvolvimento e adoção por parte da sociedade de idéias modernas em âmbitos discursivos distintos: a reflexão jurídica e estética. Se Gonzaga, no *Tratado,* se mostra um tradicionalista em quase todos os sentidos, inclusive os formais, na obra poética quebra alguns elementos desse tradicionalismo, não apenas adotando novas formas em voga como também insinuando algumas novas idéias. No entanto, não se opera uma ruptura, nos planos que são comparáveis, entre os três textos do autor: nas idéias comuns a todos eles e nas semelhanças formais entre os poemas.

O que mais pareceria diferir ou opor esses textos entre si, antagonizar seus sentidos, apenas indica algumas cisões que são ainda indícios de uma crise mais profunda entre os valores tradicionais e os novos valores emergentes na realidade social e mental européia, portuguesa e brasileira da época. Por um lado, nos âmbitos do pensamento jurídico-filosófico e científico, da crítica social e dos costumes, da análise e perspectiva políticas, o autor pauta-se pelos valores mais ligados à tradição em seu tempo, o que se buscou verificar em todos os textos. Por outro, no que diz respeito mais estritamente a *Marília de Dirceu*, a elaboração de um projeto de felicidade conjugal e individual fundado numa forma particular do amor, em que se destacam os traços de certa modernidade dos sentimentos a que o autor adere.

Cisões que se expressam nas definições de um "futuro" que tanto pode ser um retorno à situação anterior por meio de uma reforma quanto uma idealização em que mesmo essa valorização de uma reforma se encontra descartada. Ou ainda no conflito apenas entrevisto entre ser um súdito fiel e ter "um coração maior que o mundo".

Conclusão

Buscamos percorrer alguns temas gerais no interior dos textos de Tomás Antônio Gonzaga com vistas à caracterização do universo das idéias e formas privilegiadas pelo autor. Nesse sentido, a primeira observação que se impõe é a de que nem todos os aspectos foram abordados, mas apenas aqueles que exatamente permitiram correlações possíveis.

Uma segunda observação importante diz respeito ao fato de que Gonzaga não nos deixou uma obra sistemática, no sentido de que seja possível reconhecer claramente e de forma extensiva suas opções filosóficas, teológicas, científicas, políticas ou sociais.

Contudo, observados os diversos temas tratados, não deixa de ser relativamente nítida a coerência das proposições do autor no que diz respeito a alguns aspectos. E essa coerência indica precipuamente a filiação do autor às formas de pensamento mais tradicionais em Portugal da época. Tradicionais no exato sentido de que buscam a defesa do *status quo* e a defesa das formas estabelecidas do pensamento. Desse modo, ainda que consideremos a conjuntura portuguesa da segunda metade do século XVIII como que comportando projetos alternativos para o "renascimento das letras e das artes", é a suas vertentes mais solidárias com o resgate do passado e das tradições que a obra pode ser referida, e não àquelas mais próximas ao Iluminismo, às novas concepções políticas, científicas e sociais em curso.

A filiação de Gonzaga ao pensamento tradicional é explícita no que se refere à problemática do direito natural. Tomás Gonzaga opõe-se claramente a qualquer tentativa de reflexão da existência social e política que não tenha uma matriz teológica e, mais ainda, não faça decorrer todos os seus pressupostos dessa mesma matriz. As conseqüências são diversas: o autor não apenas descarta todas as conquistas próprias da ciência moderna como também não incorpora as diversas tentativas em curso de fazer aplicar os pressupostos das ciências naturais à realidade social.

Se, em termos gerais, suas proposições sociais e políticas podem ser subsumidas à noção geral do absolutismo político da Idade Moderna, as diferenças são decisivas demais para que não haja atritos nessa incorporação, ou, dito de outra forma, é o próprio conceito de absolutismo que se torna por demais extensivo, permeável, acabando por nada mais conceituar. Nesse sentido, seria mais conveniente considerar que, se as conclusões a que Gonzaga chega são, em vários aspectos, as mesmas alcançadas por diversos teóricos do absolutismo, os pontos de partida continuam sendo excludentes. Ou seja, não é possível desconsiderar o abismo que separa as proposições absolutistas que garantem princípios racionais de conhecimento da realidade social e política daquelas que invalidam esses mesmos princípios, como é o pensamento de Gonzaga, que funda a sociedade e a política num pressuposto estritamente teológico cristão. Se, no plano doutrinário, as diferenças são visíveis entre o *Tratado*, grande parte do jusnaturalismo moderno e a política pombalina, do ponto de vista prático, contudo, tanto o *Tratado* quanto o jusnaturalismo e a política pombalina propõem medidas geralmente semelhantes.

A partir desse divisor de águas, as conseqüências são visivelmente claras: não apenas a realidade social e a dimensão política se fundam em um princípio teologal — nos valores da tradição (da autoridade) — como igualmente a concepção de história veiculada pelos textos do autor.

Mesmo os temas em que Gonzaga se aproxima de reflexões que lhe são contemporâneas (como o novo tipo do herói que ele busca delinear ou o papel da educação, da formação intelectual para o exercício do mando) não nos devem levar a aproximações imediatas entre a obra do autor e o Iluminismo. Longe, portanto, de salientar o caráter "iluminista" de sua obra, como alguns intérpretes buscaram fazer, o que se verifica é que essas mesmas proposições podem igualmente encontrar sua matriz numa determinada leitura da tradição teológica. Se Gonzaga concorda com essas bandeiras do Iluminismo, nem por isso é necessário que ele mesmo seja um iluminista, pois da própria tradição cristã é possível para o autor resgatar não apenas a imagem do rei pacífico e piedoso, por meio do sistema de virtudes católico, mas também do rei sábio. Nesse sentido, é importante observar que, se a obra defende a idéia de que ao rei sábio cabe o governo dos povos, em primeiro lugar, apenas essa sabedoria não garante o bom governo; em segundo, a mesma sabedoria aludida não confere a quem a possui o direito de simplesmente se apoderar do poder. É sem dúvida paradoxal, portanto, cotejar esse entendimento da obra acerca do papel dos sábios com o envolvimento de Tomás Antônio Gonzaga na Inconfidência Mineira, da qual, para alguns intérpretes, ele seria o líder.

Nesse sentido, diversos outros traços antiiluministas podem ser elencados no *Tratado de direito natural*: a proposição de uma religião revelada encarnada na Igreja Católica Romana, a intolerância religiosa levada a um de seus graus mais elevados, a formulação de uma sociedade civil concebida em termos de uma "obediência passiva", a não-admissão por parte do *Tratado* da possibilidade de compreender-se a autonomia da sociedade.

Não deixa de ser significativa, contudo, a argumentação percorrida pelo autor para legitimar a realidade social. Adotando um caminho bem particular, Gonzaga a um só tempo faz o elogio da sociedade civil e da sociedade cristã. Longe de ser um empedernido opositor da realidade histórica que se seguiu à queda, ao pecado original, o autor subsume essa mesma realidade aos desígnios divinos. A sociedade civil transforma-se, portanto, em meio para a efetivação da mais almejada sociedade — a sociedade cristã. Ela não se encontra apenas inviabilizada de ser compreendida a partir de determinações que lhe sejam intrínsecas, mas igualmente encontra sua finalidade numa esfera que lhe é exterior. O mundo profano é ponto de passagem, é meio para a efetivação do mundo divino. É dessa forma que Tomás Gonzaga incorpora uma das preocupações essenciais da reflexão moderna sobre a realidade social, esvaziando-a de seus conteúdos revolucionários.

Se a sociedade cristã está subsumida à sociedade civil do ponto de vista da hierarquia do poder, ela continua sendo não apenas a forma de sociedade mais "liberal", "igualitária", como igualmente aquela que fornece legitimidade doutrinária para a existência das formas de poder da sociedade civil. Desse modo, a existência da sociedade civil prepara o advento da "nova Jerusalém", o horizonte utópico do texto. O *Tratado* pode ser tomado, portanto, como representante de uma das formas pelas quais o pensamento teológico cristão adequou-se às novas realidades do Estado nacional e do incremento da vida urbana, atestando como, do próprio interior da doutrina católica, é possível positivar a realidade social, onde a cidade reaparece como *locus* da utopia.

A presença da temática da sociedade e da organização urbana nos poemas do autor, nas *Cartas chilenas* e em *Marília de Dirceu*, corrobora esse traço persistente em seu pensamento. Nas *Cartas*, tematizando explicitamente o problema do exercício do poder na socidade civil, fundado, como no *Tratado*, na obediência incondicional a um mandato divino, mas que não impede o autor de propor reformas sociais. Nas liras, desviando-se do código mais recorrente, o *fugere urbem*, fundando uma Arcádia levemente (mas talvez decisivamente) distinta da de seus modelos contemporâneos, por meio do elogio de Vila Rica e de novas formas de sociabilidade urbana.

Outro aspecto essencial e recorrente em toda a obra é o que se refere à defesa dos valores da "honra" e do *status*. Não apenas a sociedade possui uma estratificação rígida, mas, principalmente, rege-se pelos códigos de representação afeitos à sociedade de corte, exatamente aqueles que se anunciam como "tradicionais" em relação aos padrões "modernos" de comportamento burguês que aos poucos se insinuam. A ambigüidade do estatuto de "povo" é relativa. Se, do ponto de vista cristão, o autor se solidariza com seu sofrimento, do ponto de vista da organização da sociedade civil, os limites à participação e à liberdade política resultam na "obediência passiva". Igualmente, as esferas pública e privada, apesar de distinguidas pelo autor, permanecem contudo fundadas em um mesmo princípio moral, o do individualismo cristão.

Mas caracterizar o pensamento do autor dessa forma unilateral seria cometer o mesmo erro interpretativo em que diversos autores já incorreram. Não se trata, portanto, de caracterizar sua obra como estritamente conservadora, mantenedora do *status quo*, ainda que esses aspectos sejam transparentes e verificáveis em termos majoritários. Se Gonzaga não é um "iluminista", tampouco seria admissível compreendê-lo como estritamente escolástico, antimoderno ou conservador. Em realidade, seu pensamento é muito mais complexo e contraditório do que essas categorias — sempre simplificadoras das configurações ideológicas tal como ocorrem efetivamente — fazem crer.

É nesse sentido que se buscou compreender o mais detalhadamente possível a idéia de amor que perpassa todos os textos do autor e lhes confere relativa unidade, bem como exterioriza suas contradições mais flagrantes. Se o amor é o princípio de conhecer do direito natural, se esse sentimento irracional é posto ao lado da própria razão como meio mais eficaz para a compreensão da realidade humana (e, dessa forma, é o valor central que está em jogo), é visível como, a um só tempo, o sentimento do amor torna-se um impedimento a qualquer tentativa racional de entendimento da existência e dinâmica sociais.

É por meio da reafirmação insistente do amor como valor básico da existência que se descortinam as aporias do pensamento de Gonzaga. O amor profano, entre um homem e uma mulher, acaba por sobrepujar a própria ordem social, acaba por valer mais que qualquer outro bem social. O amor entre dois seres é elevado, portanto, à instância mais plena da felicidade, a partir da qual é possível abrir mão de todos os outros valores: a riqueza, o poder e mesmo a cultura. É visível, contudo, como mesmo nesse aspecto Gonzaga continua fiel ao "plano divino", qual seja: amar uma mulher, casar-se e ter filhos é a expressão mais clara da vontade de Deus. Como já foi observado, essa contradição interna à obra do autor apenas inicia seu processo de exteriorização, não é levada às últimas conseqüências, a partir das quais todo o edifício de suas concepções políticas e sociais ameaçaria desabar.

O amor como valor essencial em todos os textos de Tomás Gonzaga indica, portanto, um percurso analítico para a compreensão da obra. Se o *Tratado de direito natural* encontra nesse sentimento sua justificativa mais plena e sua força principal para se opor a algumas das formas do pensamento jusnaturalista moderno, no interior das *Cartas chilenas* e dos poemas para Marília, esse mesmo sentimento faz naufragar relativamente o ideal de racionalidade e impessoalidade almejado pela poesia árcade. Se Gonzaga é um poeta eminentemente árcade, como a crítica literária geralmente compreende, tampouco seu arcadismo isenta-se de elementos barrocos ou deixa de pagar seu tributo pela defesa incondicional dos sentimentos, particularmente o amor.

Igualmente, se as diferenças entre o *Tratado de direito natural* e outros textos jusnaturalistas da época moderna são mais visíveis que entre os poemas e o arcadismo, no entanto, todos os textos do autor se aproximam, pelo emprego sistemático de deduções silogísticas, herança barroca e escolástica, no campo das idéias e da arte. Desse modo, os poemas voltam a diferir relativamente da poesia arcádica, pela persistência desses traços conceptistas em seu interior.

Por outro lado, é a partir do sentimento do amor que se torna possível também verificar os projetos inerentes aos textos do autor. Se a abertura para o futuro no *Tratado* e nas *Cartas chilenas*, apesar de mantida, é restrita, ela está condicionada pela aplicação desse sentimento na organização da vida coletiva. É em *Marília de*

Dirceu, no entanto, que mais visivelmente o futuro ressurge como obra puramente humana. Em todos os textos, o elogio do passado, da "idade perdida", é uma constante, e dir-se-ia mesmo que todo o esforço do autor se encaminha no sentido de restaurar aquela unidade anterior, paradisíaca, ainda que por reformas sucessivas.

Apenas em *Marília de Dirceu* essa proposição encontra-se abalada. A realização da felicidade futura, no âmbito do amor de Dirceu por Marília, pode prescindir de qualquer outro valor tido como significativo no momento anterior. E, desse modo, o futuro adquire uma qualidade distinta da que se configurava anteriormente: não é mais um retorno ao tempo passado mas uma pura hipótese, uma pura construção humana que se desvencilhou de todos os valores anteriores, e nisso reside sua dimensão mais radical, diríamos, inovadora.

O amor de Dirceu e Marília, e mesmo esses personagens, estão atravessados pelos dilemas da época. Pagam seu tributo aos modelos tradicionais de beleza, de amor e de comportamento adequado ao homem e à mulher baseado nos códigos prescritivos das heranças judaico-cristã e greco-romana, mas apenas até certo ponto. Propõem igualmente novos padrões de sociabilidade e vivência heterossexual, em que sobressaem a igualdade entre o homem e a mulher, os novos padrões educacionais para os sexos e os ideais de uma vida doméstica e de paz familiar. Nesse sentido, Dirceu e Marília representam uma adequação, um arranjo particular entre os antigos e os novos valores sociais.

Que toda a crítica aos textos de Tomás Antônio Gonzaga tenha se detido em um ou outro aspecto e se referido a um ou a outro lado das questões elencadas ao longo deste estudo, defendendo de modo unilateral uma das posições, isso diz respeito, certamente, às várias necessidades ideológicas inerentes a esses trabalhos historiográficos ou de crítica literária, e que uma pesquisa detalhada acerca da recepção dos mesmos bem poderia desvelar. Importaria precisamente observar que cada um dos textos do autor passou a ser conhecido em datas diferentes e apenas recentemente pode-se falar com mais segurança que as *Cartas chilenas* foram realmente escritas por Gonzaga. O que se buscou, todavia, foi um ponto de vista a partir do qual todas essas contribuições pudessem ser sopesadas para que se alcançasse um juízo talvez mais equilibrado, porque aberto à diversidade real das formas e do pensamento. Se cada autor comentado possuía algum entendimento que nos pareceu correto, não haveria porque não lhe dar razão. Por outro lado, este estudo não reafirma particularmente nenhum dos entendimentos em bloco, mas situa-se num espaço de compreensão que se pretende próprio, que não é a síntese dos anteriores, mas simplesmente outro.

Pode-se, dessa forma, buscar responder agora à hipótese geral que norteou o presente trabalho. As diferenças ou contradições resgatadas do interior dos textos e entre eles acerca dos temas abordados não são suficientes para que se postule uma transformação efetiva de pontos de vista na obra de Tomás Antônio Gonzaga. Pelo contrário, o que se verificou é a profunda homogeneidade e persistência de determinadas idéias e de procedimentos literários, ainda que se possam vislumbrar aspectos a partir dos quais essa unidade viria a se romper. Mas Tomás Gonzaga se deteve nesses pontos.

Em se tratando de uma primeira aproximação entre os textos do autor, tivemos de necessariamente optar pelas questões mais gerais. Nossas possíveis contribuições poderiam ser localizadas exatamente nessa tentativa de abordagem de grandes traços, muitos deles indicados a partir da bibliografia sobre a obra, ainda que tenhamos buscado precisar melhor alguns aspectos já abordados por outros autores. Nesse sentido, certos campos foram mais observados, a saber: a presença do tema do "sagrado" no conjunto dos textos; a articulação entre sociedade civil e cristã e a tematização da cidade nos textos poéticos; o imbricamento das relações das esferas pública e privada em um pensamento perpassado pelas contradições entre a postulação de uma unidade dessas esferas ou de sua distinção; a concepção de "história" inerente aos textos, particularmente ao *Tratado*; a "poesia como pintura" nas *Cartas chilenas* e em *Marília de Dirceu*; os aspectos referentes à herança conceptista dos textos; e o problema do tempo em *Marília de Dirceu*.

Apesar do privilégio que se conferiu aos terrenos tradicionalmente reconhecidos como da história das idéias e da história da literatura, visou-se sempre que possível a uma abertura para outros enfoques historiográficos, a partir da observação dos padrões de comportamento e das estruturas mentais da época, bem como do imbricamento de idéias "eruditas" e "populares" nos textos de Tomás Antônio Gonzaga. Buscou-se, desse modo, um painel mais amplo em que seus textos pudessem ser situados.

NOTAS

PARTE I

1. Adotam-se as *Obras completas* de Tomás Antônio Gonzaga em dois volumes, publicada em 1957, edição crítica de Manuel Rodrigues Lapa, como texto de referência. O 1º. volume reúne *Poesias* e *Cartas chilenas*. O 2º. reúne o *Tratado de direito natural*, a *Carta sobre a usura*, *Minutas*, *Correspondência* e ainda alguns *Documentos*. Esses volumes são citados para a frente como segue: indicação de volume em algarismos romanos (I ou II), indicação de página em algarismos arábicos. Outras edições citadas de seus textos vêm especificadas.

2. O título é mais apropriado em virtude de o *corpus* poético abranger poemas que não se referem a Marília e Dirceu. Para efeitos de periodização dos poemas, utilizamos as indicações de M. R. Lapa em T. A. Gonzaga. *Poesias. Cartas chilenas*, *passim* (*Obras completas*, v. I). Para a periodização do *Tratado de direito natural*, as indicações de Lourival Gomes Machado em sua obra *Tomás Antônio Gonzaga e o Direito Natural*. Os dois autores fornecem as informações mais detalhadas até agora acerca dos períodos em que Gonzaga teria escrito seus trabalhos.

3. O número de poemas de autoria duvidosa pode ser ainda mais amplo. Na edição das *Obras completas* de Gonzaga de 1942, organizada igualmente por Lapa, constam ainda os poemas "As moles asas a bater começa" (n°. 14, p. 189) e "Se entre as louras areias" (n°. 56, p. 190-2). Citem-se também os problemas referentes à edição de *Marília de Dirceu*, Parte III, de Bulhões, no ano de 1800, considerada apócrifa pela maior parte dos estudiosos. Para a crítica de sua

autoria, ver a introdução de Joaquim Norberto de Souza Silva à edição de *Marília de Dirceu* de 1862 por ele organizada.

4. A respeito dos cinco manuscritos existentes das *Cartas chilenas* e sua respectiva análise, ver M. R. Lapa, *As "Cartas chilenas": um problema histórico e filológico*, p. 107-26. Esta pesquisa já estava concluída quando foi descoberto um outro manuscrito das *Cartas chilenas*, na Biblioteca Pública do Pará, que contém somente sete das treze cartas e não pudemos consultar. Em realidade, parece tratar-se de uma redescoberta, já que um dos cinco manuscritos analisados por Lapa em fins dos anos 50 na obra acima citada (p. 107-8) foi obtido exatamente em Belém.

5. Ainda hoje a edição das *Obras completas* de T. A. Gonzaga, de 1957, continua sendo a mais completa e detalhada, mas não poderia ser considerada em nenhuma hipótese definitiva. A edição possui algumas limitações, como a incompreensível ausência do verso "a voz meiga, a vista honesta", referente a Marília, que não consta no poema 22, 4ª estrofe, p. 37. O certo seria: "Tem redonda e lisa testa,/ arqueadas sobrancelhas,/ a voz meiga, a vista honesta,/ e seus olhos são uns sóis", confrontando-se com a 1ª edição e posteriores. Ver *Marília de Dirceu*, por T. A. G., 1792, p. 10. A mesma ausência se repete na edição das *Obras completas* de 1942, primeira edição mais ampla de textos do autor no Brasil. Por outro lado, é necessária uma edição mais comentada das *Cartas chilenas* e dos outros textos. A indicação de início das estrofes das *Cartas chilenas*, por exemplo, não é precisa. Outros poucos documentos, de menor importância, podem ser encontrados na *Coleção Inconfidentes* (*Reservada*) do Arquivo Público Mineiro, que ainda se encontra em fase de organização. Entre eles há um "Ofício do Ouvidor Geral Tomás Antônio Gonzaga aos oficiais da Câmara de Vila Rica" (Documento nº 17 da coleção), cedido a nós pelo pesquisador Joaci Pereira Furtado, mestre em História pela USP, e que pode merecer certa atenção. O ofício lacônico guarda uma passagem que faz lembrar o título da Carta 8ª das *Cartas chilenas*. Diz o ofício: "Recebi a de Vm.es em que pedem a m.a aprovação p.a as festas que se hão de fazer em obsequio dos felices desposorios dos nossos Seleníssimos Infantes". E o título da Carta 8ª: "Em que se contam as desordens feitas nas festas que se celebraram dos despósórios de nosso Seleníssimo Infante com a Seleníssima Infanta de Portugal", em I, p. 223. Devem ser acrescentadas ainda as obras atribuídas a Gonzaga, algumas das quais até hoje não foram encontradas. Joaquim Norberto cita na introdução à edição de *Marília de Dirceu* de 1862 os seguintes textos: um poema acerca do naufrágio da nau portuguesa *Marialva*, um canto dedicado à Conceição da Virgem Santa, um *Tratado sobre a educação* e uma obra jurídica sobre a usura — a *Carta sobre a usura*, até então inédita; Norberto considera ainda que Gonzaga teria escrito

outros textos tanto literários quanto científicos (p. 91). Teófilo Braga parece retomar a edição de J. Norberto (Braga apenas indica que tais obras se encontram citadas em uma edição de 1862), excluindo apenas o canto dedicado à Conceição da Virgem Santa entre os inéditos. *Teófilo Braga, Filinto Elísio e os dissidentes da Arcádia. A Arcádia Brasileira*, p. 610. M. R. Lapa localizou o poema sobre o naufrágio do *Marialva*, intitulado *Conceição*, em fins dos anos 1960, dentre os manuscritos da Biblioteca Nacional. Segundo Lapa, não são dois poemas, um dedicado à Virgem e outro ao naufrágio, mas apenas este poema. Cf. Lapa, Um poema inédito de Gonzaga: "O Naufrágio do *Marialva*". MINAS GERAIS. Suplemento Literário, 3 (92): 6-7, 1º/6/1968. O mesmo autor indica ainda outro poema possivelmente escrito por Gonzaga no artigo: A juvenília de Tomás Antônio Gonzaga. MINAS GERAIS. Suplemento Literário. Manuel Rodrigues Lapa, número especial organizado por Rui Mourão, 10 (444): 8-9, 8/3/1975.

6. Cf. Wilson Martins. *História da inteligência brasileira*. v. I, em que o autor, abordando diversos aspectos referentes às edições das liras, diz: "No seu caso [de Gonzaga comparado a Camões] seja muito maior a eventualidade de solvê-los, por meio de mais acurada busca nos arquivos (inclusive os judiciários) e nas bibliotecas" (p. 550).

7. Ler a esse respeito, entre outros, *Gonzagueana da Biblioteca Nacional*, org. bibliotecário Emanuel Eduardo Gaudie Ley em 1932; Alberto de Oliveira, *As edições de Marília de Dirceu*, 1923; Rubens Borba de Moraes, *Bibliografia brasileira do período colonial*, p. 162-77.

8. Praticamente inexistem estudiosos da literatura que não se pronunciaram sobre o problema de autoria mais fascinante de nossa história literária. Ver a esse respeito, entre os que atribuem a Gonzaga a redação das *Cartas*, ao menos em sua parte mais substancial: diversos artigos de Alberto Faria. "Aérides", 1918; ———. "Acendalhas", 1920; Manuel Bandeira, "A autoria das 'Cartas chilenas'", 1940; M. R. Lapa, *op. cit*. Nos termos propostos, o trabalho mais minucioso realizado ainda hoje.

9. Na introdução de Oliveiros S. Ferreira à 2ª edição, de 1968, consta que a obra foi escrita em 1949, como tese de livre-docência para a Cadeira de Política da Faculdade de Filosofia, Ciências e Letras da USP. A 1ª edição, de 1953, vem com o título original do trabalho: *O tratado de direito natural de Tomás Antônio Gonzaga*.

10. *Ibid.*, p. 11, 18-9, 32.

11. Cit. I, p. XV.

12. *Ibid.*, p. XXVIII.

13. *Ibid.*, p. XXVIII.

14. L. G. Machado, *op. cit.*, p. 159.
15. J. de Castro Osório, *Gonzaga e a justiça*, p. 12.
16. *Ibid.*, p. 14.
17. Ver a esse respeito J. Habermas, *Mudança estrutural da esfera pública*, p. 13-25, em que o autor aborda os tipos de esferas pública e privada sob o feudalismo e com o advento da burguesia. Ver ainda R. Sennett, *O declínio do homem público*, em que o autor discute uma bibliografia mais ampla sobre as noções de público e privado (p. 15-64); N. Bobbio, *Estado, governo, sociedade*, cap. 1, "A grande dicotomia: público/privado" (p. 13-31).
18. A. J. Saraiva & Ó. Lopes, *História da literatura portuguesa*, p. 595. Recorde-se que a própria Arcádia Lusitana foi fundada por três bacharéis recém-formados: Antônio Diniz da Cruz e Silva, Teotônio Gomes de Carvalho e Manuel Nicolau Esteves Negrão. Cf., na mesma obra, p. 598. Esse fenômeno não é restrito a Portugal, mas verifica-se em outros Estados modernos. Auerbach analisa como cortesãos e burgueses (mais freqüentemente magistrados) definem o uso da língua, a literatura e as formas de vida na França do século XVII. Auerbach, "A literatura clássica no século XVII na França", *Introdução aos estudos literários*, p. 196.
19. Tabulando apenas os dados referentes aos poetas brasileiros nascidos no século XVIII constantes em Varnhagen, *Florilégio da literatura brasileira*, 3 t., pode-se observar a incidência da formação jurídica entre eles, ou ainda a importância atribuída a alguns poetas, entre os quais a maioria possui essa formação.
20. F. J. C. Falcon, *A época pombalina*, p. 333, 335.
21. Heinrich Lausberg, *Elementos de retórica literária*, p. 83.
22. *Ibid.*, p. 85. Ver ainda p. 86-7. Afonso Arinos de Melo Franco observou o fato de a poesia arcádica encontrar-se "entremeada de assuntos jurídico-filosóficos". A. A. M. Franco, "Literatura e pensamento jurídico". A. Coutinho (org.). *A literatura no Brasil*, v. VI, p. 196. T. Braga afirma que "os literatos continuam a missão dos juriconsultos, servindo-se das emoções artísticas para a insurreição dos espíritos aspirarem à liberdade política". T. Braga, "A Arcádia Lusitana", *A arcádia lusitana*, p. 9.
23. R. M. Rosado Fernandes, "Breve introdução aos estudos retóricos em Portugal", Heinrich Lausberg, *op. cit.*, p. 25. Ver ainda 26-9, especialmente onde o autor afirma que a retórica, "a mais das vezes associada à poética, é ensinada em todas as escolas portuguesas de preparação universitária". Para Afrânio Coutinho, no ensino da época "havia mesmo uma identificação entre a retórica, a lógica e a poética". A. Coutinho (org.), *A literatura no Brasil*, v. I, p. 129. O autor aborda ainda a importância do estudo da retórica em toda a

América Latina "até em pleno século XIX", p. 130. No Brasil, o estudo da retórica, ligado ao estudo da arte poética "era normal na época", segundo Maria Beatriz Nizza da Silva, "Educação feminina e educação masculina no Brasil colonial", *Revista de História*, 55, (109), p. 161.

24. Antonio Candido, "Naturalidade e individualismo de Gonzaga", em *Formação da literatura brasileira*, p. 114-5

25. Machado de Assis. "Instinto de nacionalidade", *Obras completas*, v. 3, p. 802.

26. "A nova geração", *ibid.*, p. 815. No artigo "O passado, o presente e o futuro de nossa literatura", Machado de Assis retoma o mesmo argumento: "Gonzaga, um dos mais líricos poetas da língua portuguesa, pintava cenas da Arcádia, na frase de Garret, em vez de dar uma cor local às suas liras, em vez de dar-lhes um cunho puramente nacional". *Ibid.*, p. 785.

27. Ver, entre outros, para a consideração de Gonzaga como um poeta de formação centralmente árcade, A. Candido, *op. cit.*, p. 109; J. G. Merquior, *De Anchieta a Euclides*, p. 32; e Oswald de Andrade, "A Arcádia e a Inconfidência", *Do Pau-Brasil à Antropofagia e às utopias*, onde se afirma a respeito dos líricos mineiros: "se neles o verso é árcade, a poesia já é romântica" (p. 53 e *passim*); para José Veríssimo, em sua *História da literatura brasileira*, os poetas mineiros, "predecessores" dos românticos, "são ainda e sobretudo seiscentistas, apenas levemente atenuados pelo arcadismo" (p. 10). Mais ponderada, nesse sentido, parece a tese da professora Melânia Silva de Aguiar, *O jogo de oposições na poesia de Cláudio Manuel da Costa*, em que a autora busca demarcar os aspectos do barroco e do arcadismo na poesia de Cláudio, comentando em certas passagens relações entre alguns elementos do barroco e as poesias de Gonzaga. Para João Ribeiro, Gonzaga é o menos árcade dos poetas mineiros, possui um "romantismo prematuro", é "quase um romântico, e se-lo-ia se o romantismo tivesse surgido no seu tempo". João Ribeiro, *Crítica: clássicos e românticos brasileiros*, p. 62, 86, 95. Gonzaga é ainda considerado por outros um poeta '"pré-romântico". Para a noção de "pré-romantismo" e sua presença na obra de Gonzaga, ver, em *Poetas pré-românticos*, a introdução de Jacinto do Prado Coelho, p. 5-23, 41.

28. J. Veríssimo, *op. cit.*, p. 137-8.

29. A. Bosi. *História concisa da literatura brasileira*, p. 84.

30. *Op. cit.*, p. 42.

31. Veríssimo, *op. cit.*, p. 134; ver ainda p. 135. Ronald de Carvalho, *Pequena história da literatura brasileira*, na qual o autor afirma que as *Cartas* possuem "certo calor literário" (p. 180); Waltensir Dutra e Fausto Cunha, *Biografia crítica das letras mineiras*, p. 37, entre outros.

32. *Op. cit.*, p. 42. Para A. Bosi, as *Cartas* são uma "obra de circunstância". *Op. cit.*, p. 83.
33. *Op .cit.*, p. 538.
34. Apud M. Jardim, *Síntese factual da Inconfidência Mineira*, p. 93.
35. Esses termos, apesar de ambíguos, permitem uma demarcação histórica em certos pontos precisa, no sentido de se poder definir idéias mais ou menos "avançadas", mais ou menos explicativas de determinados fenômenos, mais ou menos propícias a se tornarem hegemônicas em um período dado. Permitem, também, que se equacione o problema histórico das diversas sociedades que formulam uma concepção de seu passado e, concomitantemente, de seu presente e seu futuro. Por tradições compreendem-se os traços de mentalidade coletiva mais resistentes, bem como as idéias hegemônicas de um dado período. Por orientações radicais ou críticas, os posicionamentos de ruptura diante dessas mesmas tradições. Ver a esse respeito, numa posição relativamente diversa da apresentada aqui, Jacques Le Goff, "Antigo/moderno", *Enciclopédia Einaudi. Memória-história*, p. 370-92, principalmente onde o autor aborda as diversas querelas entre "antigos" e "modernos", recorrentes na Idade Moderna.
36. J. G. Merquior. "As idéias e as formas", *As idéias e as formas*, na qual se lê que o procedimento crítico do autor "procura surpreender as idéias sob as formas e também a forma das idéias" (p. 15). Ver ainda Proust, "História social e história literária", *A história social: problemas, fontes e métodos*, em que o autor considera o problema da "evolução, das formas e das idéias": "as formas, como aliás as idéias, têm sua própria história a sua gênese, a sua evolução, a sua morte. A história literária está pois ligada à história das idéias, à história da arte, à história da língua, e as relações entre a história literária e a história social passam, a maior parte das vezes, por uma dupla ou uma tripla mediação" (p. 307).
37. A respeito de intertextualidade, ver Jean Starobinski, "A literatura: o texto e seu intérprete". Le Goff & Nora, *História: novas abordagens*, p. 134, 139; Carlos Reis, *Técnicas de análise textual*, p. 128-9, 367; Tzvetan Todorov, *Poética*, onde se lê: "nós concordamos hoje em considerar como pertinente a relação entre dois poemas de um mesmo escritor, mas poder-se-á excluir dela a relação entre esse mesmo poema e a evocação, suponhamos contraditória do seu tema, do seu léxico numa carta particular (simplesmente porque ela nao é 'literatura')?", p. 89. O autor, contudo, não desenvolve o tema.
38. Para *Marília de Dirceu*, já foram efetuados alguns trabalhos de análise comparada, como: a introdução de J. M. P. Silva à edição das liras em 1845, na qual o autor coteja poemas de Petrarca e Gonzaga; Araripe Júnior, *Dirceu*, em que o autor trabalha com poemas de Anacreonte e Gonzaga. Para as *Cartas chilenas*, cite-se, de João de Castro Osório, *Gonzaga e a justiça*; confrontação

de Baltasar Gracián e Tomás Antônio Gonzaga. Para o *Tratado de direito natural*, essencialmente o livro de L. G. Machado, *op. cit.*

39. Laurent Jenny, "A estratégia da forma", *Poétique: Revista de Teoria e Análise Literárias, Intertextualidades*, p. 5.
40. Apud *ibid.*, p. 13.
41. L. Jenny, *ibid.*, p. 5.
42. Lucien Dallenbach, "Intertexto e autotexto", *ibid.*, p. 52-4.
43. L. Jenny, *ibid.*, p. 14.
44. A. Candido, *op. cit.*, p. 115-124.
45. Régine Robin, *História e lingüística*, p. 13-4, 61-2; Laurence Bardin, *Análise de conteúdo*, p. 105-6.
46. A. Candido, *op. cit.*, p. 37-9; Carlos Reis, *op. cit.*, p. 145-238.
47. G. Duby, "Histoire des mentalités", *L'Histoire et ses méthodes*, p. 953-4; Régine Robin, *op. cit.*, p. 153-72.
48. R. Robin, *op. cit.*, p. 170.
49. A. Candido, *op. cit.*, p. 38.

Parte II

1. Alfonso di Nola, "Sagrado/Profano", *Enciclopédia Einaudi*, Mitho/logos — Sagrado/Profano, p. 105.
2. *Ibid., passim*.
3. *Ibid.*, p. 107.
4. *Ibid.*, p. 108.
5. A. Coutinho (org.), *A literatura no Brasil*, v. 1, p. 134, 155, para observações referentes ao Renascimento, ao barroco e ao classicismo francês, o estilo que, segundo o autor, melhor unificou a mitologia pagã e os ideais cristãos.
6. O critério adotado é ao mesmo tempo lógico e cronológico. Para efeitos de periodização, como ficou dito, seguimos as indicações de M. R. Lapa e L. G. Machado. O procedimento lógico foi organizar os dados de periodização de modo a não fragmentar os textos. Assim, apesar de alguns poemas provavelmente serem contemporâneos do *Tratado* e de grande parte do livro *Marília de Dirceu* ser contemporânea das *Cartas chilenas*, eles vêm tratados no fim porque, ainda após 1789, *Marília de Dirceu* continuava sendo composto. É, portanto, o texto que se encerrou depois dos outros. A precedência do *Tratado* em relação às *Cartas* é um fato não contestado por nenhum intérprete.

7. O *Tratado de direito natural* é um texto incompleto; seu subtítulo indica: "Livro I". Parece que o autor nunca chegou a concluir seu trabalho. Em diversas passagens, aliás, há indicações de temas que seriam posteriormente abordados, o que não ocorre, confirmando ainda mais a impressão de se tratar de um texto inacabado. Para um levantamento detalhado dos temas que, citados por Gonzaga, não reaparecem no *Tratado* tal como o prometido, ver L. G. Machado, *op. cit.*, nota 45.

8. Pensa-se aqui numa hipótese central para o trabalho de L. G. Machado quando o autor indica que, "tratando-se de um livro que não chegou a ser editado, segundo o critério da história das idéias tradicionais, deveria ser relegado à condição de documento subsidiário, se não totalmente abandonado, pois, na realidade, não chegou a causar efeito de qualquer ordem na sucessão evolutiva das idéias. Ora, do ponto de vista que assumimos, o mesmo documento transforma-se em amostra representativa de seu tempo e seu meio, cabendo notar que, na falta de outras peças não oficiais surgidas ao tempo do pombalismo em Portugal, assume valor de único índice de confronto capaz de permitir-nos a análise da validade efetiva da própria doutrina oficial". *Op. cit.*, p. 30. Esse aspecto será retomado mais adiante.

9. A esse respeito, ver E. Cassirer, *La filosofía de la Ilustración*, cap. VI, p. 267-71.

10. N. Bobbio, *Ensaios escolhidos*, p. 8. Bobbio propõe três variações básicas para o jusnaturalismo no que se refere às relações de superioridade entre o direito natural e o positivo: a) o direito natural e o positivo guardam uma relação de princípio e conclusão, de máximas gerais e aplicações concretas, como em são Tomás; b) o direito natural determina o conteúdo do direito positivo, mas não sua validade, como nas ideologias do Estado liberal, ou limitado e nas teorias da resistência; c) o direito natural determina a validade do direito positivo, mas não seu conteúdo, como nas teorias do Estado absoluto, o Estado com o menor numero de limitações (p. 7-8).

11. *Ibid.*, p. 14. Esse comentário de Bobbio refere-se a Hobbes. Esse aspecto é importante porque mesmo em Hobbes existem brechas para a desobediência lícita, como será visto em outra parte.

12 Ver *Parte V*, p. 223-7.

13 L. G. Machado, *op. cit.*, p. 49.

14 *Ibid.*, p. 40.

15 *Ibid.*, p. 47.

16 *Ibid.*, p. 42.

17 L. Bardin, *op. cit.*, p. 128.

18. *Ibid.*, p. 59.
19. *Ibid.*, p. 65.
20. Antônio Paim, *História das idéias filosóficas no Brasil*, p. 228. O autor traça o quadro da importância da teologia no pensamento português até ainda o século XX. Particularmente a partir da 2ª Escolástica, "dominada por um espírito de índole medieval, privando a intelectualidade de um confronto aberto com a filosofia moderna" (p. 212), a reflexão filosófica em Portugal confunde-se essencialmente com a reflexão teológica. Essa circunstância perdura no mínimo até meados do século XVIII, p. 200-2, 205-6, 212, 222.
21. A. Arinos de M. Franco, "Literatura e pensamento jurídico", A. Coutinho (org.), *op. cit.*, v. 6, em que o autor afirma que "as idéias mestras do *Tratado* coincidem com as teses predominantes no pensamento geral da época das Luzes no tocante aos fundamentos e origens do Direito em geral" (p. 193), mas não define claramente qual seja esse "pensamento geral", se o das Luzes ou o que se lhe opõe. Célia Galvão Quirino, apesar de verificar a defesa de um absolutismo divino no *Tratado* distante do ideal igualitário do jusnaturalismo moderno, introduz seu trabalho com uma afirmativa que contrasta visivelmente com a conclusão do mesmo: "nesse trabalho de Gonzaga já se encontram as idéias mestras do iluminismo francês, tal como se apresentavam defendidas pelo esclarecido Marquês de Pombal. A tese mantinha-se também dentro dos padrões do jusnaturalismo pombalino". C. G. Quirino, "Inconfidentes mineiros: versos ternos, palavras duras", *Ánálise & Conjuntura*, 4 (2-30), p. 316. Se as teses se mantêm dentro dos padrões jusnaturalistas pombalinos, não defendiam exatamente os mesmos pontos de vista da reforma pombalina, como se verá adiante. Márcio Jardim oscila entre os mesmos pontos de vista. Para o autor, Gonzaga possui uma formação "claramente" iluminista, ao mesmo tempo em que antepõe a todo o seu raciocínio um argumento teológico. M. Jardim, *Síntese factual da Inconfidência Mineira*, p. 92-3. A. Paim, *op. cit.*, critica a posição de Antonio Gómez Robledo, autor da obra *La filosofía en el Brasil*, em que considera o *Tratado* de Gonzaga e a *Reflexão sobre a vaidade dos homens*, de Matias Aires, produtos do Iluminismo, o que, para Paim, "é difícil de aceitar", pois ambos não se afastam da tradição escolástica (p. 231). O pensamento jusnaturalista, para José Sebastião da S. Dias, é fundamentalmente "anti-metafísico e anti-escolástico, racionalista, laicista e antropocêntrico". J. S. Silva Dias, "Portugal e a cultura européia (séculos XVI a XVIII)", *Biblos*, 28, p. 392. Com o Iluminismo, a reflexão jusnaturalista intensifica o debate em torno das idéias de progresso, de liberdade e reforma dos costumes. Ver adiante nota 41.
22. Ver *Parte III*, p. 123-4.

23. A. J. Saraiva & Ó. Lopes, *História da literatura portuguesa*, p. 579. Verney concorda com o entendimento de que o direito natural é acessível à razão independentemente da Revelação Divina. Ver ainda José S. da S. Dias, *op. cit.*, p. 396; A. Paim, *op. cit.*, p. 227.

24. L. G. Machado, *op. cit.* Ver todo o capítulo III, "As Condições", p. 75-110. Segundo o autor, "a *Dedução* e o *Compêndio* seguem fielmente a linha da própria tendência jusnaturalista de que Gonzaga se afastara, fazendo de Grócio [...] não só um grande mestre, mas verdadeiro marco a separar as duas fases essenciais da evolução do direito natural" (p. 107), tal como outros pensavam na época.

25. Cf. Documento DL — "A Junta da Providência submete a D. José, rei de Portugal, o seu parecer sobre o Estado das Artes e das Ciências no País apresentando à apreciação régia o Compêndio Histórico do Estado da Universidade de Coimbra... e respectivo Appendix. Ajuda, 28/8/1771." DOCUMENTO DL. *Documentos para a história da Universidade de Coimbra (1750-1772)*, v. II, p. 251-6. Esse documento é importante por referir-se aos "Sextos, e Sétimos Estatutos, que desde o ano de mil quinhentos e noventa e oito até agora governaram a dita Universidade"; os estatutos, portanto, que referentes às ciências (teologia, jurisprudência, medicina, matemática, artes), nortearam o ensino da universidade, ainda que na ausência dos jesuítas, ao menos até a data desse documento, ou talvez até a Reforma de um ano depois. Cf. ainda Manuel Augusto Rodrigues, "Alguns aspectos da reforma pombalina da Universidade de Coimbra — 1772", *Pombal revisitado*, v. I, p. 213, para o período imediatamente anterior a 1772; bem como J. F. Carrato, *Igreja, Iluminismo e escolas mineiras coloniais*, p. 129-30, para o mesmo período, quando "a reforma caminhou por mais de uma década", sendo essa a sua "etapa mais difícil", nas palavras do autor.

26. Note-se que *O reino da estupidez*, poema herói-cômico de Francisco de Mello Franco, foi provavelmente escrito após 1785 e que, por sua causa, o autor veio a conhecer "a tirania dos obscurantistas de Lisboa", como diz João Ribeiro, na "Introdução" dos *Satíricos portugueses*, p. 8.

27. Antônio Brás Teixeira, *O pensamento filosófico-jurídico português*, p. 51-3, 55-7, em que o autor analisa a *Recreação filosófica*, do padre Teodoro de Almeida, e o *Tratado elementar de filosofia moral*, de Antônio Soares Barbosa, ambas as obras próximas, em diversos aspectos, do *Tratado de direito natural* de Gonzaga, porém principalmente por suas posições anticontratualistas (ainda que por caminhos diversos) e pela defesa da Revelação como condição da razão natural.

28. *Ibid.*, p. 35-46, 53-5, em que desponta principalmente a obra de Verney e suas relações com o Iluminismo, além do *De jure naturae positiones dilucidiore*

stylo et ordine, de Martini, na tradução de José Fernandes Álvares Fortuna, para a verificação das posições de Álvares Fortuna no que se assemelha a Verney e ao "sensismo" da época.

29. *Pombal revisitado*, v. 1, p. 134-5. Ver ainda José Murilo de Carvalho, *A construção da ordem*, p. 53; José S. da Silva Dias, *op. cit.*, p. 389, 394.
30. Teófilo Braga, *Filinto Elísio e os dissidentes da Arcádia. A Arcádia Brasileira*, p. 39.
31. *Pombal revisitado*, v. 1, p. 216.
32. Leszek Kochakowicz,"Heresia", *Enciclopédia Einaudi, op. cit.*, p. 302.
33. *Ibid.*, p. 303. Para o conceito de ateu, cf. ainda Giuseppe Galasso, Ateu, *ibid.*, p. 339.
33a. J. S. Silva Dias, *op. cit.* O autor aborda a lenta aceitação por parte do pensamento português das novas teorias científicas, particularmente aquelas referentes ao vácuo (p. 255, 261, 266-7, 272). Sobre a adoção pelos franciscanos das novas tendências do pensamento, ver p. 446.
34. A. Rosenfeld, *A personagem de ficção*, p. 15-27, ——. *Estrutura e problemas da obra literária*, p. 22-4, em que o autor busca precisar os registros da verdade, quer se dêem na prosa científica, quer na literária, observando as diferenças entre os "contextos objectuais" da prosa científica e os contextos "também intencionais" da obra ficcional.
35. Ver nota de Rodrigues Lapa referente a esses versos em I, p. 195, onde o autor aborda o significado do dia de são Bartolomeu, em que "andam à solta os diabos", segundo a "crendice popular". E complementa ainda: "Por liberdade poética, o cometa de Enke, avistado em Vila Rica em 1786, é recuado para o ano de 1783. Era necessário que essa primeira recepção se enchesse de sinais de agouro...". Para Lapa, que ressalta os traços iluministas de Gonzaga, esses sinais são apenas uma "liberdade poética"...
36. Jean Chevalier, *Dicionário de símbolos*, p. 268. Considere-se ainda a posição hostil e ambígua da Igreja romana às diversas superstições, aos oráculos, à astrologia, ao ocultismo, à ciência hermética, ao demonismo etc. Cf. Leszek Kochakowicz, "Libertino", *Enciclopédia Einaudi, op. cit.*, p. 332, em que autor aborda as semelhanças entre o cristianismo e os libertinos no que se refere às superstições.
37. L. Kochakowicz, "Diabo", *Enciclopédia Einaudi, op. cit.*, p. 243 e *passim*, para a identificação do diabo como uma criatura "essencialmente má" nas mais diversas filosofias, crenças populares e doutrinas. A presença do diabo nas *Cartas chilenas* soa como uma nota algo dissonante tendo-se em conta que a demonologia e a literatura demonológica arrefeceram já desde o século anterior, e que no presente do texto o Iluminismo veicule uma concepção

do diabo visto como "um triste fruto da ignorância, uma relíquia patética da idade das trevas, um caso bizarro de 'alienação religiosa'" (p. 259). Cf. ainda Jean Chevalier, *op. cit.*, p. 329-30, 337-8. A professora Laura de Mello e Souza, em artigo recente, abordando o imaginário demonológico nas Minas do século VIII, observa como os governantes consideravam os colonos revoltosos como demônios. Para eles, "a negação da ordem social era coisa do Diabo". Indica ainda como os governantes "abandonaram o imaginário demonológico", deixando de ver os "desclassificados sociais" como demônios. L. de M. e Souza, "Os ricos, os pobres e a revolta nas Minas do século XVIII (1707-1789)", *Análise & conjuntura*, 4 (2-3), p. 31-2, 35. A nosso ver, opera-se um "deslocamento" do imaginário demonológico quando Gonzaga identifica o diabo em um dos representantes dos governantes, Fanfarrão Minésio. Considerando-se ainda as relações entre Fanfarrão e a massa do "povo", o que será visto na próxima parte deste trabalho, novamente unifica-se a imagem do demônio à do "néscio vulgo" que, por meio de Fanfarrão, alcança o poder.

38. Cf. M. S. de Aguiar, "Uma leitura das 'Cartas chilenas'", *Jornal do Brasil*, Caderno B/Especial, p. 5. A autora busca traçar essa diferença de base entre Critilo e Doroteu: o primeiro, passional, contrastando com seu amigo, que sempre o interroga a partir de uma racionalidade mais fria. Esse aspecto será retomado em outras partes.

39. Alfonso di Nola, *op. cit.*, p. 107: a religião divide os fatos em religiosos e não religiosos, laicos, profanos, e possui "uma estrutura ideológica mítica e ritual que é regida por leis autônomas".

40. Ver *Parte III*, p. 132-4; *Parte IV*, p. 176-7.

41. J. F. Carrato, *op. cit.* Referindo-se às atitudes de Fanfarrão, o autor conclui: "É assim que a elite iluminista do tempo considera a cerimônia religiosa".

42. *Ibid.*, p. 29 e *passim*, em que o autor aborda o gosto da romaria, do culto das imagens e da procissão, esta última como "expressão mais fiel do religiosismo exteriorista português".

43. I, p. 293, nota aos vv. 29-32, em que Rodrigues Lapa, retomando Alberto Faria, esclarece a "alusão a uma superstição popular muito antiga: que onde estão os loureiros, não cai o raio em dia de trovoada". Ver ainda Alberto Faria, *Acendalhas*, p. 111-22.

44. Rodrigues Lapa, *op. cit.*, p. 19-26.

45. A. J. Saraiva & Ó. Lopes, *op. cit.*, p. 616.

46. A esse respeito, passagens semelhantes entre os poemas, se deslocadas de seus contextos, permitem apenas uma aproximação superficial. Joaquim

Ribeiro, aliás, em seu artigo "As 'Cartas chilenas' e o 'Hissope'", conclui, a partir dessas tênues semelhanças, que as *Cartas* foram redigidas após a 1ª edição do *Hissope*, em 1802.

47. A. J. Saraiva & Ó. Lopes, *op. cit.*, p. 606, entre outros autores.
48. A. Soares Amora, "A literatura do Setecentos", A. Coutinho (org.), *op. cit.*, v. 1., p. 316.
49. *Ibid.*, p. 315.
50. Afrânio Coutinho, *idem*, p. 164. Mais a seguir o autor aborda a noção de natureza, "sem rival" no século XVIII, idéia norteadora de todas as áreas: filosofia, teologia; artes, ciências; e o mito mais caro do Setecentos, o da união do homem com a natureza, talvez exemplarmente manifesto nas "fêtes galantes" de Watteau (p. 166).
51. Didier Julia, *Dicionário da filosofia*, p. 21. Particularmente nos aspectos de que "o animismo leva à bruxaria, à magia (cujo objetivo é dominar ou afastar essas forças misteriosas). Por um processo de personificação dá nascimento ao 'fetichismo', depois às diversas religiões, passando pelo politeísmo".
52. A. Soares Amora, *op. cit.*, p. 316.
53. Tomás Antônio Gonzaga, *Marília de Dirceu*, por Joaquim Norberto de Souza S., p. 12.
54. Fernando Cristóvão, *Marília de Dirceu de Tomás Antônio Gonzaga*, p. 83.
55. L. G. Machado, *op. cit.*, p. 50.
56. Nesse sentido, os poemas possuem uma coerência, uma harmonia que os unifica: Deus nunca está presente, não é dito Seu nome nem mesmo nos poemas da prisão, quando o poeta mais clama pelos "justos céus"... F. Cristóvão observa que o poeta cita a Providência "mais por conveniência arcádica que por convicção visível". *Idem*. Mas toda a Arcádia obedece à mesma convenção em suas relações com o "sagrado". Se, no âmbito dos poemas árcades, nem sempre ocorrem mostras de uma "convicção visível", isso diz mais respeito ao fato de ser imprimida uma orientação eminentemente clássica (greco-romana) à literatura, com seus respectivos códigos, do que ao fato de o arcadismo configurar-se como uma teorização alheia ao problema, o que, aliás, não ocorre, como já se fez menção.
57. Joaquim Norberto, *op. cit.* O autor comenta a "resignação", "essa musa perfeita do cristianismo", presente nos poemas da prisão: Dirceu desce ao cárcere com "a cruz e os emblemas do martírio santo de involta com seus ferros" (p. 60).
58. Teófilo Braga, *A Arcádia Lusitana*, p. 46-7. Segundo o autor, a influência da Arcádia Lusitana vem atenuar o "pseudo-classicismo francês, que preponde-

rou na literatura portuguesa, sob os Ericeira" (p. 49). Por "pseudoclassicismo", entenda-se o classicismo francês do século XVII.

59. *Ibid.*, p. 45, 48-9.
60. A. Coutinho, *op. cit.*, p. 164.
61. A. J. Saraiva & Ó. Lopes, *op. cit.*, p. 597, onde os autores ressaltam que a *Arte poética* de Cândido Lusitano expressava um "desejo tipicamente oratoriano de conter o Iluminismo dentro de certos limites".
62. *Ibid.*, p. 597. Cf. ainda J. S. Dias, *op. cit.*, p. 360.
63. A. J. Saraiva & Ó. Lopes, *op. cit.*, p. 576. Para as diferenças entre C. Lusitano e Verney sobre o papel da retórica (p. 603-4).
64. A. J. Saraiva & Ó. Lopes, *op. cit.*, p. 606-7, 647.
65. A esse respeito, Diogo Pereira Ribeiro de Vasconcelos, apontado como amigo de Gonzaga e Cláudio Manuel, como eles formado em Coimbra, no curso de Direito, e também envolvido na Inconfidência Mineira, escreveu um *Canto encomiástico* que, embora seja um poema sem maior significação, expressa claramente os dilemas da época. Na introdução, o poeta alerta que "os entendidos na Arte Poética sabem que em vez de Musas, e das divindades da Fábula, a invocação do Deus verdadeiro e dos Espíritos Angélicos convêm melhor ao Poeta Cristão" (p. 49). No próprio *Canto encomiástico*, contudo, não estão ausentes elementos animistas e mitológicos (p. 51-61).
66. M. M. du Bocage, *Poemas*, p. 86, 89, 90, 105, 108, 131, entre outros poemas. A. J. Saraiva & Ó. Lopes, *op. cit.*, p. 656-9.
67. Historiadores e críticos do romantismo, p. 101. Segundo Delumeau, essa é a tendência de todo o Renascimento. J. Delumeau, *A civilização do Renascimento*, v. I, p. 119.
68. Há dois poemas de José Bonifácio que expressam esses aspectos. No poema "A Criação", Deus refaz o plano da criação em um ambiente habitado por idéias abstratas e referências à mitologia greco-romana. No poema "A criação da mulher", é Jove quem cria o homem, "Rei de tudo". E, para extinguir a infelicidade do homem, "Forma então Jove/ Nova criatura;/ De Vênus bela/ Fiel pintura". Apesar da moldura grega, o conteúdo aproxima-se claramente do ideário cristão. José Bonifácio de Andrada e Silva, *Poesias*, p. 45-9, 72-6.
69. O poeta Souza Caldas, considerado um árcade "distante" por Waltensir Dutra, elimina o próprio pecado original, buscando razões objetivas, inerentes à estrutura social, para explicar a perda da felicidade paradisíaca, o que contrasta visivelmente com Gonzaga e os demais. W. Dutra, *op. cit.*, p. 338. As posturas de Souza Caldas valeram-lhe diversas dificuldades com o Santo Ofício.

Recorde-se que, mesmo após Pombal, em 1778, Francisco Manuel do Nascimento, "que não crê no dilúvio nem no pecado original", é preso e só fugindo escapa aos juízes. Cit. Pierre Chaunu, *A civilização da Europa das Luzes*, v. I, p. 282.

70. J. F. Carrato, *op. cit.*, p. 85. Para o autor, Cláudio Manuel, Alvarenga Peixoto e Tomás Gonzaga "revelam-se bons filhos da Igreja", inclusive por formação familiar e educacional (com os jesuítas), que atenua as "influências filosofistas anti-religiosas" (p. 83).

71. *Ibid.*, p. 88.

72. Silva Alvarenga, *Glaura*, *passim*. Em *Glaura*, tal como em *Marília de Dirceu*, faz-se referência sistemática aos céus (p. 22, 56, 133, 176, 182, 187, 201, 208, 216, 221, 224, 247), e é a Jove que cabe "perdoar" (p. 132).

73. C. Manuel da Costa, *Obras poéticas de... passim*. Nos sonetos, encontramos apenas uma referência: "Já perdi noutro tempo uma parelha/ Por teu respeito; queira Deus, que agora/ Não se me vá também estoutra embora" (p. 112). A referência à herança judaico-cristã em Cláudio é, contudo, bem mais visível no restante de sua obra. Ver J. F. Carrato, *op. cit.*, p. 84-5, para um levantamento mais detalhado do tema na poesia de Cláudio Manuel. Alvarenga Peixoto, considerado por diversos leitores como tendencialmente "laico", curiosamente é o que mais se refere, em termos proporcionais aos outros poetas, a temas religiosos, tendo-se em conta o número reduzido de poemas que nos restou de sua obra. Alvarenga Peixoto, *Vida e obra de...*, p. 32, 35, 37, 38, 39, 54, particularmente em: "amar a Deus, amar aos semelhantes,/ são eternos preceitos da verdade" (p. 39).

Parte III

1. Essa diferença diz respeito a duas formas de representação diversas: por um lado, a linguagem "científica", em que os significantes como que se apagam ante o significado; por outro, a linguagem literária *stricto sensu*, em que o significante nunca desaparece inteiramente.

2. Ver *Parte I*, p. 29.

3. Ver *Parte I*, p. 29.

4. Ver *Parte I*, p. 30.

5. As relações entre a Inconfidência e as *Cartas chilenas* puderam ser aventadas a partir de uma passagem dos *Autos da Devasssa*, citada por K. Maxwell: "Entre os papéis apreendidos aos réus, acharam-se muitas poesias, verdadeiras sátiras contra os europeus e um poema que metia a ridículo todo o governo da Soberana". Para a discussão de Tomás Antônio Gonzaga como um dos ideólogos do movi-

mento, ver Kenneth Maxwell, *A devassa da devassa*, cap. 5, p. 147-8, 155. Para a análise do não-envolvimento de Gonzaga no processo da Inconfidência, ver, principalmente, Almir de Oliveira, *Gonzaga e a Inconfidência*, passim.

6. Ver a esse respeito: M. S. de Aguiar, *op. cit.*
7. L. G. Machado, *op. cit.*, p. 48.
8. *Ibid.*, p. 48.
9. Ver *Parte II*, p. 62.
10. L. G. Machado, *idem*, p. 63-4.
11. Ver *Parte II*, p. 61-2.
12. L. G. Machado, *idem*, p. 63-4.
13. Cf. I, p. 65, nota a, onde o autor especifica as "formas" desse amor: "Qual haja de ser o amor que devemos ter para se encher a lei, nos ensina o mesmo Heinécio, mostrando que todos os entes a quem devemos amar, ou nos são superiores, iguais, ou inferiores. Aos superiores amaremos com um amor de obediência e devoção, tanto maior, quanto maiores forem as sua perfeições e a sua superioridade; aos iguais com um amor de amizade; aos inferiores com amor de benevolência" .
14. *Ibid.*, p. 66.
15. *Ibid.*, p. 66.
16. *Apud* L. G. Machado, *ibid.*, p. 68.
17. *Ibid.*, p. 68-9.
18. É visível, portanto, a distância existente entre nosso autor e o Iluminismo: "La idea del pecado original es el inimigo común para combatir al cual confluyen las diversas corrientes fundamentales de la filosofía 'ilustrada'", como bem observou E. Cassirer (p. 163-4); ver ainda p. 159-84. Patenteia-se igualmente, e como decorrência da defesa de uma religião revelada, a oposição total do *Tratado* à orientação iluminista do período, pela radical intolerância religiosa de Gonzaga. Segundo Cassirer, "la tolerancia es todo lo contrario que una recomendación de blandura e indiferencia frente a las questiones religiosas. Sólo en algunos pensadores de segunda fila encontramos una defensa de la tolerancia que equivale a un puro indiferentismo. Pero, en conjunto, domina la tendencia contraria y el principio de la libertad de fe y de consciencia es expresión de una nueva *fuerza religiosa positiva* que caracteriza al siglo de la Ilustración y le es peculiar". E. Cassirer, *La filosofía de la Ilustración*, p. 187-8.
19. L. G. Machado, *idem*, p. 114.
20. O raciocínio do *Tratado* volta sempre ao mesmo aspecto, ao aval da tradição

para a defesa de suas idéias. Nesse sentido, igualmente o *Tratado* é antiiluminista, pois, enquanto "princípio de toda verdade, autônoma por definição, a razão iluminista se opõe a tudo que é irracional e se oculta sob denominações vagas de 'autoridade', 'tradição' e 'revelação'". F. J. C. Falcon, *Iluminismo*, p. 36.

21. A passagem do *Tratado* parece retomar o discurso de Yahveh, onde "o processo posterior à idade primitiva, consecutiva à queda, é apresentado não só como previsto por Deus, mas como uma das motivações do mecanismo da criação", como observa Le Goff. Igualmente, na concepção da cidade do *Tratado*, pode-se ler a orientação judaico-cristã, para a qual "o paraíso do fim dos tempos [...] não é o Jardim da Criação, mas a Sião dos últimos tempos, a futura Jerusalém. Ao ideal naturalista, ecológico e primitivo da Idade do Ouro tradicional, estas religiões opõem uma visão urbana da futura Idade do Ouro". Jacques Le Goff, *Enciclopédia Einaudi, Memória-história*, p. 325, 326-7.

22. *Ibid.*, p. 117.

23. Em Hobbes, é a situação primitiva que fundamenta a tese dos limites da soberania; não pelo poder imperfeito do príncipe, mas pela "perfeição dos direitos do cidadão". Nesse sentido, mesmo no Estado absolutista de Hobbes, permanece o direito de resistir, de desobediência lícita em alguns casos. Ou, como ele nos diz: "é preciso obedecer ao soberano simplesmente, isto é, em tudo que não discrepe dos mandamentos de Deus". Cf. N. Bobbio, *Ensaios escolhidos*, p. 5, 9, 17. Para Bobbio, se é possível esse superlativo, como o próprio autor adverte, dir-se-ia que em Hobbes o poder absoluto é mais ilimitado que em Bodin. N. Bobbio, *As teorias das formas de governo na história do pensamento político*, p. 97. Na mesma linha de argumentação, conclui-se que no *Tratado* de Gonzaga o poder absoluto é mais ilimitado que em Hobbes...

24. L. G. Machado, *op. cit.*, p. 144.

25. *Ibid.*, p. 126. Nesse sentido, o *Tratado* de Gonzaga bem poderia ter por título aquele que lhe atribui Teófilo Braga: "Direito Natural acomodado ao Estado Civil Católico". Cf. T. Braga, *Filinto Elísio e os dissidentes da Arcádia. A Arcádia Brasileira*, p. 530.

26. Perry Anderson, *Linhagens do Estado absolutista*, p. 18. Ver ainda p. 15-39.

27. F. J. C. Falcon, *Despotismo esclarecido*, p. 10: "Despotismo esclarecido ou governo ilustrado são expressões que remetem a uma forma particular do próprio absolutismo — daí ser mais exato falarmos em absolutismo ilustrado".

28. L. G. Machado, *op. cit.*, p. 132. Ver ainda todo o cap. III: "As condições", p. 75-110.

29. Nesse sentido, além de não ser artificial a troca do nome praticada pelos poetas árcades, visando não apenas à impessoalização, mas ao conteúdo simbóli-

co do significando do nome escolhido, o anonimato, no século XVIII, permite por outro lado a garantia da liberdade de expressão. É interessante o comentário de Teófilo Braga a respeito da poesia satírica sob o reinado de d. Maria I, exatamente o período em que foram escritas as *Carta chilenas*, em "que se encontra a mais franca expressão do livre pensamento, e do estado de revolta em que estavam as consciências". T. Braga, *op. cit.*, p. 36.

30. Afrânio Coutinho (org.), *A literatura no Brasil*, v. 1, p. 316.
31. *Apud* A. Candido, *Formação da literatura brasileira*, v. I, p. 64.
32. No que diz respeito estritamente a Portugal, ver "Idéias e realização urbana", que reúne textos de diversos autores sobre o tema. *Pombal revisitado*, v. 2, p. 79-171.
33. E. Cassirer, *op. cit.*, em que o autor considera o século XVIII como aquele que estendeu a idéia de uma natureza governada por leis e passível de conhecimento experimental: "Ya no sólo lo sieguen los investigadores empíricos, los matemáticos y los físicos, sino también los pensadores empeñados en buscar una nueva orientación para todo el campo de las ciencias del espíritu. Les parece imposible una restauración de estas ciencias, una visión profunda del espíritu de las leyes, de la sociedad, de la poesía, si no se empreende con la mirada fija en el gran modelo de la ciencia natural" (p. 63-4). Ver ainda, para o conceito de natureza na estética, p. 309. Antônio Paim, sintetizando os argumentos de Cassirer, salienta que o conceito de natureza do século XVII refere-se não ao ser físico, mas à origem e ao fundamento das verdades. Verdades capazes de fundação imanente pertencem à natureza. A. Paim, *op. cit.*, p. 227-8.
34. Pense-se nos diversos trabalhos de Alberto Faria em *Aérides* e *Acendalhas*; o extenso trabalho de R. Lapa, *As "Cartas chilenas"*; o estudo de Manuel Bandeira, "A autoria das 'Cartas chilenas'"; e o trabalho de Delson Gonçalves Ferreira, *"Cartas chilenas": retrato de uma época*.
35. Cf. Sérgio Buarque de Holanda, *A época colonial: administração economia, sociedade*, t. I, v. 2, p. 285-7, 304-6, dados gerais referentes à produção mineradora em Minas no século XVIII; L. de M. e Souza, *Desclassificados do ouro*, tabelas referentes aos rendimentos e a produção aurífera brasileira no século XVIII, p. 43-9; J. F. Carrato, *Igreja, Iluminismo e escolas mineiras coloniais*, p. 229-63.
36. L. de M. e Souza, *op. cit.* No capítulo "O falso fausto", a autora discute os limites do tema de "decadência" na historiografia sobre Minas Gerais do período (p. 19-49) e aborda "a percepção da decadência" dos homens do século XVIII, que "se apresentava vaga e intemporal — espécie de consciência difusa e

carente de contornos —, e que se opunha diametralmente a uma opulência mítica e igualmente desprovida de limites cronológicos" (p. 32).

37. Jacques Le Goff, *Enciclopédia Einaudi. Memória-história*, p. 324-5: "De modo geral, sendo o tempo judaico-cristão linear, não há crenças num retorno à Idade do Ouro. Quando muito, pode supor-se que a idéia de reforma [...] foi um pálido equivalente da aspiração a um retorno à Idade do Ouro".

38. A querela entre "antigos" e "modernos" perpassou a sociedade portuguesa em todo o século XVIII. Os "antigos, ou "grifos", no conjunto constituem a "grifaria". Se fossem ainda de certa idade, eram conhecidos por "ginjas" (como na passagem citada das *Cartas*), "lâminas", "tartarugas", "jarras", "jarretas", "rótulas". Os "modernos", na primeira metade do século, são conhecidos por "faceiros" e "bandalhos"; na segunda metade, por "peralvilhos", "bandalhos", "sécias", "franças", "janotas" e, mais para o fim do século, por "casquilhos", "peraltas", "tafuis" e "petimetres". Alguns desses nomes atribuídos aos "modernos" serão utilizados por Critilo para definir Fanfarrão, como se verá mais à frente. Cf. M. A. Lopes, *Mulheres, espaço e sociabilidade*, p. 109.

39. Cf. N. Elias, *A sociedade de corte*, em que o autor discute as regras de etiqueta próprias à sociedade de corte, particularmente à corte de Luís XIV, por muito tempo tida como modelo para as outras cortes européias (*passim*).

40. *Ibid.*, p. 53-90, em que o autor aborda a etiqueta como a "face exterior" do equilíbrio entre os privilegiados: "não havia modificações hierárquicas sem modificações de etiqueta" (p. 63).

41. Ver *Parte IV* deste trabalho.

42. M. S. de Aguiar, *op. cit.*, p. 5.

43. J. Habermas, *op. cit.*, p. 13-25; N. Bobbio, *Estado, governo, sociedade*, p. 13-31, 71-2.

44. Neli Curti, "A realidade socioeconômica nas Minas em fins do século XVIII (análise ideológica da produção literária do grupo mineiro)", *Revista de História*, 33 (67), p. 140.

45. L. de M. e Souza. Os ricos, os pobres e a revolta nas Minas do século XVIII (1707-1789). *Análise & Conjuntura*, 4 (2-3), p. 35; a autora retoma a noção do "descrédito do formalismo" de Sérgio Buarque de Holanda.

46. Para Curti, *op. cit.*, não apenas as *Cartas*, mas também os poetas "mineiros", Gonzaga, Cláudio Manuel e Alvarenga Peixoto, "enquadram-se num esquema legalista, sem revelar [...] quaisquer sinais indicativos de elementos que apontem para a transformação do *status quo* colonial" (p. 142). Afonso Arinos já havia chamado a atenção para a "homogeneidade de convicções e tendências

políticas" entre esses poetas. A. A. Melo Franco, *Mar de sargaços*, p. 41. Ver, ainda, C. G. Quirino, *op. cit.*, p. 317.

47. M. R. Lapa, *op. cit.*, p. 53, 179. Para Lapa, Critilo, tal como no *Tratado*, mostra-se "um verdadeiro 'reacionário'"; a ascensão de homens comuns a cargos públicos parece-lhe uma afronta.

48. Neli Curti, *op. cit.*, p. 139.

49. *Ibid.*, p. 140.

50. *Op. cit.*, p. 35.

51. *Ibid.*, p. 35.

52. C. G. Quirino, *op. cit.* A autora observa que, embora sejam encontrados valores de caráter intelectual e educacional de inspiração iluminista, essa influência não levou os textos literários do arcadismo em Minas Gerais aos ideais de liberdade e igualdade jusnaturalistas (p. 318).

53. Neli Curti, *op. cit.*, p. 142; Delson Gonçalves Ferreira, atribuindo importância decisiva a esse aspecto das *Cartas*, chega a conclusões opostas. Para o autor, Critilo é um "iluminista", na defesa da igualdade, do direito, da justiça e da liberdade, dos ideais da Inconfidência Mineira, posição essa que nos parece insustentável. D. G. Ferreira, As "Cartas chilenas" e a Inconfidência Mineira, *Análise & Conjuntura*, *op. cit.*, p. 191-2. Para A. S. Amora, havia uma "atitude declaradamente revolucionária" nas invectivas e sátiras da época, como nas *Cartas chilenas*. Afrânio Coutinho, *op. cit.*, p. 314-5.

54. Keith Thomas, *O homem e o mundo natural*, p. 109.

55. M. R. Lapa, *op. cit.*, p. 29, 52; J. de C. Osório, *op. cit.*, p. 44.

56. J. F. Carrato, *op. cit.*, p. 13-5; L. de M. e Souza, *Desclassificados do ouro*, p. 33; principalmente Jacob Gorender, *O escravismo colonial*, para a crítica dos limites da mobilidade social mineira e da concepção da sociedade mineira como "nova" em relação às outras áreas da colônia, p. 443-71.

57. M. R. Lapa atribui esse soneto a meados de 1787, apesar de não possuir indicador preciso. Talvez no máximo seja possível dizer que esse soneto tenha sido escrito nos últimos anos do poeta em Vila Rica, ou mesmo na prisão.

58. Coube a M. R. Lapa chamar a atenção para o impacto do Iluminismo sobre o pensamento de Gonzaga, particularmente pela sua defesa de "um realismo antimilitarista". Ver I, as minuciosas notas do org. às p. 5 e 80, onde Critilo é aproximado de Voltaire. J. F. Carrato, *op. cit.* O autor observa também em Gonzaga a influência do enciclopedismo antimilitarista (p. 187). A aproximação que Lapa faz entre Gonzaga e Voltaire nos parece imprecisa, haja vista a própria forma como Voltaire se expressa sobre o tema no verbete "Guerra" de seu *Dicionário filosófico*: "O maravilhoso nesta empresa infernal é que todos os

chefes de assassinos fazem benzer as bandeiras e invocam solenemente Deus antes de irem exterminar o próximo. [...] Todos marcham alegremente para o crime, sob a bandeira de seu santo" (p. 202). A concepção do herói guerreiro, que é inferior ao herói sábio, como um traço distintivo do Iluminismo, não pode perder de vista igualmente o processo pelo qual o próprio Iluminismo chegou a essa idéia. Desde a Idade Média, essa oposição já pode ser percebida entre nobres e goliardos: no nobre, o goliardo "detesta também o militar, o soldado. Para o intelectual urbano, os combates do espírito e os torneios da dialética substituem em dignidade os feitos das armas e as façanhas guerreiras". Jacques Le Goff, *Os intelectuais da Idade Média*, p. 33, p. 31-42. A constituição dos Estados modernos, por outro lado, realiza exatamente a "transição dos reis do tipo cavaleiresco para os reis do tipo aristocrático cortês", cujo representante "modelar" foi Luís XIV. N. Elias, *op. cit.*, p. 107. Nesse sentido, o Iluminismo encontrou grande parte do terreno preparado. Por outro lado, esse aspecto diz respeito à dimensão pragmática do Iluminismo, à qual muitos poderiam aderir sem contudo adotar suas propostas filosóficas ou científicas.

59. Ver I, nota de M. R. Lapa ao v. 174, p. 10.
60. *Ibid.*, p. 14.
61. Ver *Parte IV*, p. 197-200.
62. J. G. Merquior, *op. cit.*, p. 28.
63. Jean Delumeau, *A civilização do Renascimento*, v. 2, p. 16.
64. *Ibid.*, p. 16. Nos séculos XVI e XVII, surgem diversos dramas pastoris, como *Aminta*, de Tasso, o *Pastor Fido*, de Guarini, a *Astréia*, de Honoré d'Urfé. Sobre a *Astréia* e a poesia bucólica nostálgica da natureza, cite-se a excelente interpretação de N. Elias, *op. cit.*, capítulo VI: "Curialização e romantismo aristocrático", p. 183-232.
65. N. Elias, *op. cit.*, p. 185.
66. *Ibid.*, p. 185.
67. *Ibid.*, p. 198.
68. R. Thomas, *op. cit.*, p. 293-8.
69. N. Elias, *op. cit.*, p. 194.
70. Segundo A. Bosi, "antes da Revolução Industrial e da Revolução Francesa, o burguês, ainda sob a tutela da nobreza, via o campo com olhos de quem cobiça o Paraíso proibido idealizando-o como reino da espontaneidade: é a substância do idílio e da écloga arcádica". A. Bosi, *op. cit.*, p. 65.
71. Garret, "Bosquejo de história da poesia e língua portuguesa", *Escritos diversos*, p. 100-1.

72. Considerem-se, por exemplo, esses versos em "A primavera", de Filinto Elísio: "Me arreda da cidade e seu bulício,/ louco bulício! A ti, ó Primavera,/ busco no camponês sagrado asilo"; e ainda no mesmo poema: "Que imolais os prazeres da cidade/ a gozos mais suaves"; da marquesa de Alorna, em sua "Epístola a Godofredo", são os versos: "Se largando a monótona cidade,/ por serros de Sintra passeando". João Xavier de Matos possui uma visão mais matizada dos homens das aldeias e das cidades. *Poesia arcádica portuguesa, passim*. Em Bocage, convivem o elogio a algumas cidades e a condenação de outras. Entre os poetas árcades coloniais, observa-se geralmente o *fugere urbem*. De Silva Alvarenda, *Glaura*, p. 93. Cláudio Manuel manifesta tanto o elogio quanto a condenação das cidades. O elogio no poema épico *Vila Rica*; a condenação, em diversas passagens da poesia lírica, como: "quem deixa o trato pastoril amado/ pela ingrata, civil correspondência"; "Se o bem desta choupana pode tanto,/ Que chega a ter mais preço, e mais valia,/ Que da cidade o lisongeiro encanto". Cláudio Manuel da Costa, *op. cit.*, v. I, p. 109, 133. Ver os sonetos XIV, LXII e LXIII. A cidade está principalmente ausente nos poemas líricos do arcadismo, mas não em sua poesia épica.

73. Gilberto Freyre, *Sobrados e mucambos*, p. 275-6, 287-8.

74. Almeida Garret, "A restauração das letras, em portugal e no Brasil, em meados do século XVIII", Guilhermino César (org.), *Historiadores e críticos do romantismo*, v. I, p. 87-92. Apesar de reconhecer em Gonzaga um poeta, Garret perfaz-lhe uma das linhas gerais da crítica romântica aos ideais estéticos do arcadismo: "Quisera eu que em vez de nos debuxar no Brasil cenas da Arcádia, quadros inteiramente europeus, pintasse os seus painéis com as cores do país onde os situou. Oh! e quanto não se perdeu a poesia nesse fatal erro!" (p. 91). Ferdinand Dennis, anteriormente a Garret, já havia manifestado ponto de vista semelhante. Guilhermino César (org.), *op. cit.*, p. 66-7.

75. Sílvio Romero, *História da literatura brasileira*, v. II, p. 131.

76. *Ibid.*, p. 131. Para S. Romero, "a poesia citada é puramente brasileira". Ver ainda Joaquim Norberto, na introdução a Tomás Antônio Gonzaga, *Marília de Dirceu*, 1862, p. 10, 26-7, 89.

77. Ver *Parte IV*, p. 203-5; *Parte V*, p. 274-5.

78. Citado por M. R. Lapa em I, p. 114, nota ao poema 64.

PARTE IV

1. Ver *Parte III*, p. 133-5, 146-8.

2. Emil Staiger, *op. cit.*, p. 48-9. Como observou o autor: "Mas um trecho lírico só desabrocha inteiramente na quietude de uma vida solitária. [...] A canção

de amor, em que o poeta dirige-se à sua amada, terá que ser incluída aqui. Um 'você' lírico só é possível quando amada e poeta formam 'um coração e uma alma'".

3. Ver Introdução de M. R. Lapa em I, p. XXVII. Observe-se que toda obra participa "em diferentes graus e modos dos três gêneros literários" (épico, lírico, dramático). "Quem também ao examinar peças essencialmente líricas prende-se por isso exclusivamente ao lírico, não pode afirmar que interpretou uma única poesia." E. Staiger, *ibid.*, p. 15, 195.

4. N. Bobbio, *Estado, governo, sociedade*, p. 22-5, em que o autor aborda o "aumento da intervenção estatal na regulação coativa dos comportamentos dos indivíduos e dos grupos infra-estatais" (p. 25).

5. *Ibid.*, p. 85.

6. *Ibid.*, p. 85-6.

7. *Ibid.*, p. 22.

8. L. G. Machado, *op. cit.*, p. 117. Ver *Parte III*, p. 120.

9. N. Bobbio, *op. cit.*, p. 25.

10. J. Habermas, *op. cit.*, p. 38.

11. No campo das relações jurídicas, a "dominação feudal fundiária e de vassalagem fornece [...] indícios de que não existiu uma antítese entre esfera pública e esfera privada segundo o modelo clássico antigo (ou moderno)". J. Habermas, *idem*, p. 17. Ver ainda p. 19.

12. *Ibid.*, p. 17-8. Como o próprio autor conclui: "mas não há nenhum estatuto que possa ser fixado no âmbito jurídico privado a partir do qual, por assim dizer, pessoas privadas pudessem aparecer numa esfera pública"; N. Bobbio, *op. cit.*, p. 71-2.

13. N. Bobbio, *idem*, p. 14.

14. *Ibid.*, p. 27-8.

15. J. Habermas, *op. cit.*, p. 20.

16. *Ibid.*, p. 20-1.

17. "O código de comportamento cavalheiresco é, como norma, comum a todos os senhores, do rei até o semi-camponês que só tem um quarto de nobreza; por ele orientam-se não só em ocasiões bem definidas, em locais bem definidos, talvez 'em' um esfera pública, mas a qualquer momento e em qualquer lugar, onde eles representam o papel de seus direitos senhoriais." J. Habermas, *idem*, p. 21.

18. Ver *Parte III*, p. 135-8. O conjunto dos eventos referentes à confusão entre

bens e poderes do Estado e de particulares é significativo: a Carta 8ª, que relata vendas de despachos e contratos (I, 259-69), trata centralmente disso.
19. M. S. de Aguiar. "Uma leitura das 'Cartas Chilenas'", *Jornal do Brasil*, p. 5, col. 4.
20. Teófilo Braga, *Filinto Elísio e os dissidentes da Arcádia*. A Arcádia Brasileira, p. 609.
21. Para os códigos de conduta femininos da época, ver, entre outros, M. A. Lopes, *Mulheres, espaço, sociabilidade*, p. 47; M. B. Nizza da Silva, "Educação feminina e educação masculina no Brasil colonial", *Revista de História*, 55 (109), p. 153, 156-7, 164; Gilberto Freyre, *Sobrados e mucambos*, p. 16, 68, 159-60.
22. Apenas no culto e nas ocasiões de festas encontramos as mulheres sendo tratadas com menos restrições, como na Carta 6.ª, sobre os festejos do casamento dos infantes de Portugal, em que podemos vê-las nos camarotes das "famílias mais honestas" (I, 245).
23. É notável a freqüência com que a palavra "instrução", ou suas correlatas, aparece citada na "Dedicatória aos Grandes de Portugal" e no "Prólogo": "instruímos", "instrução", "instruir", "instruírem"; o próprio Critilo é um "cavalheiro instruído". Outras noções ampliam ainda o campo da idéia de instrução, como: "os escritos que os podem conduzir ao fim de um acertado governo" (I, 189-90). O mesmo se verifica na carta-dedicatória do *Tratado de direito natural* ao marquês de Pombal, na qual se lê que o *Tratado* intenta "instruir" os nacionais; que a "instrução" nasce do rei ou de seu ministro; que Gonzaga aproveita as "utilíssimas instruções" do marquês para os novos estudos jurídicos; que o marquês "estimulou" os nacionais "aos estudos dos Direitos Naturais e Públicos" (II, 11-2). Ver *Parte V*, p. 230-2.
24. Assim, se o *Hissope*, de António Diniz da Cruz e Silva, se inicia pela referência do poeta a si próprio — "Eu canto o Bispo, e a espantosa guerra,/ Que o Hissope excitou na igreja d'Elvas" —, o narrador não aparece no plano dos acontecimentos descritos, tampouco volta a anunciar-se. O "Argumento do Poema", anterior aos oito cantos, também é estritamente "impessoal". A mesma característica pode ser observada no *Reino da estupidez*, de Francisco de Melo Franco, apesar do "Prólogo" onde o poeta apresenta o texto. Note-se, aliás, o fato de o poema iniciar-se semelhantemente ao *Hissope* — "Não canto aquele Herói pio e valente" — e, em seguida, distanciar-se dessa primeira pessoa tão evidente, ainda que, em nenhum momento, ela desapareça. *Satíricos portugueses*, p. 13-5, 111-4.
25. "São estes, louco chefe, os sãos exemplos/ que na Europa te dão os homens grandes?" Essas falas diretas a Fanfarrão vão como que num crescendo, ape-

sar de o caráter fragmentário do texto não permitir uma observação segura: "Bárbaro, tu praticas tudo junto/ quanto obraram no mundo os maus tiranos!" (I, 252); "Agora, Fanfarrão, agora falo/ contigo e só contigo" (I, 266).

26. Como Dirceu fala a Marília: "Se não tivermos lãs e peles finas,/ podem mui bem cobrir as carnes nossas/ as peles dos cordeiros mal curtidas,/ e os panos feitos com as lãs mais grossas" (I, 139).

27. Dirceu pauta-se pelos *topoi* poéticos da *auri sacra fames* e pelo ideal de simplicidade expresso na *aurea mediocritas*, "que apara as demasias da natureza e do sentimento". A. Bosi, *op. cit.*, p. 79. Apesar de esses *topoi* estarem presentes em outros poetas árcades, como em Cláudio Manuel e Silva Alvarenga, não possuem o mesmo grau que no Critilo das *Cartas chilenas*. O único poeta de nosso conhecimento que pode ser aproximado de Critilo nesse aspecto é o "sapateiro Silva", Joaquim José da Silva, que, aliás, é ainda mais veemente ao pintar sua pobreza. Ver a glosa que se inicia por "Tenho um galante chinelo". Flora Sussekind & Raquel T. Valença, *O sapateiro Silva*, p. 31-2, 153-4.

28. M. R. Lapa identifica nesses nomes alguns dos poetas e amigos de Gonzaga em Vila Rica: Alcimidonte é Cláudio, tal como Alceu e Alceste em outras passagens; Floridoro é Alvarenga Peixoto. I, p. 212, nota ao v. 1, p. 212-3, notas aos vv. 13 e 29.

29. Ver *Parte V*, p. 246-7.

30. Cf. A. Candido, *op. cit.*, p. 114-5, em que o autor aborda esse problema; J. M. P. Silva, "Introdução", T. A. Gonzaga, *Marília de Dirceu*, 1845, p. XXI-XXII, em que Marília predomina como o centro dos poemas; F. A. Varnhagen, *Florilégio da poesia brasileira*, p. 68, com uma posição mais matizada, em que Dirceu é o poeta "que se votara a legar à posteridade um padrão de seu nome e da beleza de Marília"; Joaquim Norberto privilegia a figura de Marília, da qual Dirceu canta as "perfeições do corpo e os dotes d'alma". Tomás A. Gonzaga, *Marília de Dirceu*, 1862. Intr. J. Norberto, p. 50. Ver ainda p. 41.

31. Affonso Ávila, *O lúdico e as projeções do mundo barroco*, p. 105-11.

32. M. S. de Aguiar, *O jogo de oposições na poesia de Cláudio Manuel da Costa*, p. 55-7, 61-2, 65.

33. Ver *Parte V*, p. 270-1.

34. *Ibid.* Essas referências são comuns aos outros poetas do período. Ver, entre outras obras, a *Viola de Lereno*, de Domingos Caldas Barbosa, *passim*.

35. *Ibid.*, p. 80.

36. M. A. Lopes, *op. cit.*, p. 17-8.

37. *Ibid.*, p. 19, 32. Para os teólogos, médicos e juristas da época, a mulher é uma incapaz, próxima da imbecilidade. Ver ainda Maria B. N. da Silva, *op. cit.*, p. 156.
38. Ver *Parte III*, p. 149.
39. N. Bobbio, *op. cit.*, p. 63: "a persistência e a insistência de certas metáforas — o pastor que presupõe um rebanho, o *gubernator* (no sentido originário de 'timoneiro') que pressupõe uma chusma, o pai que pressupõe filhos menores e carentes de proteção, o senhor que pressupõe os servos — mostram, mais do que uma longa exemplificação, o sentido e a direção predominantes no discurso político dos séculos passados".
40. *Ibid.*, p. 16.
41. *Ibid.*, p. 16.
42. *Ibid.*, p. 44-5; N. Bobbio, *Ensaios escolhidos*, p. 38-40, 44-5.
43. N. Bobbio, *Ensaios escolhidos*, p. 43-53. Nesse sentido, é essencial observar como a família, ao longo de toda a tradição jusnaturalista, é uma presença invisível, até ser de novo incorporada à reflexão jusnaturalista com o modelo de Hegel, que busca sintetizar as proposições aristotélicas e jusnaturalistas de explicação da realidade social e jurídica. Ver a esse respeito George H. Sabine, *História das teorias políticas*, p. 390-2, onde o autor aborda a posição da família na obra de Bodin, na qual esta possui importância especial.
44. Lewis Mumford, *A cidade na história*, p. 386.
45. J. Habermas, *op. cit.*, p. 42-74.
46. Cf. a esse respeito Jean Delumeau, *A civilização do Renascimento*, p. 88-96, sobre a valorização da família e da mulher marcando o princípio da Idade Moderna; para o século XVIII, Pierre Chaunu, *A civilização da Europa das Luzes*, v. I, p. 40-1, 105-15, 125-6, 162; v. II, p. 105, 113; para o século XVIII português, M. A. Lopes, *op. cit., passim*.
47. M. A. Lopes, *op. cit.*, p. 115. A reivindicação da felicidade no casamento, "que só o amor entre os noivos possibilita", torna-se um ideal a confrontar-se com a condenação do amor profano por parte da ação censória em Portugal. Diversos papéis volantes contrapõem o casamento como um negócio (segurança material dos filhos) ao casamento como "fonte privilegiada do amor e da felicidade". Contrapõem, portanto, os padrões da nobreza, em que puros interesses materiais determinam os casamentos, aos padrões da burguesia. Ver ainda p. 171-2, 174.
48. E. Staiger, *op. cit.*, p. 21, 58.
49. Octavio Paz, *O arco e a lira*, p. 225-6, 228, 231.

50. *Ibid.*, p. 226. Como nos diz O. Paz, a poesia é uma "criação que transcende o histórico, mas que, para ser efetivamente, precisa se encarnar de novo na história e se repetir entre os homens" (p. 228).
51. Jacques Le Goff, "As mentalidades: uma história ambígua", Le Goff & Nora, *História: novos objetos*, p. 68-83.
52. A. Candido, *op. cit.*, p. 114-5.
53. J. G. Merquior, *op. cit.*, p. 26-7.
54. M. A. Lopes, *op. cit.*, p. 21.
55. E. Staiger, *op. cit.*, p. 49.
56. Cf. principalmente A. Faria, "Loura ou Morena?". A. Faria. *Aérides*, p. 53-7, em que o autor aborda a mudança de cor dos cabelos de Marília comparando esse traço em outros clássicos. cf. A. Candido, *op. cit.*, p. 16-7; F. Cristóvão, *op. cit., passim*.
57. G. Freyre, *op. cit.*, p. 117, em que o autor aborda a beleza mórbida da mulher sob o patriarcalismo: a mulher é franzina, meio doente, ou gorda, mole e caseira. Nunca o tipo ágil de uma moça semelhante a um rapaz, como o autor nos diz. Marília é um tipo ágil, ainda que, evidentemente, não semelhante a um rapaz.
58. M. A. Lopes, *op. cit.*, p. 29-37, em que a autora aborda as raras vozes dissonantes da época que ou igualam homens e mulheres ou tornam a mulher um ser superior ao homem.
59. *Ibid.*, p. 93-104, 181. A autora cita diversas obras sobre o modo de se comportar na sociedade (p. 107). Aborda, ainda, as proposições pedagógicas de Verney para a educação feminina (p. 93, 96, 137).
60. *Ibid., passim*.
61. *Ibid.*, p. 98. Para os limites das proposições educacionais dos iluministas para as mulheres, ver p. 96.
62. *Ibid.*, p. 93, 105.
63. *Ibid.*, p. 149-59.
64. *Ibid.*, p. 105-6, 117.
65. *Ibid.*, p. 196, 198. A autora observa, contudo, que a persistência dos antigos comportamentos é apenas um indicador, já que ainda não há meios para cálculo de proporção entre os posicionamentos, além dos casos híbridos.
66. G. Freyre, *op. cit.*, p. 68, 159-60, 218.
67. *Ibid.*, p. 292. O autor observa que, a partir do pincípio do século XIX, a dona da casa patriarcal é lentamente substituída por mulheres menos servis e mais

mundanas, que freqüentam o teatro e o baile, aprendem a música e a dança e vão menos ao confessionário, entre outras transformações (p. 135).
68. F. Cristóvão, *op. cit.*, p. 76.
69. J. G. Merquior, *op. cit.*, p. 33-4, em que o autor aborda os aspectos iconoclásticos das liras de Dirceu com relação ao petrarquismo ortodoxo.
70. G. Freyre, *op. cit*. A partir dos fins do século XVIII, coches, seges, cabriolés começam a circular pelas ruas da colônia (p. 26).
71. M. R. Lapa, em um dos últimos textos que dedicou às poesias líricas de Gonzaga, chama a atenção para a liberalidade das relações afetivas entre Dirceu e Marília. Os "crimes de amores" citados por Dirceu em uma de suas liras, para Lapa, indicam que o mito da virgindade de Marília é "uma parvoíce, que desdiz da inteligência, da seriedade e da cultura dos mineiros". M. R. Lapa, "Os amores de Dirceu e Marília", Minas Gerais, *Suplemento Literário*, 10 (444), p. 4-5. Esse artigo, no entanto, é limitado em sua comprovação, principalmente por buscar ler nos poemas a história realmente acontecida entre Tomás Antônio Gonzaga e Maria Dorotéia Joaquina de Seixas.
72. Cf. Araripe Júnior, *Dirceu*, p. 276-81. O autor traça um paralelo entre os cupidos de Anacreonte e Dirceu. O Cupido de Anacreonte é muito mais complexo que o de Dirceu, mas o que importa observar é como Dirceu se apropria livremente dos poemas de Anacreonte, alterando alguns elos de suas histórias e identificando o próprio Cupido a Marília.
73. Em Silva Alvarenga, Glaura também é associada a Vênus, sendo mais importante que a própria deusa, mas não encontramos a mesma força comparativa dos poemas de Gonzaga. S. Alvarenga, *Glaura*, p. 105.
74. A. Candido, *op. cit.*, p. 125.
75. T. Braga, *A Arcádia Lusitana*, p. 51. Braga cita o "Elogio fúnebre de D. João V", do poeta Francisco Xavier da Silva, o Pastor Albano, que, referindo-se ao rei, observa: "tão propriamente lhe competia pela prudente e sábia regência de seus povos, que também são o rebanho que o rei apascenta no temporal".
76. João de Castro Osório, *Gonzaga e a justiça*, p. 56-7. O autor cita o *Pantagruel*, de Rabelais, em que os juízes são gatos peludos e os tribunais, essencialmente maus.
77. Cf. Raymond Williams, *O campo e a cidade*, p. 113-7, no qual o autor aborda poemas em que Langhorne idealiza o passado perdido e cujo representante mais específico do ideal de liberdade primitiva e de uma natureza repleta de impulsos e ensinamentos é o "magistrado rural, o juiz de paz, dos tempos do reino de Eduardo III". É sugestiva a semelhança de idéias entre uma passagem de Langhorne e Gonzaga: "Ó tempos perdidos da humanidade!/ Os dias

d'ouro da hospitalidade [...]/ Quando a RIQUEZA à desdita atendia;/ E à virtude prestava serventia;/ Os pobres viam sempre seus senhores,/ E eram da lei os juízes cumpridores!/ Porém a MODA é que impera agora".

78. G. Freyre, *op. cit.*, p. 6. A beca conferia uma "nobreza especial", nas palavras do autor. Gonzaga e Cláudio marcam exatamente o prestígio do bacharel em nossa sociedade (p. 203). José Murilo de Carvalho, *A construção da ordem*. O autor aborda a predominância dos legistas na formação do Estado moderno mais acentuadamente ainda em Portugal desde o século XIV, p. 29-33. Cf. N. Elias, *op. cit.*, p. 32-7, 39, 142-51, 159-60, 172, para a presença dos magistrados em outras cortes européias.

79. A. Candido, *op. cit.*, p. 118.

80. Keith Thomas, *O homem e o mundo natural*, p. 52: "Até o século XVIII, o ato de amamentar os bebês costumava ser visto pelas classes superiores como uma atividade degradante, a ser evitada quando possível, confiando-se os recém-nascidos aos cuidados de amas-de-leite".

81. Ver *Parte III*, p. 152-3.

82. Cf. I, as notas de M. R. Lapa à p. 96. Cf. ainda as notas do mesmo autor, um pouco modificadas, mas no geral com o mesmo conteúdo, na edição: *Marília de Dirceu*, 1937, p. 167; e em Tomás A. Gonzaga, *Obras completas de...*, 1942, p. 156. Manuel Bandeira, em *Apresentação da poesia brasileira*, p. 546, possivelmente a partir da edição de 1942, retoma o mesmo argumento, citando Lapa. A. Candido, *op. cit.*, p. 119, observa a visão burguesa da decrepitude de Gonzaga, próxima à de Horácio. A. Bosi, *op. cit.*, p. 65, considera as liras "próprias de um magistrado de extração burguesa em tempos de moderação e antibarroco". Cf. ainda J. G. Merquior, *op. cit.*, p. 33; W. Martins, *op. cit.*, p. 542, que afirma ter sido R. Lapa o autor dessa formulação. É possível, contudo, encontrar um argumento em Araripe Júnior, *op. cit.*, p. 280, que, anterior ao de Lapa, de alguma forma o "prepara": Dirceu é "pacato e sempre dominado pelo senso burguês que lhe haviam criado a vida de juiz e a prática dos anos". Outros autores observam ainda o ideal iluminista, e não apenas burguês, de uma vida pacata e doméstica. Ver a esse respeito J. F. Carrato, *op. cit.*, p. 187; M. A. Lopes, *op. cit.*, p. 67, onde a autora considera que "o iluminista é prosaico, ligado à vida, à felicidade terrena palpável e imediata".

83. J. Habermas, *op. cit.*, p. 27.

84. *Ibid.*, p. 27.

85. L. Mumford, *op. cit.*, p. 386, 415. Apesar da ambigüidade da expressão "classes médias", aqui se compreendem tais setores como compostos de "burgueses", profissionais liberais, magistrados etc., excluídos os "capitalistas".

86. *Ibid.*, p. 415. "Cortejar", palavra cunhada nos fins do século XVI, significa não apenas exibição de argúcia e encanto, como também expressão de uma paixão física: "mostra o quanto a nossa intimidade erótica deve às práticas da corte".
87. J. Habermas, *op. cit.*, p. 24.
88. *Ibid.*, p. 23. Ver ainda p. 47, na qual o autor aborda o "salão do século XVIII, esse herdeiro espiritual da corte", e observa também as mudanças de comportamento da família real, em que o cerimonial da corte vai paulatinamente dando lugar a uma intimidade burguesa" (p. 47). Sobre a privacidade dos reis a partir do século XVIII, ver p. 47-8.
89. *Ibid.*, p. 64.
90. *Ibid.*, p. 62.
91. *Ibid.*, p. 60-8.
92. A. Castro, *Teoria do sistema feudal*, p. 59-61.
93. *Ibid.*, p. 61. Cf. Eugene Genovese, "Os sistemas escravistas americanos na perspectiva mundial", *O mundo dos senhores de escravos*, p. 82-3, em que o autor retoma a expressão de Hobsbawm para caracterizar o feudalismo português: uma "economia feudal de negócios".
94. A. Castro, *op. cit.*, p. 59-65.
95. P. Chaunu, *op. cit.* Segundo o autor, Itália, Viena, Espanha, as regiões de "despotismo esclarecido", todas pensam em "Versalhes", na monarquia administrativa de Luís XIV (p. 189). Ver ainda p. 194. Voltaire propõe aos déspotas esclarecidos "o século de Luís XIV" como exemplo (p. 261).
96. J. Habermas, *op. cit.*, p. 26: "é importante a observação goethiana de que a burguesia não mais podia representar, de que ela não mais podia dotar-se de representatividade pública. O nobre é o que ele reproduz; o burguês o que ele produz".
97. *Ibid.*, p. 44: "Ainda antes que a natureza do poder público tenha sido contestada pelo raciocínio político das pessoas privadas para, afinal, ser-lhe totalmente subtraída, forma-se sob a sua proteção uma esfera pública sem configuração política — o esboço literário de uma esfera pública a funcionar politicamente".

Parte V

1. Gonzaga segue, portanto, o calendário bíblico. Em outra passagem, isso é ainda mais claro, quando o autor retoma os milagres para a prova da existência de Deus e da verdade da religião revelada: "Daniel, que nasceu no 25º ano do reinado de Josias, 3419 da criação do mundo, havia de falar na sua profecia da

primeira vez, que depois dela se assolasse Jerusalém, e se tornasse a levantar" [II, 76, nota (a)]. Nesse sentido, Gonzaga não difere da maioria dos homens de seu tempo que, como Voltaire, se recusaram a olhar para os fósseis e outras evidências do período. Cf. P. Chaunu, *op. cit.*, v. I, p. 253-60.

2. Cf. a esse respeito Albertoni, "Pacto", *Enciclopédia Einaudi. Estado – Guerra*. O autor aborda a matriz teocêntrica do pacto bíblico, em que Deus firma unilateralmente com os homens um acordo incontestável e irrevogável (p. 14-5).

3. *Ibid.*, p. 26-9. O mundo cristão não apenas realiza a fusão da herança clássica, mas significa centralmente a retomada do paradigma teocêntrico por meio do "novo pacto".

4. Como observa Albertoni, ainda que o contratualismo difira do pacto por definir valores e fins além do "mundo das normas", ressalte-se, todavia, como as teorias do pacto incidem pontualmente no pensamento moderno, onde o contratualismo volta a propor "ambigüidades e incertezas características dos sistemas de valores que originaram o conceito de Pacto". *Ibid.*, p. 32-4; cf. ainda E. Cassirer, *op. cit.* O autor traça as linhas gerais que separam o direito natural medieval e o direito natural moderno inaugurado por Grócio, p. 268-70.

5. L. G. Machado, *op. cit.*, p. 49.

6. *Ibid.*, p. 53.

7. *Ibid.*, p. 53.

8. *Ibid.*, p. 53.

9. R. J. Ribeiro, "Da moral da história às histórias científicas: uma revolução no conhecimento", *Análise & Conjuntura*, 4 (2-3), p. 229-30, 238-9; o autor desenvolve a idéia da história como "manancial de exemplos" e como "suplemento à experiência" e aproxima a história à literatura e à retórica: "o que se faz de história no século XVII é de gênero encomiástico" (p. 239).

10. Cf. E. Cassirer, *op. cit.* O capítulo "La conquista del mundo histórico", p. 222-60, em que o autor analisa a reflexão histórica iluminista em suas ligações com a ciência moderna (século XVII) e em suas diversas orientações teóricas, de que Voltaire, Diderot e Bayle são exemplos. Se retermos apenas as posições de Voltaire sobre a história, expostas de forma mais "sistemática" no verbete "História" de seu *Dicionário filosófico*, é possível observar a distância entre Gonzaga e uma das linhas do pensamento iluminista sobre a história.

11. Cf. J. Murilo de Carvalho, *op. cit.*, p. 53, sobre a proibição de Rousseau e Voltaire em território português; António Coimbra Martins, "As versões pombalinas de Molière reprovadas pela Real Mesa Censória", *Pombal revisitado*, v. II, p. 189-45, para as atividades da Real Mesa Censória, particularmente referentes ao teatro e a Molière; cf. principalmente L. G. Machado, *op. cit.*,

p. 85-6, em que o autor aborda as "duas ordens de censura" vigentes à época de Pombal: "em conseqüência, obras havia que se teriam por perniciosas se lidas por qualquer um, mas que se admitiam como material de estudo indispensável aos de certa formação" (p. 86). Ver ainda C. G. Quirino, *op. cit.*, p. 318; José Sebastião da S. Dias, *op. cit.*, p. 252, 293-7, 375, para a censura em Portugal na Idade Moderna.

12. Não é possível uma relação mecânica entre a presença dos jesuítas no controle da educação e "conservadorismo" no ensino, ainda que em Portugal isso possa ser verificado em certa medida. Os jesuítas em território francês, por exemplo, têm uma atuação mais diversa, o que levou Pierre Chaunu a considerar a sua expulsão em 1762 como a "vitória do obscurantismo 'esclarecido'". Cf. P. Chaunu, *op. cit.*, v. I, p. 218-20. Para a ação dos jesuítas em Portugal na educação, na censura e nos costumes, consultar o trabalho essencial de José S. da S. Dias, *op. cit.*, *passim*. O autor afirma algo próximo ao comentário de Chaunu: os jesuítas, "ao serem expulsos em 1759, estavam em dia com os conhecimentos científicos e achavam-se integrados no ambiente filosófico do Setecentos, como os próprios adversários reconheceram" (p. 455).

13. É essencial esclarecer que essa idéia está presente na própria época. O príncipe dom José, herdeiro do trono, caiu em desgraça por suas cartas a Beckford. Em uma delas pergunta-lhe: "não estais vós surpreendido, não vos choca o encontrar-nos tantos séculos atrás do resto da Europa?". *Apud* T. Braga, *A Arcádia Lusitana*, p. 77.

14. Cf. a esse respeito Eduardo Lourenço, Pombal e Oliveira Martins. *Pombal revisitado*, v. 1., p. 159-66, onde o autor analisa a visão 'mítica'" de O. Martins e sua interpretação ambígua de Pombal.

15. F. J. C. Falcon, *A época pombalina*. O autor procura analisar a particularidade do período pombalino por meio da articulação entre uma política econômica mercantilista e "o que se poderia chamar de seu pano de fundo, a 'ideologia ilustrada'", elementos em "princípio antagônicos" (p. XIII). Para a conceituação e história do despotismo esclarecido, ver F. J. C. Falcon, *Despotismo esclarecido*, p. 10; P. Chaunu, *op. cit.*, p. 195-8.

16. Armando Castro, *op. cit.*, p. 63; F. J. C. Falcon, *A época pombalina*, p. 445-9; António Moreira, "Desenvolvimento industrial e atraso tecnológico em Portugal na segunda metade do século XVIII", *Pombal revisitado*, v. II, p. 22-4; P. Chaunu, *op. cit.*, p. 80, para a importância do ouro na economia européia.

17. T. Braga, *op. cit.*, p. 35, 41-3, 87. A Academia, segundo o autor, produziu apenas narrativas retóricas e panegíricas e memórias históricas de reis, "preocupando-se especialmente de catálogos cronológicos".

18. Laerte Ramos de Carvalho, As reformas pombalinas da instrução pública, passim; Maria Beatriz Nizza da Silva, "O pensamento científico no Brasil na segunda metade do século XVIII", Ciência e Cultura, 40 (9), p. 867.
19. Laerte Ramos de Carvalho, op. cit., passim, em que vem analisado o novo currículo para os estudos jurídicos; Manuel Augusto Rodrigues, op. cit., p. 216-22, sobre as condições gerais do ensino jurídico na universidade, principalmente para o período posterior à reforma de 1772.
20. Ver Parte II, p. 64; Parte III, p. 124-5.
21. Como quer W. Martins, op. cit. Para o autor, Gonzaga, dedicando o Tratado ao marquês, "cometeu o seu primeiro ato público de oportunista" (p. 538).
22. J. S. da Silva Dias, op. cit., p. 275: "Os manuais ou tratados de finalidade escolar são, geralmente, expressão de uma cultura retardatária. Recebem as idéias feitas e deixam para os livros sem objetivo didático o acolhimento e discussão das novidades".
23. O que já foi observado em diversas passagens, mas principalmente na refutação de Gonzaga a Grócio. Ver Parte II, p. 60-1.
24. L. G. Machado, op. cit. O autor compara a ordenação das demonstrações do texto de Gonzaga com o De jure belli de Grócio (p. 45-6).
25. Como na demonstração de Deus como princípio do direito natural. Ver Parte II, p. 62.
26. Cf. L. G. Machado, op. cit., p. 60, 130.
27. M. R. Lapa, As "Cartas chilenas", passim. Não é casual, portanto, a insistência com que Critilo afirma estar dizendo a verdade, em diversas passagens e circunstâncias (I, 194-5, 205, 224-5, 244, 253...).
28. O Hissope, O desertor das letras e o Reino da estupidez dividem-se em cantos e nenhum deles possui estrutura epistolar. Os poemas que mais se aproximam das Cartas em sua estrutura epistolar, apesar de permanecerem como poemas curtos, são algumas sátiras de Nicolau Tolentino, como a "Sátira oferecida a Dom Martinho de Almeida" em 1779, e "A um leigo", "que era vesgo e que nunca teve fastio e a quem por acaso tocou na cabeça a ponta de um espadim", ou as sátiras de Garção. Cf. Satíricos portugueses, passim; Correia Garção, Cantata de Dido e outros poemas, p. 67-78.
29. Segundo Afrânio Coutinho, "a carta ou epístola (epístolas, epistológrafo, epistolografia, gênero epistolar) transita com facilidade da área estritamente privada e íntima – troca de informações e amabilidades entre duas pessoas distantes – para o plano público". As Cartas chilenas são um outro tipo de carta, pois tratam de um assunto de interesse geral, além de ser endereçada para e ser escrita por um personagem imaginário. A. Coutinho (org.), op. cit., v. I, p. 137.

30. Não vêm precedidas, como *O desertor das letras*, de Silva Alvarenga, por exemplo, por um prefácio de caráter especificamente teórico sobre "a imitação da natureza". Silva Alvarenga, *Antologia e crítica*, p. 79-81. Diferentemente de grande número de seus contemporâneos, Gonzaga parece não ter produzido textos estritamente teóricos sobre a literatura.

31. O prefácio a *O desertor das letras*, de Silva Alvarenga, tratará especificamente de Horácio e do problema do enquadramento do poema herói-cômico no âmbito dos gêneros literários. Todos os trabalhos sobre arte poética da época tinham em Horácio uma de suas bases essenciais.

32. Lembre-se de histórias já contadas, como a desproporção do "dote" oferecido por Fanfarrão ao soldado que se casou com sua "dama", a desproporção das festas dos desposórios, da cadeia, da distribuição das penas e dos prêmios, enfim, a desproporção total sintetizada na desarmonia moral, intelectual, gestual e, inclusive, física de Fanfarrão Minésio.

33. F. Cristóvão, *op. cit.*, p. 13.

34. L. F. Veiga, na 1.ª edição com as 13 cartas, que organizou em 1862, afirma: "*Cartas chilenas*, livro preciosíssimo que há de ir longe na trajetória dos tempos, porque é pintura fiel e singular...". Apud D. G. Ferreira, "*Cartas chilenas*": *retratos de uma época*, p. 10. Notem-se o título do livro e sua alusão às cartas como "retrato"; Waltensir Dutra, "O arcadismo na poesia lírica, épica e satírica", Afrânio Coutinho (org.): "Retrato, admiravelmente pintado, de uma época, as *Cartas chilenas* valem pelo que são: uma sátira nobre, a melhor que em língua portuguesa se escreveu no século XVIII" (p. 361). Ou, ainda, à p. 359, onde se diz que "Critilo era um pintor de cenas movimentadas e sua pena trabalhava quase como uma câmara cinematográfica, variando os ângulos e as cenas focalizadas". Ver adiante, p. 228-30.

35. Cf. M. Bakhtin, *A cultura popular na Idade Média e no Renascimento: o contexto de François Rabelais*. O autor aborda em diversos passos as diferenças essenciais entre o "riso festivo popular" e o "riso puramente satírico da época moderna": "O autor satírico que apenas emprega o humor negativo coloca-se fora do objeto aludido e opõe-se a ele; isto destrói a integridade do aspecto cômico do mundo, e então o risível (negativo) torna-se um fenômeno particular" (p. 11). Mesmo a sátira possui diferenças internas segundo empregue mais, menos ou apenas o "humor em relação ao riso popular ambivalente". Ver p. 30, em que o autor ressalta a manutenção do "grotesco" em autores tão distintos quanto Molière, Voltaire e Swift.

36. Para as atitudes dos séculos XVII, XVIII ou ainda de hoje em relação ao riso, ver M. Bakhtin, *op. cit.*, p. 57-8: "o riso não pode ser uma forma universal de concepção de mundo; ele pode referir-se apenas a certos fenômenos parciais e

parcialmente típicos da vida social, a fenômenos de caráter negativo; o que é essencial e importante não pode ser cômico; a história e os homens que a encarnam (reis, chefes de exército, heróis) não podem ser cômicos; o domínio do cômico é restrito e específico (vícios do indivíduo e da sociedade); não se pode exprimir na linguagem do riso a verdade primordial sobre o mundo e o homem, apenas o tom sério é adequado..." Ver p. 62-3, 87 para as relações entre o advento do absolutismo e o rebaixamento das formas populares do riso, o predomínio da clássico, bem como o tom exclusivamente "sério" da cultura medieval oficial. Considere-se, ainda, de que forma "a concepção grotesca do corpo" vai cedendo lugar a uma cultura que lhe é radicalmente avessa e tende a atribuir conteúdos estritamente negativos ao "'baixo' material e corporal" (p. 265-383).

37. I, p. 212, nota 1 de M. R. Lapa. Ver M. R. Lapa, *op. cit.*, p. 154. Ver ainda p. 151-75.

38. Cf. João de C. Osório, *op. cit.*, p. 9-10. Oposto a Gonzaga, Gracián demonstra uma "falta absoluta de fé no homem", em sua obra convivem "o otimismo metafísico e o pessimismo moral" (p. 10). As semelhanças são superficiais, como ambos serem sábios e cultos e discutirem a autoridade tirânica de um governador colonial. Ver p. 7-16. Para o autor, o título *Cartas chilenas* baseia-se provavelmente nas *Lettres persanes* de Montesquieu, mas não há maiores afinidades entre essas obras.

39. E. Auerbach, *Introdução aos estudos literários*, p. 206 e 212, sobre o romance nos séculos XVII e XVIII e sua aceitação cada vez mais ampla, particularmente em seu gênero epistolar, como em *As ligações perigosas*.

40. Jorge Borges de Macedo, *Estrangeirados: um conceito a rever*, p. 199-200.

41. O *Hissope* foi redigido entre 1770 e 1772 e, mesmo não sendo impresso, passou a circular em cópias manuscritas. Antônio Diniz, aliás, viveu no Brasil entre 1776 e 1789. *O desertor das letras* é de 1774 e foi publicado em Portugal por ordem do próprio ministro de d. José I. O *Reino da estupidez* é de 1785, mas não há nenhum indicador de que fosse conhecido no Brasil. As sátiras de Tolentino somente se publicaram pela primeira vez em 1801. Cf. *Satíricos portugueses*, p. 4, 10; Silva Alvarenga, *Antologia e crítica*, p. 13; A. Candido, *op. cit.*, p. 159.

42. Ver a esse respeito Joaquim Ribeiro, "As 'Cartas chilenas' e o 'Hissope' (tese de apocrifia)", *Revista Filológica*, p. 11-23. Oswald de Andrade, *op. cit.*, p. 69. O autor sugere que um poema de Dirceu foi escrito por Antônio Diniz, mas sem apresentar provas consistentes; Cecília Meireles, "Um enigma do século XVIII: Antônio Diniz da Cruz e Silva", *Proceedings of the International Coloquium on Luso-Brasilian Studies*, p. 161-4. Alguns desses textos ja foram criticados por M. R. Lapa, *op. cit.*, p. 6-7, 127-8.

43. Já no fim do século XIX, precisamente em 1897, é possível detectar essa linha interpretativa que observa a dimensão dos sentimentos de Critilo, e que será retomada por outros autores: "as *Cartas chilenas*, que são certamente um protesto da dignidade humana ultrajada, mas que significam também, não se pode desconhecê-lo, um impetuoso – ainda que justo – desabafo de ressentimento pessoal irrefreável, uma vindita candente de amor-próprio ferido" – As "Cartas chilenas", *Revista do Arquivo Público Mineiro*, 2(2), p. 423, 1897. Cf. ainda J. G. Merquior, *op. cit.*, p. 42; M. S. de Aguiar, *op. cit.*, p. 5.

44. R. Wellek, *História da crítica moderna*, p. 16. Como diz o autor, "ao poeta pedia-se que apresentasse uma ordem universal, livre do acaso e da injustiça, e assim se tornasse um defensor dos caminhos de Deus para o homem".

45. F. Cristóvão, *op. cit.*, p. 33-6; M. R. Lapa, *op. cit.* Ver o prefácio de Afonso Pena Júnior, em que fornece maiores detalhes da legislação do reino referente à divulgação de sátiras e libelos (p. XX-XXI). Essa legislação não conteve, contudo, a enorme profusão de poemas satíricos em Portugal no período. Cf. T. Braga, *A Arcádia Lusitana*, *passim*.

46. Para as biografias de Filinto Elísio e Bocage, ambos perseguidos pela Coroa por motivos diversos, ver Teófilo Braga, *Filinto Elísio e os dissidentes da Arcádia*, *passim*.

47. M. S. de Aguiar, *op. cit.*, p. 5.

48. Ver acima, notas 35 e 36.

49. Ver os dois sarcásticos sonetos de Bocage "dedicados" "a um célebre mulato Joaquim Manuel, grande tocador de viola e improvisador de modinhas", onde se lê, entre outras passagens: "Esse cabra, ou cabrão, que anda na berra,/ Que mamou no Brasil surra e mais surra [...] Merece à filosófica pachorra/ Um corno, um passa-fora, um arre, um irra". Ou ainda: "Que ópio dás ao machete orangotango,/ Tu, glória das carrancas semipretas! [...] Com faro de chulice americana/ Para o cálido sul cortando a linha/ Vai cevar-te no coco, e na banana". Bocage, *Poemas*, p. 59 e 60.

50. Ver *Parte III*, p. 139-40.

51. I, p. 250, ver nota de M. R. Lapa aos vv. 271-2. Cf. ainda Robert Darnton, *Boemia literária e revolução*, p. 7-49, para o conceito de subliteratura.

52. Para a presença de elementos barrocos no poema, ver Affonso Ávila, *op. cit.*, p. 163-86. Para os elementos da linguagem popular, cf. M. R. Lapa, *op. cit.*, p. 51-73; D. G. Ferreira, *As cartas chilenas*, p. 147-69.

53. O que é válido mesmo para um Bocage ou, caso mais extremo, o poeta-sapateiro carioca Joaquim José da Silva, que "se eventualmente adquire algum poder é o de corroer essas regras e esses papéis literários em processo de sistematização

com um uso irreverente de formas e referências clássicas, misturando-as aos assuntos mais prosaicos, com um irônico *nonsense* e a 'grossura' de expressões e gargalhadas populares". Flora Sussekind, *O sapateiro Silva*, p. 97.

54. Principalmente o universo de gírias e expressões idiomáticas é amplo no texto de Antônio Diniz.
55. J. F. Carrato, *op. cit.*, p. 86.
56. M. R. Lapa, *op. cit.*, p. 54, 71. Ver ainda F. Sussekind, *op. cit.*, p. 64, 70, 72-3; a autora observa: "Quando utilizados por alguém como Gonzaga, o coloquialismo, o grotesco, a sátira passam por uma espécie de 'escola de boas maneiras'. Não chegam a afetar seja a ideologia ilustrada, seja a estética árcade" (p. 72). Se o argumento parece-nos pertinente com respeito à estética árcade, em que Gonzaga "concilia" as expressões chulas com os moldes clássicos, como compreende a autora, os aspectos referentes ao Iluminismo são mais ambíguos.
57. É recorrente a importância atribuída à biografia de Gonzaga para o entendimento de sua obra, o que pode levar a toda ordem de confusão possível entre ambas. Como diz A. Candido: "em Tomás Antônio Gonzaga a poesia parece fenômeno mais vivo e autêntico, menos literário do que em Cláudio, por ter brotado de experiências humanas palpitantes". *Op. cit.*, v. I, p. 114. Se essa afirmação parece pertinente, é difícil encontrar com nitidez nos poemas as "linhas de uma biografia", como indica o autor mais à frente (p. 123). Sílvio Romero já asseverava que as liras eram "um bem fraco documento para uma análise rigorosa por este lado", referindo-se às biografias de Gonzaga e Maria Dorotéia, entendimento com o qual concordamos. *Op. cit.*, p. 128. É necessária, aliás, uma pesquisa que busque interpretar a recepção estética das liras e as leituras que se fizeram da biografia do autor.
58. Cf. principalmente A. Candido, *op. cit.*, p. 114-26; F. Cristóvão, *op. cit.*, p. 23.
59. Tomás A. Gonzaga, *Marília de Dirceu*, 1845. Introdução de J. M. P. Silva, p. XXII-XXIII; Varnhagen, *op. cit.*, p. 59; Araripe Júnior, *op. cit.*, p. 276-81; Alberto Faria, "Anacreontes do grupo mineiro", *Aérides*, p. 213-9; João Ribeiro, "Paralelismos literários", *O fabordão*, p. 317-27; F. Cristóvão, *op. cit.*, p. 23-37.
60. R. Wellek, *op. cit.*, p. 1-22.
61. *Apud* A. Rosenfeld & J. Guinsburg, "Romantismo e classicismo", J. Guinsburg (org.), *O romantismo*, p. 262-3.
62. *Ibid.*, p. 263-4; R. Wellek, *op. cit.* O autor aponta para algumas variações na adoção desses princípios, como a admissão, na prática, dos gêneros híbridos (p. 17); A. Candido, *op. cit.*, p. 43.
63. A. Candido, *idem*, p. 17.

64. *Ibid.*, p. 44.
65. Para A. Rosenfeld e J. Guinsburg, o neoclassicismo "faz par com o racionalismo ilustrado". *Op. cit.*, p. 262. No entanto, importa observar as diferenças entre arcadismo e Iluminismo, tal como trabalhadas por J. G. Merquior, *op. cit.*, p. 26: "a rigor, a Arcádia neoclássica não foi uma criação do intelecto ilustrado, e sim um fruto da sensibilidade rococó, oportunamente assimilado pela Ilustração". Igualmente, é importante verificar as "afinidades internas" entre o neoclassicismo e o arcadismo do século XVIII e os "classicismos", nos aspectos em que buscam dar continuidade diretamente ao classicismo do século anterior, além de ao classicismo em sentido amplo. Afora esse aspecto, note-se a "fragilidade" própria do pensamento iluminista de Portugal da época, o que já foi comentado.
66. T. Braga, *A Arcádia Lusitana*, p. 49: tal como os italianos retomaram Petrarca, a Arcádia Lusitana visara ao "restabelecimento das normas poéticas dos Quinhentistas Sá de Miranda, Camões, Ferreira e Bernardes".
67. A. J. Saraiva e Ó. Lopes, *op. cit.*, p. 606-7.
68. A. Ávila, *op. cit.*, p. 105-11.
69. J. G. Merquior, *op. cit.* Segundo afirma o autor, "com a esclerose da tragédia a lírica era considerada a quintessência da literatura" (p. 27).
70. Bouterwek já observava, em 1805, que "a acentuada preferência que davam os portugueses antigos a essa espécie de poesia bucólica transmitiu-se, portanto, de geração a geração, até nossos dias". Sismonde de Sismondi afirma o mesmo, em 1813: desde o século XII se afirma essa preferência portuguesa, dando "um quê de infantil, enjoativo e amaneirado" à sua literatura. Cf. *Historiadores e críticos do romantismo*, p. 11, 25. Garret também nota essa tradição portuguesa, a cultura do "gênero pastoril, em que raro poeta não deixou de escrever". A. Garret, *op. cit.*, p. 73.
71. E. Staiger, *op. cit.* Como diz o autor, "a maioria dos grandes líricos foram grandes apaixonados — como estes de primeira categoria: Safo, Petrarca, Goethe, Keats" (p. 65).
72. A. Candido, *op. cit.*, p. 45, 67.
73. *Ibid.*, p. 57. O autor observa como o arcadismo, ao acentuar a identidade do racional e do natural, preparava as condições para a própria ruptura do equilíbrio clássico: "o ideal de naturalidade conduziu ao de espontaneidade, que abriu as portas ao sentimentalismo — negação gritante da racionalidade. Dando categoria de literatura aos sentimentos espontâneos inaugurou a lógica do coração e a dicotomia inevitável entre ela e a razão raciocinante, promovendo a dissolução desta como a instância superior da criação literária" (p. 62).

74. *Ibid.*, p. 57.
75. *Ibid.*, p. 57.
76. Cf. M. S. de Aguiar, *O jogo de oposições na poesia de Cláudio Manuel da Costa*, p. 21-98.
77. A. Candido, *Na sala de aula*, p. 20-37.
78. A. Candido, *Formação da literatura brasileira*, v. I, p. 121.
79. *Ibid.*, p. 122, nota 4; p. 124, nota 7.
80. *Ibid.*, p. 121-2.
81. F. Cristóvão, *op. cit.*, p. 84-94.
82. A. Candido, *op. cit.*, p. 60.
83. *Ibid.*, p. 121.
84. R. Wellek, *op. cit.*, p. 22.
85. *Ibid.*, p. 22. Cf. ainda J. G. Merquior, *op. cit.*, p. 33, em que o autor distingue "pathos romântico" de "romantismo" no estilo; N. Elias, *op. cit.*, p. 185-206, em que o autor aborda o "romantismo" específico da sociedade de corte.
86. F. Cristóvão, *op. cit.*, p. 90: "através da piedade e da compaixão já o poeta tinha trocado o primado da razão pelo do sentimento. Amar é agora o traço distintivo do novo herói".
87. Em tempo, é necessário salientar que essas mudanças da natureza são profundamente distintas do quadro natural em suas transformações pintado pelos românticos. A esse respeito, ver Keith Thomas, *op. cit.*, p. 230, 241, 253, 307, 309-10, 314-8; Raymond Williams, *op. cit.*, p. 178-9.
88. A. Candido, *op. cit.*, p. 62.
89. *Ibid.*, p. 63.
90. *Ibid.*, p. 58.
91. Ver ainda nas seguintes páginas os versos: p. 109, vv. 37-40; p. 111, vv. 48-50 (semelhantes aos anteriormente citados); p. 151, vv. 41-8; p. 159, vv. 55-63; p. 165, vv. 43-8; p. 167, vv. 55-60. É importante salientar que todos esses versos correspondem à(s) última(s) estrofe(s) dos poemas; são suas "chaves de ouro".
92. Recorde-se, entre outros exemplos, o soneto sobre o "português sisudo" e a "antiga idade" feliz do reino.
93. Não se verifica, portanto, um "naturalismo racionalista" em sua obra, como supõe M. R. Lapa, para quem, desde o *Tratado de direito natural*, a concepção de natureza de Gonzaga era "um princípio de filosofia de primacial importância". Cf. M. R. Lapa, *op. cit.*, p. 24.

94. Ver acima, nota 59.
95. F. Cristóvão, *op. cit.*, p. 11-2.
96. Ver a esse respeito, entre outros trabalhos, Maria Leonor Buescu, "Uma nova retórica para um novo discurso", *Pombal revisitado*, v. I, p. 169-79, em que a autora aborda a tradução do *Tratado do sublime* do pseudo-Longino e sua repercussão nos escritos estéticos dos poetas árcades portugueses, particularmente na *Arte poética* de Garção.
97. F. Cristóvão, *op. cit.*, p. 23-6; A. J. Saraiva & Ó. Lopes, *op. cit.*, p. 603-7.
98. Para as diferenças entre Verney e Garção, ver A. J. Saraiva & Ó. Lopes, *op. cit.*, p. 576, 603-4. Verney distingue a falsa da verdadeira retórica, em que apenas o discurso jurídico se preocupa com a verdade de seus enunciados. Cândido Lusitano opõe-se veementemente a isso, defendendo a importância formativa da literatura.
99. F. Cristóvão, *op. cit.*, p. 23.
100. *Ibid.*, p. 23-4.
101. Araripe Júnior, *op. cit.*, p. 276-81.
102. F. Cristóvão, *op. cit.*, p. 24.
103. *Ibid.*, p. 24-6. Como diz o autor: "Não deixa de haver certa atitude de estar a contribuir para a consolidação dos valores morais, sociais e literários que, embora em véspera de transformações, ainda são aceitas. Idéias tanto sobre a vida terrena, eternidade, família, amor, como sobre o gosto e correção na república das letras: os bons modelos e autores gregos, latinos e modernos" (p. 25).
104. *Ibid.*, p. 25, em que o autor trata do *carpe diem*.
105. *Ibid.*, p. 26. O autor compara as relações intertextuais entre um poema de Anacreonte e sua imitação por Dirceu, p. 44-50, em que o autor realiza o mesmo procedimento entre um poema de Virgílio e suas imitações por Tasso e Gonzaga.
106. *Ibid.*, p. 29.
107. *Ibid.*, p. 30, nota 4, em que o autor, tendo em conta apenas a primeira parte das liras de *Marília de Dirceu*, da edição da Costa de 1937, identifica artifícios narrativos nos poemas: 3, 4, 12, 13, 20, 23, 24, 25, 26, 28, 29, 30, 32, 33. Realizando-se o mesmo levantamento para a segunda parte da mesma edição, citem-se ainda os poemas: 8, 9, 17, 21, 29, 34, 38. Para a terceira parte, ainda se verificam artifícios narrativos nos poemas: 1, 4, 6, 7, 8, 12, 15, 18.
108. *Ibid.*, p. 30.

109. *Ibid.*, p. 83; M. S. de Aguiar, *O jogo de oposições na poesia de Cláudio Manuel da Costa*, p. 55-7.
110. F. Cristóvao, *op. cit.*, p. 31-2.
111. *Ibid.*, p. 322. O autor estuda o argumento *ad hominem* em uma lira de Dirceu (Parte I, lira 20).
112. *Ibid.*, p. 57.
113. *Ibid.*, p. 57-117.
114. Apenas para os 50 primeiros poemas, de um total de 94, o verbo "ver", ligado às mais diversas ações, está presente em 32 poemas, inclusive na abertura de diversos deles, na primeira frase. Em um número elevado, aparece mais de uma vez. Outros verbos, como "notar", "conhecer", "atender" "reparar", aparecem também na condição de sinônimos de "ver" em alguns desses 32 poemas ou ainda nos restantes. Sílvio Romero já havia indicado esse aspecto na poesia de Gonzaga: "o poeta das imagens exteriores, das formas opulentas, dos quadros deslumbrantes: a poesia vem-lhe pela vista". *Op. cit.*, p. 139. O crítico José Afonso de Mendonça e Azevedo, citado por Lapa, aborda o mesmo aspecto: "suas poesias são uma pintura do que ele vê. Dez vezes o verbo pintar lhe ocorre à pena... Posso afirmar, sem medo de contradita, que rara será a poesia de Gonzaga em que não apareça a palavra olhos, sendo o verbo ver comum a quase todas as suas produções". *Apud* M. R. Lapa, *Os amores de Marília e Dirceu*, *op. cit.*, p. 4.
115. *Ibid.*, p. 68.
116. *Ibid.*, p. 72: "talvez melhor pudéssemos aproximar o quadro pintado por Dirceu dum Watteau de fraca presença das cores escuras e mais afim dessas pinceladas brancas, enquadradas por tons róseos".
117. *Ibid.*, p. 78-80.
118. *Ibid.*, p. 82. É importante a observação do autor de que "essa dignidade senhorial de varão discreto assenta-se numa concepção de vida em que os sentidos estão sujeitos à razão, e esta a Deus e aos poderes constituídos".
119. *Ibid.*, p. 31-2.
120. A. Candido, *op. cit.*, p. 114.
121. *Ibid.*, p. 114.
122. Ver I, p. 103, 108-09 (onde o sonho é interpretado como prova de seu amor).
123. M. S. de Aguiar, *op. cit.*, p. 83.
124. Eugênio Gomes, "Tomás Antônio Gonzaga e o tempo", *Visões e revisões*, p. 46-53.

125. A. Candido, *Na sala de aula*, p. 25-6, para a importância da representação do tempo no poema que se inicia por: "Eu, Marília, não fui algum vaqueiro"; ver ainda F. Cristóvão, *op. cit.*, p. 36-7, para comparações entre Gonzaga e Garção.
126. F. Cristóvão, *idem*, p. 36.
127. *Ibid.*, p. 37.
128. Nesse sentido, observe-se, aliás, que as edições das *Obras completas* de Tomás A. Gonzaga organizadas por M. R. Lapa no Brasil (1942 e 1957) não estampam a nota do mesmo organizador que acompanha a edição de *Marília de Dirceu* de 1937 (Sá da Costa, Portugal), que é repetida na sua reedição mais recente pela mesma editora. Segundo Lapa, "esses dizeres permitem datar esta poesia da época em que se tinha ajustado o casamento dos dois namorados: meados de 1787 ou pouco antes" (p. 2). Atribuímos a ausência dessa nota nas duas edições brasileiras ao fato de sua ambigüidade não "permitir" a afirmativa de que "se tinha ajustado o casamento dos dois namorados", o que certamente levou o organizador a esse recuo após seus estudos mais minuciosos sobre Gonzaga. Cf. Fábio Lucas, "O historiador dos inconfidentes", *Jornal da Tarde*, p. 8, em que o autor traça um perfil biobibliográfico de M. R. Lapa.
129. Um dos pontos máximos dessa ambigüidade pode ser visto em um poema escrito na prisão, único em que ficamos sabendo que Marília continua de alguma forma ligada a Dirceu, pela menção do poeta a uma carta que a amada lhe enviou: "Mas vejo, ó cara, as tuas letras belas;/ uma por uma beijo,/ e choro então sobre elas.// Tu me dizes que siga o meu destino;/ que o teu amor, na ausência,/ será leal e fino" (I, 164-5). O difícil é avaliar a qualidade dessa ligação ou, principalmente, avaliar o conteúdo dos sentimentos de Marília em relação ao presente e ao futuro de suas vidas.
130. Para uma abordagem distinta, ver A. Candido, *Formação da literatura brasileira*, p. 126; J. G. Merquior, *op. cit.*, p. 34.
131. Ver *Parte I*, p. 34-5.

BIBLIOGRAFIA

1. LIVROS CITADOS OU CONSULTADOS

AGUIAR, Melânia Silva de. *O jogo de oposições na poesia de Cláudio Manuel da Costa.* Belo Horizonte, 1973. 134 p. (Tese de doutoramento apresentada à Faculdade de Letras da Universidade Federal de Minas Gerais).

AMORA, Antônio Soares. *História da literatura brasileira (sécs. XVI-XX).* 3. ed. rev. ampl. São Paulo, Saraiva, 1960. 215 p.

ANDERSON, Perry. *Linhagens do Estado absolutista.* Trad. João Roberto Martins Filho. São Paulo, Brasiliense, 1985. 549 p.

ÁVILA, Affonso. *O lúdico e as projeções do mundo barroco.* 2 ed. rev. São Paulo, Perspectiva, 1980. 320 p. (Coleção Debates, 35).

BAKHTIN, Mikhail. *A cultura popular na Idade Média e no Renascimento: o contexto de François Rabelais.* Trad. Yara Frateschi Vieira. São Paulo/Brasília, Ed. da Universidade de Brasília/Hucitec. 1987. 419 p. (Linguagem e Cultura).

BARDIN, Laurence. *Análise de conteúdo.* Trad. Luís Antero Reto & Augusto Pinheiro. Lisboa, Edições 70, 1979. 225 p.

BOBBIO, Norberto. *Ensaios escolhidos: história do pensamento político.* Trad. Sérgio Bath. São Paulo, C. H. Cardim Ed., s/d. 232 p.

──────. *Estado, governo, sociedade: para uma teoria geral da política*. Trad. Marco Aurélio Nogueira. 2. ed. Rio de Janeiro, Paz e Terra, 1987. 173 p. (Coleção Pensamento Crítico, v. 69).

──────. *As teorias das formas de governo na história do pensamento político*. Trad. Sérgio Bath. 2. ed. Brasília, Ed. da Universidade de Brasília, 1980. 178 p. (Coleção Pensamento Político, 17).

BOSI, Alfredo. *História concisa da literatura brasileira*. 3. ed. São Paulo, Cultrix, 1982.

BRAGA, Teófilo. *Filinto Elisio e os dissidentes da Arcádia. A Arcádia Brasileira*. Porto, Livraria Chardron, 1901. (História da Literatura Portuguesa).

CANDIDO, Antonio. *Formação da literatura brasileira (momentos decisivos)*. 6. ed. 2 v. Belo Horizonte, Itatiaia, 1981. 806 p. (Biblioteca Brasileira de Literatura, v. 1).

──────. *Literatura e sociedade: estudos de teoria e história literária*. São Paulo, Nacional, 1985. 193 p. (Biblioteca Universitária, série 2: Ciências Sociais, v. 49).

──────. *Vários escritos*. 2. ed. São Paulo, Duas Cidades, 188 p.

CARRATO, José Ferreira. *Igreja, Iluminismo e escolas mineiras coloniais (notas sobre a cultura da decadência mineira setecentista)*. São Paulo, Cia. Ed. Nacional/Ed. da Universidade de São Paulo, 1968. 311 p. (Coleção Brasiliana, v. 334).

CARVALHO, José Murilo de. *A construção da ordem: a elite política imperial*. Brasíla, Ed. Universidade de Brasília, 1981. 202 p. (Coleção Temas Brasileiros, v. 4).

CARVALHO, Laerte Ramos de. *As reformas pombalinas da instrução pública*. São Paulo. Faculdade de Filosofia, Ciências e Letras da USP, 1952.

CARVALHO, Ronald de. *Pequena história da literatura brasileira*. 9. ed. rev. Rio de Janeiro, F. Briguiet & Cia, ed., 1953. 384 p.

CASSIRER, Ernst. *La filosofía de la Ilustración*. Trad. Eugênio Imaz. 3. ed. nov. rev. México, Fondo de Cultura, 1984. 405 p. (Sección de Obras de Filosofia).

CASTRO, Armando. *Teoria do sistema feudal e transição para o capitalismo em Portugal*. Lisboa, Caminho, 1987. 178 p. (Coleção Universitária, 20).

CHAUNU, Pierre. *A civilização da Europa das Luzes*. Trad. Manuel João Gomes. 2 v. Lisboa, Estampa, 1985. 648 p. (Imprensa Universitária, v. 1, 43-44).

CHAVES, Arlindo. *Ainda as "Cartas chilenas" (réplica)*. Belo Horizonte, Of. Gráfica de Estatística, s/d. 34 p.

CIDADE, Ernani. *Lições de cultura e literatura portuguesa*. 2. ed. 2 v. Coimbra, Coimbra Ed., 1940.

COUTINHO, Afrânio (dir.). *A literatura no Brasil*. 2. ed. v. 1. Rio de Janeiro, Sul Americana, 1968. 400 p.

CRISTÓVÃO, Fernando. *Marília de Dirceu de Tomás Antônio Gonzaga: ou a poesia como imitação e pintura*. Vila da Maia, Imprensa Nacional/ Casa da Moeda, 1981. 175 p. (Série Temas Portugueses).

DARNTON, Robert. *Boemia literária e revolução: o submundo das letras no Antigo Regime*. Trad. Luís Carlos Borges. São Paulo, Companhia das Letras, 1987. 271 p.

DELUMEAU, Jean. *A civilizacão do Renascimento*. Trad. Manuel Ruas. 2 v. Lisboa, Editorial Estampa, 1984. 687 p. (Imprensa Universitária, 37-8).

DUTRA, Waltensir & CUNHA, Fausto. *Biografia crítica das letras mineiras: esboço de uma história da literatura de Minas Gerais*. Rio de Janeiro MEC/INL, 1956. 134 p. (Biblioteca de Divulgação Cultural, 5).

ELIAS, Norbert. *A sociedade de corte*. Trad. Ana Maria Alves. Lisboa, Estampa, 1987. 240 p. (Imprensa Universitária, 57).

ENCICLOPÉDIA EINAUDI. *Memória/história*. Trad. Bernardo Leitão *et alii*. v. 1. Porto, Casa da Moeda/Imprensa Nacional, 1984. 457 p.

——————. *Mithos/Logos – Sagrado/Profano*. Trad. Alexandre O'Neill *et alii*. v. 12. Porto Casa da Moeda/Imprensa Nacional, 1987. 391 p.

FALCON Francisco José Calazans. *Despotismo esclarecido*. São Paulo, Ática, 1986. 96 p. (Série Princípios, 54).

——————. *A época pombalina: política econômica e monarquia ilustrada*. São Paulo, Ática, 1982. 532 p. (Ensaios, 53).

——————. *Iluminismo*. São Paulo, Ática, 1986. 95 p. (Série Princípios, 84).

FARIA, Alberto. *Aérides: literatura e folclore*. Rio de Janeiro, Jacintho Ribeiro dos Santos, 1918. 308 p.

——————. *Acendalhas: literatura e folclore*. Rio de Janeiro, Ed. de Leite Ribeiro & Maurillo, 1920. 400 p.

FERREIRA, Delson Gonçalves. *"Cartas chilenas": retrato de uma época*. 2. ed. rev. ampl. Belo Horizonte, UFMG, 1987. 327 p.

FREYRE Gilberto. *Sobrados e mucambos: decadência do patriarcado rural no Brasil*. São Paulo, Cia. Ed. Nacional, 1936. 405 p., il. (Brasiliana; Biblioteca Pedagógica Brasileira, Série 5.ª, v. 64).

GOMES, Lindolfo. *A autoria das "Cartas chilenas"*. Juiz de Fora, Tipografia Brasil, 1932. 49 p.

GORENDER, Jacob. *O escravismo colonial*. 4. ed. rev. ampl. São Paulo, Ática, 1985. 625 p. (Ensaios, 29).

GRIECO, Agrippino. *Evolução da poesia brasileira*. 3. ed. rev. Rio de Janeiro, José Olympio, 1947. 222 p. (Obras Completas de Agrippino Grieco, 2).

HABERMAS Jürgen. *Mudança estrutural da esfera pública: investigações quanto a uma categoria da sociedade burguesa*. Trad. Flávio R. Kothe. Rio de Janeiro, Tempo Brasileiro, 1984. 397 p. (Biblioteca Tempo Universitário, 76. Série Estudos Alemães).

HESPANHA, António M. *A história do direito na história social*. Lisboa, Livros Horizonte, 1978. 223 p. (Coleção Movimento, 25).

HISTORIADORES e críticos do romantismo. 1: A contribuição européia, crítica e história literária. Sel. apres. Guilhermino César. Rio de Janeiro/São Paulo, Livros Técnicos e Científicos/Ed. da Universidade de São Paulo, 1978. 193 p. (Biblioteca Universitária de Literatura Brasileira: Série A – Ensaio, Crítica, História Literária, v. 5).

HOLANDA, Sérgio Buarque de (org.). *A época colonial: administração, economia, sociedade*. 4 ed. São Paulo, Difel 1977. 518 p. (História Geral da Civilização Brasileira, t. I, v. 2).

JARDIM, Márcio. *Síntese factual da Inconfidência Mineira*. Belo Horizonte, Instituto Cultural Codeser, 1988. 435 p.

LAPA, Manuel Rodrigues. *As "Cartas chilenas": problema histórico e filológico*. Rio de Janeiro, MEC/INL, 1958. 382 p.

LAUSBERG, Heinrich. *Elementos de retórica literária*. Trad. R. M. Rosado Fernandes. 3 ed. Lisboa, Fundação Calouste Gulbenkian, 1982. 294 p.

LE GOFF, Jacques. *Os intelectuais na Idade Média*. Trad. Maria Julia Goldwasser. 2. ed. São Paulo, Brasiliense, 1989. 144 p.

LOPES, Maria Antónia. *Mulheres, espaço e sociabilidade: a transformação dos papéis femininos em Portugal à luz das fontes literárias (segunda metade do séc. XVIII)*. Lisboa, Livros Horizonte, 1989. 231 p.

MACHADO, Álvaro Manuel. *O "francesismo" na literatura portuguesa*. Lisboa Instituto de Cultura e Língua Portuguesa, s/d. 122 p. (Biblioteca Breve, 80).

MACHADO, Lourival Gomes. *Tomás Antônio Gonzaga e o direito natural*. São Paulo, Liv. Martins, 1968. 169 p.

MAXWELL, Kenneth R. *A devassa da devassa: a Inconfidência Mineira Brasil–Portugal, 1750-1808*. Trad. João Maia. 3. ed. São Paulo, Paz e Terra, 1985. 317 p. (Coleção Estudos Brasileiros, v. 22).

MERQUIOR, José Guilherme. *De Anchieta a Euclides: breve história da literatura brasileira – I*. 2. ed. Rio de Janeiro, José Olympio, 1979. 238 p. (Documentos Brasileiros, v. 182).

MOTA, Carlos Guilherme. *Idéia de revolução no Brasil, 1789-1801*: estudo das formas de pensamento. Petrópolis, Vozes, 1979. 148 p. (Coleção História Brasileira, 3).

MUMFORD, Lewis. *A cidade na história*: suas origens, transformações e perspectivas. Trad. Neil R. da Silva. 2. ed. São Paulo, Martins Fontes, 1982. 741 p. (Ensino Superior).

NAVARRO, Wilson Salles. *A presença do arcadismo italiano na primeira fase de formação da literatura brasileira*. São José do Rio Preto, 1984. 173 p. (Dissertação de mestrado apresentada ao Instituto de Biociências, Letras e Ciências Exatas da Universidade Estadual Paulista Júlio de Mesquita Filho).

OLIVEIRA, Almir de. *Gonzaga e a Inconfidência Mineira*. Belo Horizonte/São Paulo, Itatiaia/Ed. da Universidade de São Paulo, 1985. 157 p. (Reconquista do Brasil; nova série especial, v. 90).

OSÓRIO, João de Castro. *Gonzaga e a justiça*: confrontação de Baltasar Gracián e Tomás Antônio Gonzaga, um argumento novo sobre a autoria das "Cartas chilenas". Lisboa, Ed. Álvaro Pinto, 1950. 78 p.

PAIM, Antônio. *História das idéias filosóficas no Brasil*. 3. ed. rev. aum. São Paulo/Brasília, Convívio/Fundação Nacional Pró-Memória, 1984. 615 p.

POMBAL REVISITADO. Comunicações ao Colóquio Internacional organizado pela Comissão das Comemorações do 2° Centenário da Morte do Marquês de Pombal. 2 v. Lisboa, Ed. Estampa, 1984. 798 p. (Imprensa Universitária, vs [vols???] 34-35).

REIS, Carlos. *Técnicas de análise textual*: introdução à leitura crítica do texto literário. 3. ed. rev. Coimbra, Almedina, 1981. 482 p.

RIBEIRO, João. *Crítica*: clássicos e românticos brasileiros. v. 1. Rio de Janeiro, Academia Brasileira de Letras, 1952. 280 p. (Obras de João Ribeiro).

RIBEIRO, Renato Janine. *A etiqueta no Antigo Regime*: do sangue à doce vida. São Paulo, Brasiliense, 1983. 110 p. (Tudo É História, 69).

ROBIN, Régine. *História e lingüística*. Trad. Adélia Bolle e Marilda Pereira. São Paulo, Cultrix, 1977. 327 p.

ROMERO, Sílvio. *História da literatura brasileira*: formação e desenvolvimento autonômico da literatura nacional. 3. ed. aum. v. 2. Rio de Janeiro, José Olympio, 1943. 370 p. (Coleção Documentos Brasileiros).

ROSENFELD, Anatol. *Estrutura e problemas da obra literária*. São Paulo, Perspectiva, 1916. 65 p. (Coleção Elos, 1).

SABINE, George. *História das teorias políticas*. Trad. Ruy Jungmann. 2 v. São Paulo, Fundo de Cultura, 1961. 903 p.

SARAIVA, António José & LOPES, Óscar. *História da literatura portuguesa*. 5. ed. corrig. aum. Porto, Porto Editora, s/d. 1.123 p.

SENNETT, Richard. *O declínio do homem público: as tiranias da intimidade*. Trad. Lygia Araújo Watanabe. 1ª reimp. São Paulo, Companhia das Letras, 1988. 447 p.

SILVA, Nuno J. Espinosa Gomes da. *História do direito português: fontes de direito*. Lisboa, Fundação Calouste Gulbenkian, 1985. 315 p.

SODRÉ, Nelson Werneck. *História da literatura brasileira: seus fundamentos econômicos*. 4. ed. Rio de Janeiro, Civilização Brasileira, 1964. 596 p. (Coleção Vera Cruz – Literatura Brasileira, v. 60).

SOUZA, Laura de Mello e. *Desclassificados do ouro: a pobreza mineira no século XVIII*. Rio de Janeiro, Graal, 1982. 237 p. (Biblioteca de História, v. 8).

STAIGER, Emil. *Conceitos fundamentais de poética*. Trad. Celeste Aída Galeão. Rio de Janeiro, Tempo Brasileiro, 1975. 199 p. (Biblioteca Tempo Universitário, 16).

SUSSEKIND, Flora & VALENÇA, Raquel T. *O sapateiro Silva: poemas de Joaquim José da Silva*. Rio de Janeiro, FCRB – Centro de Pesquisas – Setor de Filologia, 1983. 180 p. (Literatura popular em verso. Estudos, nova série, 5).

TEIXEIRA, António Braz. *O pensamento filosófico-jurídico português*. Lisboa Instituto de Cultura e Língua Portuguesa, 1983. 168 p. (Biblioteca Breve, v. 83).

THOMAS, Keith. *O homem e o mundo natural: mudanças de atitude em relação às plantas e aos animais (1500-1800)*. Trad. João Roberto Martins Filho. 1ª reimp. São Paulo, Companhia das Letras, 1988. 454 p.

TODOROV, Tzvetan. *Poética*. Trad. Carlos da Veiga Ferreira. Lisboa, Teorema, 1986. 107 p.

VAINFAS, Ronaldo. *Ideologia & escravidão: os letrados e a sociedade escravista no Brasil colonial*. Petrópolis, Vozes, 1986. 168 p. (Coleção História Brasileira, 8).

VERÍSSIMO, José. *História da literatura brasileira: de Bento Teixeira (1501) a Machado de Assis (1908)*. 3. ed. Rio de Janeiro, José Olympio, 1954. 359 p. (Coleção Documentos Brasileiros, 74).

VOLTAIRE, François-Marie Arouet de. *Cartas inglesas; Tratado de metafísica; Dicionário filosófico; O filósofo ignorante*. Trad. Marilena de Souza Chaui, Bruno da Ponte e João Lopes Alves. 2. ed. São Paulo, Abril Cultural, 1978. 333 p. (Os Pensadores).

WELLECK, René. *Conceitos de crítica*. Trad. Oscar Mendes. São Paulo, Cultrix, s/d. 311 p.

WILLIAMS, Raymond. *O campo e a cidade: na história e na literatura*. Trad. Paulo Henriques Britto. São Paulo, Companhia das Letras, 1989. 439 p.

2. ARTIGOS CITADOS OU CONSULTADOS

AGUIAR, Melânia Silva de. "O direito e o avesso na poesia de Cláudio Manuel da Costa". *Revista do IAC*. Ouro Preto, Instituto de Artes e Cultura/ UFOP, 0: 41-9, jan. 1987.

──────. "'Vitalismo' e 'abertura' no barroco brasileiro". *O Eixo e a Roda*; revista de literatura brasileira. Belo Horizonte, Faculdade de Letras – UFMG, 5 87-94, nov. 1986.

──────. "Uma leitura das 'Cartas chilenas'; texto revela que Tomás Antônio Gonzaga era um conservador empedernido, preconceituoso em relação às mulheres e aos negros". *Jornal do Brasil*. Rio de Janeiro, p. 5, dom., 16/4/1989. (Caderno B / Especial).

ALBERTONI, Ettore A. "Pacto". ENCICLOPÉDIA EINAUDI. *Estado – Guerra*. Trad. Fernanda Barão. v. 14. Porto, Casa da Moeda/ Imprensa Nacional, 1989. p. 11-43.

ANDRADE, Oswald de. "A Arcádia e a Inconfidência".──────. *Do Pau-Brasil à Antropofagia e às utopias: manifestos, teses de concursos e ensaios*. Rio de Janeiro, Civilização Brasileira/MEC/INL, 1972. p. 31-74. (Coleção Vera Cruz, Literatura Brasileira, v. 147. Obras Completas, VI).

──────. "O caminho percorrido (Conferência pronunciada em Belo Horizonte)". ──────. *Ponta de lança*; polêmica. 3. ed. Rio de Janeiro, Civilização Brasileira, 1972. p. 93-102. (Coleção Vera Cruz, Literatura Brasileira, v. 153. Obras Completas, V).

ARARIPE JÚNIOR, Tristão de Alencar. "Dirceu". ──────. *Obra crítica de Araripe Júnior (1888-1894)*. v. 2. Rio de Janeiro, MEC/Casa de Rui Barbosa, 1960. p. 265-81. (Coleção de Textos da Língua Portuguesa Moderna, 3).

AUERBACH, Erich. "A literatura clássica no século XVII". ──────. *Introdução aos estudos literários*. Trad. José Paulo Paes. 2. ed. São Paulo, Cultrix, 1972. p. 188-208.

──────. "O século XVIII". ──────. *Introdução aos estudos literários*. Trad. José Paulo Paes. 2. ed. São Paulo, Cultrix, 1972. p. 208-27.

BACZKO, Bronislaw. "Utopia". ENCICLOPÉDIA EINAUDI. *Anthropos/homem*. Trad. Rui Pereira e Miguel Serras Pereira. v. 5. Porto, Casa da Moeda/Imprensa Nacional, 1984. p. 333-96.

BANDEIRA, Manuel. "Apresentação da poesia brasileira". ———. *Poesia completa e prosa.* 4. ed. Rio de Janeiro, Nova Aguilar, 1986. p. 537-640. (Biblioteca Luso-Brasileira, Série Brasileira).

———. "A autoria das 'Cartas chilenas'". *Revista do Brasil,* 3.ª fase. Rio de Janeiro, 22: 1-25, 1940.

BIBLIOTECA do Pará descobre sete manuscritos das "Cartas chilenas". *Estado de Minas.* Segunda Seção. p. 3. Sábado, 20/1/1990.

BILAC, Olavo. "O feiticismo na poesia brasileira". *Últimas conferências e discursos.* Rio de Janeiro, Francisco Alves, 1924. p. 268-98.

BOSCHI, Caio C. "Apontamentos para o estudo da economia, da sociedade e do trabalho na Minas colonial". *Análise & Conjuntura.* Inconfidência Mineira e Revolução Francesa – Bicentenário: 1798/1989. Belo Horizonte Fundação João Pinheiro, 4 (2-3): 50-9, maio/dez. 1989.

BRAGA, Teófilo. "A Arcádia Lusitana". ———. *A Arcádia Lusitana.* Porto, Liv. Chardron, 1899. p. 9-110. (História da Literatura Portuguesa, v. 19).

BROCA, Brito. "A verdade e a lenda sobre Marília de Dirceu". ———. *Horas de leitura.* Rio de Janeiro, MEC/INL, 1957. p. 165-70. (Biblioteca de Divulgação Cultural, X).

CANDIDO, Antonio. "Uma falsa aldeia". ———. *Na sala de aula: caderno de análise literária.* 2. ed. São Paulo, Ática, 1986. p. 20-37. (Série Fundamentos, 1).

"As 'Cartas chilenas' (estudo bibliográfico)". *Revista do Arquivo Público Mineiro.* Ouro Preto, Imprensa Oficial de Minas Gerais, 2 (2): 403-24, abr./jun. 1897.

"Correspondências. Literatura portuguesa. Gonzaga por uma vez". *Jornal do Comércio.* Rio de Janeiro, Tipografia Imperial e Constitucional de J. Villeneuve e Cia., 15 (319), p. 1, col. 3-4; p. 2, col. 1, terça-feira, 1º/12/1840.

CURTI, Neli Pereira Pinto. "A realidade sócio-econômica nas Minas em fins do século XVIII (análise ideológica da produção literária do grupo mineiro)". *Revista de História.* São Paulo 33 (67): 121-43, jul./set. 1966.

DALLENBACH, Lucien. "Intertexto e autotexto". *Poétique: Revista de Teoria e Análise Literárias. Intertextualidades.* Trad. Clara Crabbé Rocha. Coimbra, Almedina, 1979. p. 51-76.

DIAS, José Sebastião da Silva. "Portugal e a cultura européia (séculos XVI a XVIII)". *Biblos.* Coimbra, 28: 203-498, 1952.

DIAS, Maria Odila da Silva. "Aspectos da ilustração no Brasil". *Separata da Revista do Instituto Histórico e Geográfico Brasileiro.* Departamento de Imprensa Nacional, 278: 105-70, jan./mar. 1968.

DUBY, Georges. "Histoire des mentalités". *L'Histoire et ses méthodes*. Encyclopédie de la Pléiade, 1961. p. 937-66.

EULÁLIO, Alexandre. "O pobre, porque é pobre, pague tudo". SCHWARZ, Roberto (org.). *Os pobres na literatura brasileira*. São Paulo, Brasiliense, 1983. p. 21-5.

FARIA, Alberto. "Uma lira de Gonzaga". *Revista do Arquivo Público Mineiro*. Belo Horizonte, Imprensa Oficial do Estado de Minas Gerais, *18*: 5-17, 1913.

FEBVRE, Lucien. "Alianças e apoios". ————. *Combates pela história*. Trad. Leonor Martinho Simões e Gisela Moniz. 2. ed. Lisboa, Presença, 1985. p. 147-238.

FERREIRA, Delson Gonçalves. "As 'Cartas chilenas' e a Inconfidência Mineira". *Análise & Conjuntura*. Inconfidência Mineira e Revolução Francesa – Bicentenário: 1789/1989. Belo Horizonte, Fundação João Pinheiro, 4 (2-3): 180-216, maio/dez. 1989.

FRANCO, Afonso Arinos de Melo. "A época das Luzes".————. *Mar de sargaços*. São Paulo, Martins, 1944. p. 51-63 (Mosaico, 6).

————. "Literatura colonial brasileira". ————. *Mar de sargaços*. São Paulo, Martins, 1944. p. 16-50 (Mosaico, 6).

————. "Literatura e pensamento jurídico". COUTINHO, Afrânio (dir.). *A literatura no Brasil*. 3.ed. rev. atual. v. 6. Rio de Janeiro: José Olympio – Niterói: Universidade Federal Fluminense – UFF, 1986. p. 192-9.

FRIEIRO, Eduardo. "Como era Gonzaga?".————. *O diabo na livraria do cônego: como era Gonzaga? E outros temas mineiros*. 2. ed. rev. aum. São Paulo, Itatiaia/Ed. da Universidade de São Paulo, 1981. p. 63-100. (Coleção Reconquista do Brasil; nova série, v. 56).

GARRET, J. B. S. L. D. "Bosquejo de história da poesia e língua portuguesa". — ————. *Escritos diversos*. Lisboa, Imprensa Nacional; 1877. p. 3-122.

GENOVESE, Eugene. "Os sistemas escravistas americanos na perspectiva mundial". ————. *O mundo dos senhores de escravos: dois ensaios de interpretação*. Trad. Lais Falleiros. Rio de Janeiro, Paz e Terra, 1979. p. 15-128. (Coleção Pensamento Crítico, v. 35).

GOMES, Eugênio. "Tomás Antônio Gonzaga e o tempo". ————. *Visões e revisões*. Rio de Janeiro, MEC/INL, 1958. p. 46-53. (Biblioteca de Divulgação Cultural, Série A – XIX).

HOLANDA, Sérgio Buarque de. "Gosto arcádico". *Revista Brasiliense*. São Paulo, 3: 97-114, jan./fev. 1956.

JENNY, Laurent. "A estratégia da forma". *Poétique*; revista de teoria e análise literárias. Intertexualidades. Trad. Clara Crabbé Rocha. Coimbra, Almedina, 1979. p. 5-49.

LAPA, Manuel Rodrigues. "Um poema inédito de Gonzaga: 'O naufrágio do Marialva'". MINAS GERAIS. *Suplemento Literário*. Belo Horizonte, 3 (92): 6-7, sábado, 1º/6/1968.

LE GOFF, Jacques. "As mentalidades; uma história ambígua". LE GOFF, J. & NORA, Pierre (dir.). *História: novos objetos*. Trad. Terezinha Marinho. Rio de Janeiro, Francisco Alves, 1976. p. 68-83. (Ciências Sociais).

LEACH, Edmund. Natureza/cultura. ENCICLOPÉDIA EINAUDI. *Anthropos/homem*. Trad. Rui Pereira e Miguel Serras Pereira. v. 5. Porto, Casa da Moeda/Imprensa Nacional, 1985. p. 67-101.

LUCAS Fábio. "O historiador dos inconfidentes". *Jornal da Tarde*, São Paulo, p. 8, 1º/7/1989. (Caderno de Sábado).

MACEDO, Jorge Borges de. "'Estrangeirados', um conceito a rever". *Bracara Augusta*; Revista Cultural da Câmara Municipal de Braga. Braga, XXVIII, 65-66 (77-78): 179-202, 1974.

MACHADO DE ASSIS, Joaquim Maria. "Notícia da atual literatura brasileira – Instinto de nacionalidade". ————. *Obras completas*. v. 3. Rio de Janeiro, Nova Aguilar, 1986. p. 801-9.

————. "A nova geração". ————. *Obras completas*. v. 3. Rio de Janeiro, Nova Aguilar, 1986. p. 809-37..

————. "O passado, o presente e o futuro de nossa literatura". ————. *Obras completas*. v. 3. Rio de Janeiro, Nova Aguilar, 1986. p. 785-9.

————. "A semana (7/7/1895)". ————. *Obras completas*. v. 3. Rio de Janeiro, Nova Aguilar 1986. p. 659-61.

MAGALHÃES, Domingos José Gonçalves de. "Discurso sobre a história da literatura do Brasil". ————. *Opúsculos históricos e literários*. 2. ed. Rio de Janeiro, B. L. Garnier, 1865. p. 241-71. (Obras de Gonçalves de Magalhães, T. VIII).

MARQUES FILHO, Teotônio. "Poemas de Cláudio Manuel da Costa". *O Lutador*. Belo Horizonte 13-9/3/1977, 20-6/3/1977, 27/3 a 2/4/1977, 3-9/4/1977.

MARTINS, Wilson. "Eu Marília...". ————. *História da inteligência brasileira 1500-1794)*. v. 1. São Paulo, Cultrix/Ed. da Universidade de São Paulo, 1978. p. 537-54.

MEIRELES. Cecília. "Um enigma do século XVIII: Antônio Diniz da Cruz e Silva". *Proceedings of the International Coloquium on Luso-Brazilian Studies*. Nashville, 1953. p. 161-4.

MERQUIOR, José Guilherme. "As idéias e as formas". ————. *As idéias e as formas*. 2. ed. Rio de Janeiro, Nova Fronteira, 1981. p. 15-27.

MINAS GERAIS. *Suplemento Literário*. Manuel Rodrigues Lapa; número especial organizado por Rui Mourão. Belo Horizonte 9 (443): 12 p., 1º/3/1975; 10 (444): 12 p., 8/3/1975.

OLIVEIRA, Myriam Andrade Ribeiro de. "O rococó e a sociedade mineira na 2ª metade do século XVIII". *Análise & Conjuntura*. Inconfidência Mineira e Revolução Francesa — Bicentenário: 1789/1989. Belo Horizonte, Fundação João Pinheiro, 4 (2-3): 173-9, maio/dez. 1989.

PAULA, João Antônio de. "A Inconfidência Mineira: revolução e limites". *Análise & Conjuntura*. Inconfidência Mineira e Revolução Francesa – Bicentenário: 1789/1989. Belo Horizonte, Fundação João Pinheiro, 4 (2-3): 37-49, maio/dez. 1989.

PAZ, Octavio. "Poesia e história". ————. *O arco e a lira*. Trad. Olga Savary. 2. ed. Rio Janeiro, Nova Fronteira, 1982. p. 223-305. (Coleção Logos).

PROUST, J. "História social e história literária". *A história social: problemas, fontes e métodos*: colóquio da Escola Normal Superior de Saint-Cloud (15-16 de maio de 1965). Trad. Maria Antonieta Magalhães Godinho. Lisboa, Cosmos, 1973. p. 301-9. (Coleção Coordenadas).

QUIRINO, Célia Galvão. "Inconfidentes mineiros: versos ternos, palavras duras". *Análise & Conjuntura*. Inconfidência Mineira e Revolução Francesa – Bicentenário: 1789/1989 – Belo Horizonte, Fundação João Pinheiro, 4 (2-3): 314-22, maio/dez. 1989.

RIBEIRO, João. "Paralelismos literários. Bocage. Castilho. Gregório de Matos. Gôngora. Gonzaga e Anacreonte". *O fabordão: crônica de vário assunto*. 2. ed. Rio de Janeiro, Liv. São José, 1964. p. 299-327.

RIBEIRO, Joaquim. "As 'Cartas chilenas' e o 'Hissope' (tese de apocrifia)". *Revista Filológica*. Rio de Janeiro, 9: 11-13, 1941.

RIBEIRO, Renato Janine. "Da moral da história às histórias científicas: uma revolução no conhecimento". *Análise & Conjuntura*. Inconfidência Mineira e Revolução Francesa – Bicentenário: 1789/1989. Belo Horizonte, Fundação João Pinheiro, 4 (2-3): 227-41, maio/dez. 1989.

ROSENFELD, Anatol. "Literatura e personagem". ———— *et alii*. *A personagem de ficção*. 5. ed. São Paulo, Perspectiva, 19/6. p. 11-49. (Coleção Debates, 1).

ROSENFELD, Anatol & GUINSBURG, J. "Romantismo e classicismo". GUINSBURG J. (org.). *O romantismo*. São Paulo, Perspectiva, 19-8. p. 261-74. (Coleção Stylus, 3).

SCHWARZ, Roberto. "Nacional por subtração". ————. *Que horas são? ensaios.* São Paulo, Companhia das Letras 1987. p. 29-49.

SILVA, Maria Beatriz Nizza da. "Educação feminina e educação masculina no Brasil colonial". *Revista de História.* São Paulo, 55 (109): 149-64, jan./mar. 1977.

————. "O pensamento científico no Brasil na segunda metade do século XVIII". *Ciência e Cultura.* São Paulo, 40 (9): 859-68, set. 1988.

SOUZA, Laura de Mello e. "Os ricos, os pobres e a revolta nas Minas do século XVIII (1707-1789)". *Análise & Conjuntura.* Inconfidência Mineira e Revolução Francesa – Bicentenário: 1789/1989. Belo Horizonte, Fundação João Pinheiro, *4* (2-3): 31-6, maio/dez. 1989.

STAROBINSKI Jean. "A literatura". LE GOFF, J. & NORA, P. (dir.). *História: novas abordagens.* Trad. Henrique Mesquita. Rio de Janeiro, Francisco Alves, 1976. p. 132-43.

VOVELLE Michel. "Pertinência e ambigüidade do testemunho literário". ———— —. *Ideologias e mentalidades.* Trad. Maria Julia Goldwasser. São Paulo, Brasiliense, 1987. p. 48-64.

WELLEK, René. "Neoclassicismo e as novas tendências da época". ————. *História da crítica moderna;* I – século XVIII. Trad. Lívio Xavier. São Paulo, Herder/Ed. da Universidade de São Paulo, 1967. p. 11-27.

WILLIAMS Raymond. "Literatura". ————. *Marxismo e literatura.* Trad. Waltensir Dutra. Rio de Janeiro, Zahar, 1979. p. 50-9.

ZERNER Henry. "A arte". LE GOFF, J. & NORA P. (dir.). *História: novas abordagens.* Trad. Henrique Mesquita. Rio de Janeiro, Francisco Alves, 1976. p.144-59.

3. DICIONÁRIOS E OBRAS SUBSIDIÁRIAS

AULETE, Júlio Caldas. *Dicionário contemporâneo da língua portuguesa.* 3. ed. 5 v. Rio de Janeiro, Delta, 1980.

BLAKE, Augusto Vitorino Alves Sacramento. *Dicionário bibliográfico brasileiro.* 7 v. Rio de Janeiro, Tipogratia Nacional, 1883-1902.

BLUTEAU, Rafael. *Vocabulário português e latino.* 10 v. Coimbra, Coleção das Artes da Companhia de Jesus, 1712-27.

CABRAL Tomé. *Novo dicionário de termos e expressões populares.* 2 ed. Fortaleza, Ediçoes UFC, 1982.

CAMPOS, Geir. *Pequeno dicionário de arte poética.* Rio de Janeiro, Conquista, 1960.

CARPEAUX, Otto Maria. *Pequena bibliografia crítica da literatura brasileira.* Rio de Janeiro, MEC, 1951.

CHEVALIER, Jean & GHEERBRANT, Alain (org.). *Dicionário de símbolos: mitos, sonhos, costumes gestos, formas, figuras, cores, números*. Trad. Vera da Costa e Silva *et alii*. Rio de Janeiro, José Olympio, 1988.

ENCICLOPÉDIA BRASILEIRA. *Biblioteca de obras subsidiárias*. Introdução ao estudo da literatura brasileira. Rio de Janeiro, MEC/INL, 1963. (Série A. Assuntos Brasileiros. 8. Arte e Literatura. Síntese Crítico-Histórica; Brito Broca; Bibliografia: J. Galante de Souza).

FERREIRA, Aurélio Buarque de Holanda. *Novo dicionário da língua portuguesa*. 2. ed. rev. aum. Rio de Janeiro, Nova Fronteira, 1986.

FIGUEIREDO, Cândido de. *Novo dicionário da língua portuguesa*. Nova ed. ref., cor. copiosamente aum. 2 v. Lisboa, Liv. Clássica Ed., 1913.

GONZAGUEANA DA BIBLIOTECA NACIONAL. Catálogo org. pelo bibliotecário Gaudie Ley. *Anais da Biblioteca Nacional*. Rio de Janeiro, v. XLIX, p. 411-92.

JULIA, Didier. *Dicionário da filosofia*. Trad. José Américo da Motta Pessanha. Rio de Janeiro, Ed. Larousse do Brasil, 1969. (Dicionários do Homem do Século XX).

MORAES, Rubens Borba de. *Bibliografia brasileira do período colonial: catálogo das obras dos autores nascidos no Brasil e publicadas antes de 1808*. São Paulo Instituto de Estudos Brasileiros, 1969. (Publicações do Instituto de Estudos Brasileiros, 9).

NASCENTES, Antenor. *Dicionário etimológico resumido*. Rio de Janeiro, MEC/INL, 1966. (Coleção Dicionários Especializados, 1)

OLIVEIRA, Alberto de. Edições de Marília de Dirceu. *Revista de Língua Portuguesa*. 5 (26): 81-5, 10 nov. 1923.

SERRÃO, Joel. *Dicionário de história de Portugal*. 8 v. Porto, Livraria Figueiras, 1981.

SILVA, Antônio de Moraes. *Dicionário da língua portuguesa*. Recopilado dos vocabulários impressos até agora, e nesta segunda edição novamente emendado, e muito acrescentado. 2 v. Lisboa, Lacerdina, 1813.

SILVA, Inocêncio Francisco da. *Dicionário bibliográfico português*. 7 v. Lisboa, Imprensa Nacional, 1858-62.

VIEIRA, Domingos, Frei. *Grande dicionário português ou tesouro da língua portuguesa*. 5 v. Porto, F. Chardron e B. H. de Moraes, 1871-4.

4. FONTES PRIMÁRIAS

4.1. Impressas

ALVARENGA, Manoel Inácio da Silva. *Antologia e crítica*. Org. Fritz Teixeira de Sales. Brasília, Coordenada, 1972. 170 p. (Coleção Antologia e Crítica, 2).

———. *Glaura: poemas eróticos.* Pref. Afonso Arinos de Melo Franco. Rio de Janeiro. Imprensa Nacional, 1943. 255 p. (MEC/INL, Biblioteca Popular Brasileira, XVI).

BARBOSA, Domingos Caldas. *Viola de Lereno.* Pref. Francisco de Assis Barbosa. 2 v. Rio de Janeiro, Imprensa Nacional, 1944. 388 p. (MEC/INL, Biblioteca Popular Brasileira, XIV, XV).

BOCAGE, Manuel Maria Barbosa du. *Poemas.* Sel. org. José Lino Grünewald. Rio de Janeiro, Nova Fronteira, 1987. 342 p.

COSTA, Cláudio Manoel da. *Obras poéticas de Cláudio Manuel da Costa (Glauceste Satúrnio)*; nova edição contendo a reimpressão o que deixou inédito ou anda esparso, e um estudo sobre sua vida e obras por João Ribeiro da Academia Brasileira. 2 v. Rio de Janeiro, H. Garnier, 1903. 632 p.

DOCUMENTO DL. COSTA, Mário Alberto Nunes (org.). *Documentos para a história da Universidade de Coimbra (1750-1772).* v. 2. Coimbra, Universidade de Coimbra, 1961. p. 251-6.

GARÇÃO, Pedro Antônio Correia. *Cantata de Dido e outros poemas.* Sel. pref. notas António Correia de A. e Oliveira. 2. ed. Lisboa, Liv. Clássica Ed., 1965. 88 p. (Clássicos Portugueses – Trechos Escolhidos. Século XVIII – Poesia).

GONZAGA, Tomás Antônio. *Cartas chilenas* (treze) em que o poeta Critilo conta a Doroteu os fatos de Fanfarrão Minésio, governador do Chile. Copiadas de um antigo manuscrito de Francisco Luiz Saturnino da Veiga, e dadas a luz com uma introdução por Luiz Francisco da Veiga. Rio de Janeiro, Eduardo e Henrique Laemmert, 1863. 223 p.

———. *Marília de Dirceu,* por T. A. G. Lisboa. Tipografia Nunesiana, 1792. 118 p. (Com Licença da Real Mesa da Comissão Geral sobre o Exame, e Censura dos Livros).

———. *Marília de Dirceu,* por T. A. G. Segunda Parte. Lisboa, Oficina Nunesiana 1799. 108 p. (Com Licença da Mesa do Desembago do Paço).

———. *Marília de Dirceu,* por T. A. G. Terceira Parte. Lisboa, Oficina de Joaquim Tomás de Aquino Bulhões, 1800. 110 p. (Com Licença da Mesa do Desembargo do Paço).

———. *Marília de Dirceu,* por T. A. G. Segunda Parte. 2. ed. mais acrescentada. Lisboa, Oficina Nunesiana, 1802. 108 p. (Com Licença da Mesa do Desembargo do Paço).

———. *Marília de Dirceu,* por T. A. G. Primeira Parte. Nova ed. Rio de Janeiro, Impressão Régia, 1810. 118 p. (Com Licença de S. A. R.).

————. *Marília de Dirceu*, por T. A. G. Segunda Parte. Nova ed. Rio de Janeiro, Impressão Régia, 1810. 108 p. (Com Licença de S. A. R.).

————. *Marília de Dirceu*, por T. A. G. Terceira Parte. Nova ed. Rio de Janeiro, Impressão Régia, 1810. 110 p. (Com Licença de S. A. R.).

————. *Marília de Dirceu*, por T. A. G. Partes I e II. Nova ed. Lisboa, Tipografia Lacerdina 1811. 226 p. (Com Licença da Mesa do Desembargo do Paço).

————. *Marília de Dirceu*. Terceira Parte. Lisboa, Impressão Régia, 1812. 71 p. (Com Licença).

————. *Marília de Dirceu*. Nova ed. mais correta e aumentada de uma introdução histórica e biográfica pelo Dr. J. M. P. da Silva. Rio de Janeiro, Eduardo e Henrique Laemmert, 1845. 242 p.

————. *Marília de Dirceu*; liras de Tomás Antônio Gonzaga precedidas de uma notícia biográfica e do juízo crítico dos autores estrangeiros e nacionais e das liras escritas em resposta às suas e acompanhadas de documentos históricos por J. Norberto de Sousa S. Ornada de uma estampa. 2 T. Rio de Janeiro, Liv. B. L. Garnier, 1862. 695 p.

————. *Marília de Dirceu e mais poesias*. Pref. notas Manuel Rodrigues Lapa. Lisboa, Sá da Costa, 1937. 267 p. (Coleção de Clássicos Sá da Costa).

————. *Obras completas de Tomás Antônio Gonzaga*. Ed. crítica Manuel Rodrigues Lapa. São Paulo, Companhia Editora Nacional, 1942. 556 p. (Livros do Brasil, v. 5).

————. *Poesias. Cartas chilenas*. Ed. crítica Manuel Rodrigues Lapa. Rio de Janeiro, MEC/INL, 1957. 325 p. (Obras Completas de Tomás Antônio Gonzaga, v. 1).

————. *Tratado de direito natural. Carta sobre a usura. Minutas. Correspondência. Documentos*. Ed. crítica Manuel Rodrigues Lapa. Rio de Janeiro, MEC/INL, 1957. 364 p. (Obras Completas de Tomás Antônio Gonzaga, v. II).

HOLANDA, Sérgio Buarque de. *Antologia dos poetas brasileiros da fase colonial*. São Paulo, Perspectiva, 1979. 516 p. (Coleção Textos, 2).

PEIXOTO, Inácio José de Alvarenga. *Vida e obra de Alvarenga Peixoto*. Pref. Manuel Rodrigues Lapa. Rio de Janeiro, MEC/INL, 1960. 307 p. (Coleção B3, Biografia IV).

POESIA ARCÁDICA PORTUGUESA. Sel. Lênia Márcia de Medeiros Mongelli. São Paulo, Global, 1985. 133 p. (Coleção Literatura em Perspectiva)

POETAS PRÉ-ROMÂNTICOS. Sel. intr. notas Jacinto do Prado Coelho. Coimbra, Atlântida, 1961. 91 p. (Coleção Literária "Atlântida", 8).

SATÍRICOS PORTUGUESES. *Coleção de poemas herói-cómico-satíricos*. Nova ed. com introdução crítica e anotações de João Ribeiro. Rio de Janeiro, H. Garnier, 1910. 307 p.

SILVA, José Bonifácio de Andrada e. *Poesias*. Edição fac-similar da príncipe, de 1825, extremamente rara; com as poesias ajuntadas na edição de 1861, muito rara; com uma contribuição inédita. Rio de Janeiro, Publicações da Academia Brasileira, 1942. 187 p.

UMA RARIDADE BIBLIOGRÁFICA: o Canto Encomiástico de Diogo Pereira Ribeiro de Vasconcellos impresso pelo Padre José Joaquim Viegas de Menezes, em Vila Rica, 1806. Edição fac-similar com Estudo Histórico Biobibliográfico de Lygia da Fonseca Fernandes da Cunha. Rio de Janeiro/São Paulo, Biblioteca Nacional/Gráfica Brasileira, 1986. 69 p.

VARNHAGEN, Francisco Adolfo de. *Florilégio da poesia brasileira*; ou coleção das mais notáveis composições dos poetas brasileiros falecidos, contendo as biografias de muitos deles, tudo precedido de um estudo histórico sobre as letras no Brasil. 3 T. Rio de Janeiro, Academia Brasileira de Letras, 1946. 1.201 p. (Coleção Afrânio Peixoto. 1 – Literatura).

4.2. Manuscrito

Ofício do Ouvidor Geral Tomás Antônio Gonzaga aos Oficiais da Câmara de Vila Rica, de 1786. *Documento n.º 17 da Coleção Inconfidentes (Reservada)*. Belo Horizonte, Arquivo Público Mineiro.

ÍNDICE REMISSIVO

absolutismo *ver* Estado absolutista
Academia Real de História, 231, 328
Aguiar, Melânia Silva de, 301, 308
Albertoni, Ettore, 327
Almeida Garret, João Baptista de, 151, 152, 301, 318, 334
Almeida, Nicolau Tolentino de *ver* Tolentino
Almeida, Teodoro de, 306
Aminta (Torquato Tasso), 317
Amora, Antônio Soares, 88, 127, 316
Anacreonte, 201, 242, 269, 270, 302, 324, 336
Andrada e Silva, José Bonifácio de, 310
animismo, 20, 52, 53, 89, 92, 94, 96, 309, 310
anticlericalismo, 84, 95, 99
Antigo Regime, 40, 211, 315, 317, 326
Antigo Testamento *ver* Bíblia
Antigüidade Clássica, 150, 236, 243, 269, 283

Antônio Diniz *ver* Cruz e Silva, Antônio Diniz da
Araripe Júnior, Tristão de Alencar, 302, 324, 325
Arcádia Lusitana, 94, 95, 255, 300, 309, 334
Arcádia Romana, 94, 95
Arcadismo, 20, 33, 38, 43, 52, 53, 69, 84, 88, 89, 92, 94, 95, 96, 127, 149, 150, 181, 187, 199, 235, 236, 238, 239, 244, 250, 251, 252, 253, 254, 255, 256, 257, 259, 263, 268, 271, 277, 284, 292, 301, 309, 310, 316, 318, 330, 333, 334; *ver também* Gonzaga, Tomás Antônio
Aristóteles, 67, 191, 226, 228
Arte poética (Cândido Lusitano), 268, 310
Arte poética (Garção), 336
Arte poética (Pina e Melo), 268
Astréia (Honoré d'Urfé), 317

ateísmo, 51, 60, 66, 307
Auerbach, Erich, 300
Autos da Devassa, 311

Bajo, 67
Bakhtin, Mikhail, 12, 330
Bandeira, Manuel, 314, 325
Barbacena, visconde de, 149
Barbosa, Antônio Soares, 306
Barroco, 187, 249, 251, 256, 259, 260, 271, 284, 292, 301, 303, 325, 332
   conceptismo, 249, 256, 259, 271, 292, 295
   cultismo, 256, 259
Basílio da Gama, José, 37
Bayle, Pierre, 229, 327
Bíblia, 88, 114, 115, 117, 168, 169, 170, 223, 224, 225, 227, 228, 237, 283
Bobbio, Norberto, 300, 304, 313, 319
Bocage, Manuel Maria Barbosa du, 34, 96, 246, 249, 318, 332
Bodin, 109, 117, 124, 313, 322
Bosi, Alfredo, 38, 302, 317, 325
Braga, Teófilo, 201, 299, 309, 314
Brasil, 19, 28, 29, 64, 76, 143, 189, 197, 205, 207, 213, 220, 255, 263, 285, 298
Buarque de Hollanda, Sérgio, 315
Bucero, 67
bucólica, poesia *ver* pastoral, poesia
Buescu, Maria Leonor, 336
burguesia, 34, 151, 198, 207, 208, 210, 211, 213, 214, 290, 300, 317, 322, 325, 326
Burlamaque, 16, 108, 110, 111, 233

Caldas, Souza, 310
Calvino, 67
Camões, Luís Vaz de, 89, 299, 334
Candido, Antonio, 36, 43, 128, 194, 201, 255, 257, 260, 274, 333, 334
Canto Encomiástico (Diogo de Vasconcelos), 310
Carrato, J. F., 96, 306, 308, 311, 316
Carta sobre a usura (Tomás Antônio Gonzaga), 26, 298
Cartas chilenas (Tomás Antônio Gonzaga), 13, 14, 15, 17, 19, 26, 28, 30, 33, 38, 44, 51, 52, 67, 69, 83, 84, 92, 94, 98, 99, 104, 105, 126, 127, 128, 129, 130, 142, 144, 160, 162, 166, 176, 177, 187, 198, 212, 220, 221, 236, 238, 239, 240, 242, 245, 250, 251, 252, 253, 257, 259, 264, 266, 272, 275, 282, 284, 290, 292, 294, 295, 297, 298, 299, 302, 303, 307, 308, 316, 321, 329, 330, 331, 332
   como poema híbrido, 257, 283
   concepção das instâncias públicas e privadas nas, 176, 177, 178, 180, 181, 182, 183, 185
   concepção de tempo e de história nas, 236, 237, 238, 239, 240, 241, 242, 243, 244, 245, 246, 247, 248, 249, 250, 251, 252
   noções de sociedade e política nas, 126, 127, 128, 129, 130, 131, 132, 133, 134, 135, 136, 137, 138, 139, 140, 141, 142, 143, 144, 145
   princípios teológicos nas (questão da punição divina), 69, 70, 71,

72, 73, 74, 75, 76, 77, 78, 79, 80, 81, 82, 83, 84, 85
relações entre a Inconfidência e as, 311
— personagens (*Cartas chilenas*) *Alceu*, 183, 321; *Alcimidonte*, 184, 187, 321; *Critilo*, 26, 30, 31, 44, 67, 70, 71, 72, 74, 75, 76, 79, 80, 81, 82, 83, 84, 92, 99, 127, 128, 129, 130, 131, 133, 135, 136, 137, 139, 140, 141, 142, 143, 144, 145, 160, 161, 166, 170, 176, 177, 179, 180, 181, 182, 183, 185, 186, 188, 213, 235, 236, 237, 239, 241, 242, 243, 244, 245, 246, 247, 248, 249, 250, 252, 282, 284, 308, 315, 316, 320, 321, 329, 330, 332; *Doroteu*, 70, 72, 130, 181, 184, 187, 239, 247, 251, 308; *Fanfarrão Minésio*, 26, 44, 70, 71, 72, 73, 74, 75, 77, 78, 79, 80, 81, 84, 98, 130, 132, 133, 134, 135, 136, 137, 140, 142, 143, 145, 162, 176, 177, 178, 179, 180, 181, 182, 183, 184, 202, 213, 236, 237, 238, 240, 241, 242, 243, 245, 247, 248, 249, 250, 276, 308, 315, 320, 330; *Floridoro*, 184, 321; *Josefino*, 184; *Matúsio*, 241; *Nise*, 180; *Robério*, 241, 242, 248, 249, 251
Carvalho, Laerte Ramos de, 329
Carvalho, Ronald de, 301
Cassirer, Ernst, 312, 314, 327
catolicismo, 20, 39, 65, 67, 70, 81, 82, 86, 88, 91, 96, 99, 224, 225, 226, 288, 290
Chaunu, Pierre, 326, 328
Cícero, 225
Classicismo, 257, 259, 303, 309, 310, 333, 334
Cocceo, 58, 170
Coimbra, Universidade de, 14, 54, 59, 64, 65, 66, 306, 310
Conceição, A (Tomás Antônio Gonzaga), 15, 298, 299
Costa, CláudioManuel da, 15, 33, 96, 97, 128, 187, 188, 256, 259, 277, 301, 310, 311, 315, 318, 321, 325, 333; *ver também* Gonzaga, Tomás Antônio
Coutinho, Afrânio, 95, 300, 309, 329
cristianismo, 93, 95, 96, 114, 228, 229, 307
Cristóvão, Fernando, 91, 268, 269, 270, 272, 309, 336
Croce, Benedetto, 254
Cruz e Silva, Antônio Diniz da, 33, 84, 95, 127, 245, 268, 300, 320, 331, 333
Cupido, personagem mitológica, 89, 90, 91, 94, 99, 201, 269, 279, 324
Curti, Nely, 135, 136, 315

d'Urfé, Honoré, 317
Dallenbach, Lucien, 13, 42
De jure naturae et gentium (Pufendórfio), 16
De jure belli (Grócio), 329
Delumeau, Jean, 322
Descartes, René, 256

desertor das letras, O (Silva Alvarenga), 245, 330, 331
despotismo esclarecido, 34, 38, 64, 125, 326, 328
Diderot, Denis, 229, 327
Direito civil, 16, 44, 57, 106, 168, 233, 304
    natural, 15, 29, 31, 40, 44, 45, 55, 56, 57, 60, 61, 62, 65, 98, 99, 104, 106, 107, 108, 109, 111, 112, 119, 121, 123, 127, 160, 161, 171, 191, 222, 223, 224, 228, 233, 235, 258, 266, 275, 276, 287, 291, 304, 306, 327; ver também *Tratado de direito natural* (Tomás Antônio Gonzaga)
    divindades greco-romanas, 88, 89 90, 91, 94, 196, 201, 267, 269, 283, 310, 311, 324
Dom Quixote de la Mancha (Miguel de Cervantes), 243, 244, 245
Dutra, Waltensir, 310, 330

El Criticón (Baltasar Gracián), 244
Elias, Norbert, 150, 151, 315, 317, 335
Elísio, Filinto, 246, 318, 332
Empírico (Sexto Empírico), 225
Enke, cometa de, 70, 71, 307
épica, 243, 318, 319, 330
Epicuro, 66, 67
epistolografia, 181, 244, 250, 329, 331; ver também *Cartas chilenas* (Tomás Antônio Gonzaga)
escolástica, 63, 234, 276, 292, 305
Estado, 173, 191, 192, 202, 207, 208, 209, 210, 211, 230, 276, 290, 304, 317, 325
    absolutista, 16, 17, 30, 54, 57, 119, 120, 121, 123, 124, 125, 171, 231, 276, 287, 304, 305, 313, 331; *ver também* Direito; Hobbes, Thomas; poder público; *Tratado de direito natural* (Tomás Antônio Gonzaga)
Esteves Negrão, Manuel Nicolau, 300
estóicos, 67
Eva, 189, 194, 198

Faria, Alberto, 157, 299, 308, 314
faunos, personagens mitológias, 89, 91
Ferreira, Delson Gonçalves, 314, 316
Ferreira, Francisco Leitão, 268
feudalismo, 210, 300, 326
Filosofia, 40, 222, 230, 305, 307, 309, 335
Freyre, Gilberto, 152, 198, 323
Furtado, Joaci Pereira, 298

Galileu Galilei, 196
Garção, Correia, 33, 95, 246, 268, 329, 336, 337
Genette, Gérard, 42
Genovese, Eugene, 326
Glaura (Silva Alvarenga), 97, 311, 318, 324
Gomes de Carvalho, Teotônio, 300
Gonzaga, Tomás Antônio
    a categoria do sagrado no interior dos textos de, 53, 56, 61, 69, 70, 72, 79, 81, 86, 88, 91, 93, 98, 99, 103, 104

exílio em Moçambique, 14, 29
intertextualidade na obra de, 25, 29, 30, 31, 32, 41, 42, 43, 63, 94, 103, 126, 154, 242, 254, 281, 283, 294, 302, 336
ouvidor em Vila Rica, 14, 15
participação nos episódios da Inconfidência Mineira, 14, 26, 105, 289, 311
professor da Universidade de Coimbra, 54
sagrado versus profano na obra de, 51, 61, 69, 71, 73, 74, 75, 77, 78, 79, 81, 82, 84, 85, 103; ver também Cartas chilenas; Marília de Dirceu; Tratado de direito natural
Gracián, Baltasar, 244, 303, 331
Grócio, Hugo (Huig van Groot), 16, 55, 56, 58, 59, 60, 61, 62, 63, 64, 66, 107, 108, 110, 112, 123, 170, 306, 327, 329
Guarini, Giovanni Battista, 317

hebreus, 225, 228
Hegel, Georg Wilhelm Friedrich, 322
Heinécio, 16, 58, 59, 108, 109, 110, 111, 112, 117, 122, 234, 312
hereges, 51, 66, 67
hierarquia social, 17, 45, 143, 159, 160, 166, 180, 220
Hissope (Antônio Diniz da Cruz e Silva), 84, 99, 245, 252, 320, 331
Hobbes, Thomas, 58, 63, 108, 123, 304, 313; *ver também* Direito natural; Estado absolutista

Horácio, 239, 242, 247, 248, 254, 269, 270, 325, 330
Huss, João, 67

Idade Média, 175, 317
Igreja Católica Romana *ver* catolicismo
Iluminismo, 17, 40, 63, 95, 99, 139, 229, 230, 255, 287, 288, 291, 305, 306, 307, 308, 310, 312, 313, 314, 316, 325, 327, 333, 334
Inconfidência Mineira, 14, 26, 30, 39, 105, 157, 274, 289, 310, 311
intertextualidade
  conceitos de, 41, 42
  na obra de Tomás Antônio Gonzaga, 25, 29, 30, 31, 32, 41, 42, 43, 63, 94, 103, 126, 154, 242, 254, 281, 283, 294, 302, 336
islamismo *ver* maometanos

Jansênio, 67
Jardim, Márcio, 305
Jenny, Laurent, 41
jesuítas, 64, 230, 306, 311, 328
Jesus Cristo, 27, 77, 93, 109, 114, 115, 224, 227, 228
Joaquina de Seixas, Maria Dorotéia, 36, 324, 333
José I, rei de Portugal, 328, 331
Jove, personagem mitológica, 88, 90, 91, 94, 196, 246, 283, 310, 311
Júpiter *ver* Jove, personagem mitológica
jurisprudência, 34, 35, 213, 306
jusnaturalismo, 16, 20, 55, 56, 57, 58, 59, 60, 62, 64, 65, 99, 106, 109, 112, 117, 123, 124, 172, 233, 234, 276, 284, 288, 292, 304, 305, 322;

ver também Direito; *Tratado de direito natural* (Tomás Antônio Gonzaga)

Kristeva, Julia, 41

Lapa, Manuel Rodrigues, 299
Le Goff, Jacques, 302, 313, 315
Lemos, Francisco de, 65, 66
Lettres persanes (Montesquieu), 331
Lima Júnior, Augusto de, 39
lírica, 13, 17, 26, 33, 37, 52, 97, 146, 149, 160, 166, 186, 192, 193, 253, 256, 257, 284, 301, 318, 319, 324, 330, 334
Locke, John, 256
Lopes, Óscar, 34, 85, 256, 310
Lourenço, Eduardo, 328
Lucas, Fábio, 338
Luís XIV, rei da França, 211, 315, 317, 326
Lusitano, Cândido, 95, 268, 269, 310, 336
Lutero, 67
Luzes, época das ver Iluminismo

Macedo, José Agostinho de, 95
Machado de Assis, Joaquim Maria, 36, 301
Machado, Lourival Gomes, 28, 30, 59, 62, 65, 92, 104, 107, 116, 120, 226, 227, 297, 304, 328, 329
Manuel I, rei de Portugal, 231
maometanos, 114, 228
Maria Dorotéia ver Joaquina de Seixas, Maria Dorotéia
Maria I, rainha de Portugal, 33, 65, 86, 93, 99, 147, 148, 187, 190, 231, 276, 314
Marialva (nau portuguesa), 15, 298, 299
Marília de Dirceu (Tomás Antônio Gonzaga), 13, 14, 15, 19, 26, 28, 36, 37, 38, 43, 98, 99, 100, 133, 150, 190, 213, 220, 242, 253, 257, 268, 271, 272, 273, 274, 275, 276, 277, 282, 285, 290, 292, 293, 295, 297, 298, 299, 302, 303, 311, 318, 321, 325, 333, 336
articulação entre história e literatura em, 253, 254, 255, 256, 257, 258, 259, 260, 261, 262, 263, 264, 265, 266, 267, 268, 269, 270, 271, 272, 273, 274, 275, 276, 277, 278, 279, 280
concepção das instâncias públicas e privadas em, 186, 187, 188, 189, 190, 191, 192, 193, 195, 196, 197, 198, 199, 200, 201, 202, 204, 205, 206, 207, 208, 209, 210, 211
concepções sociopolíticas presentes em, 146, 148, 149, 150, 151, 152, 153, 154, 155, 156, 157, 158
personagens de, *Albina*, 188; *Alceste*, 31, 321; *Altéia*, 188; *Dircéia*, 90, 188, 196; *Dirceu*, 26, 30, 33, 36, 37, 43, 44, 79, 87, 89, 90, 91, 92, 93, 99, 100, 151, 152, 153, 154, 155, 157, 158, 160, 161, 166, 169, 170, 177, 186, 187, 189, 192, 193, 194, 195, 196, 199, 200, 201,

202, 203, 204, 205, 208, 209, 211, 213, 214, 242, 254, 260, 262, 263, 264, 267, 268, 270, 271, 272, 273, 276, 278, 279, 280, 282, 284, 293, 297, 321, 324, 325, 331, 336, 337, 338; *Glauceste*, 151, 187; *Laura*, 188, 199, 200, 261; *Marília*, 33, 36, 43, 44, 87, 89, 90, 91, 92, 99, 146, 151, 152, 153, 156, 160, 166, 169, 171, 186, 192, 193, 194, 195, 196, 199, 200, 203, 205, 206, 209, 213, 261, 262, 263, 264, 267, 271, 272, 273, 275, 276, 278, 280, 284, 292, 293, 297, 298, 321, 323, 324, 338; *Nise*, 154, 188, 189; *Ormia*, 188, 189; *Polidoro*, 189 referências mitológicas em, 86, 87, 88, 89, 90, 91, 93, 94, 95, 96, 97

Martins, Wilson, 39, 299, 325

Marxismo e filosofia da linguagem (Mikhail Bakhtin), 12

Matos, João Xavier de, 318

Maxwell, Kenneth, 311, 312

Meireles, Cecília, 11, 331

Mello e Souza, Laura de, 135, 137, 141, 308, 314

Melo Franco, Afonso Arinos de, 300

Melo Franco, Francisco de, 306, 320

Mendonça, Francisco Furtado de, 149

Meneses, Luís da Cunha, 14

Merquior, José Guilherme, 38, 302, 324

metáforas, 70, 92, 94, 139, 147, 190, 192, 195, 205, 222, 240, 260, 322

Minas Gerais, 11, 14, 15, 37, 100, 105, 137, 143, 157, 187, 235, 256, 308, 314, 316

Miranda, Sá de, 334

mitologia, 82, 87, 88, 89, 91, 92, 94, 95, 96, 99, 100, 189, 193, 256, 267, 269, 303, 309, 310

Montesquieu, Charles-Louis de Secondat, barão de, 331

moral, 58, 72, 81, 107, 109, 113, 121, 122, 130, 133, 149, 166, 171, 172, 178, 179, 189, 214, 238, 242, 246, 247, 255, 256, 259, 273, 281, 282, 290, 330, 331; ver também *Cartas chilenas*; *Tratado de direito natural* (Tomás Antônio Gonzaga)

Mumford, Lewis, 191

narradores, 81, 144, 176, 177, 181, 184, 242, 245, 250, 320

Nascimento, Francisco Manuel do, 311

Nero, imperador romano, 237

ninfas, personagens mitológicas, 52, 89

nobreza de sangue, 44, 45, 140, 141, 142, 159, 161, 207

Nola, Alfonso di, 51, 69

Nova arte dos conceitos (Francisco Leitão Ferreira), 268

Novo Testamento *ver* Bíblia

Oliveira Martins, Joaquim Pedro de, 328

Osório, João de Castro, 30, 104, 105, 302, 324

Paim, Antônio, 63, 305, 314

Pandora, personagem mitológica, 189, 194

Pantagruel (François Rabelais), 324
Pastor Fido (Giovanni Guarini), 317
pastoral, poesia, 127, 128, 150, 158, 201, 255, 257, 260, 263, 264, 317, 334
  dramas pastoris, 150, 317; ver também *Marília de Dirceu* (Tomás Antônio Gonzaga)
Paulo, São, apóstolo, 109, 121, 225
Paz, Octavio, 323
Pedro, São, apóstolo, 77
Peixoto, Alvarenga, 15, 33, 96, 256, 311, 315, 321
Petrarca, 242, 254, 269, 270, 302, 334
Platão, 67
Plínio, 114, 228
poder público, 168, 173, 174, 176, 326; *ver também* Estado
poesia como pintura, 147, 149, 153, 239, 240, 242, 245, 268, 272, 284, 295, 337; ver também *Cartas chilenas*; *Marília de Dirceu* (Tomás Antônio Gonzaga)
poesia épica *ver* épica
poesia lírica *ver* lírica
poesia pastoral *ver* pastoral, poesia
poesia satírica *ver* sátira
politeísmo, 20, 53, 67, 88, 96, 309
Pombal, marquês de, 39, 54, 56, 59, 63, 125, 232, 305, 311, 320, 328
  expulsão dos jesuítas, 64
  período pombalino, 63, 65, 148, 230, 233, 328
  pombalismo, 63, 64, 124, 304
  reformas e políticas pombalinas, 231, 232, 288, 305
Portugal, 19, 20, 28, 34, 59, 64, 74, 77, 94, 99, 100, 189, 197, 202, 207, 210, 211, 213, 220, 221, 230, 233, 234, 250, 255, 256, 263, 282, 286, 300, 304, 305, 314, 320, 322, 328, 331, 332, 334, 338
Princípios (Burlamaque), 111
pseudo-Longino, 336
Pufendórfio (Samuel de Pufendorf), 16, 55, 58, 62, 63, 64, 66, 107, 108, 110, 112, 117, 118, 120, 170

Quirino, Célia Galvão, 305, 316

Rabelais, François, 324
Recreação filosófica (Teodoro de Almeida), 306
reino da estupidez, O (Francisco de Mello Franco), 306, 320, 331
Renascimento, 89, 150, 303, 310
retórica, 34, 35, 175, 282, 300, 310, 327, 336
Ribeiro, João, 301, 306
Ribeiro, Joaquim, 308, 309
Richardou, Jean, 42
Robledo, Antonio Gómez, 305
Rodrigues Lapa, Manuel, 15, 29, 84, 96, 104, 136, 149, 206, 207, 252, 297, 299, 307, 308, 316, 321
Romanceiro da Inconfidência (Cecília Meireles), 11
Romantismo, 38, 151, 301, 335
Romero, Sílvio, 152, 318, 333, 337
Rosenfeld, Anatol, 307, 334
Rousseau, Jean-Jacques, 327

Sagradas Escrituras *ver* Bíblia
Saraiva, António José, 34, 85, 95, 256, 310

sátira, 13, 14, 15, 32, 38, 52, 84, 99, 104, 127, 238, 241, 243, 245, 247, 248, 314, 330, 333; ver também *Cartas chilenas* (Tomás Antônio Gonzaga)
Sêneca, 225, 226
Silva Alvarenga, Manuel Inácio da, 33, 97, 311, 321, 324, 330
Silva, Francisco Xavier da, 324
Silva, Joaquim José da (sapateiro Silva), 321, 332
sociedade civil, 17, 45, 107, 112, 113, 116, 117, 119, 120, 130, 145, 160, 172, 173, 220, 223, 224, 228, 289, 290, 295; *ver também* Direito; *Tratado de direito natural* (Tomás Antônio Gonzaga)
sociedade cristã, 45, 107, 112, 114, 115, 116, 119, 145, 161, 173, 224, 233, 289; ver também *Tratado de direito natural* (Tomás Antônio Gonzaga)
Sócrates, 225
Souza Silva, Joaquim Norberto de, 89, 298, 309, 318, 321
Spinoza, Baruch, 67
Staiger, Emil, 318, 334
Starobinski, Jean, 7, 302
Suetônio, 228
Sussekind, Flora, 333

Tácito, 114, 228
Tasso, Torquato, 254, 317, 336
Teócrito, 269, 270
Tiradentes (Joaquim José da Silva Xavier), 157
Todorov, Tzvetan, 302

Tolentino, 128, 238, 250, 329, 331
Tomás Antônio Gonzaga e o direito natural (Lourival Gomes Machado), 28, 297
topoi recorrentes na poesia clássica e árcade:
   aurea mediocritas, 202, 214, 269, 321
   auri sacra fames, 269, 321
   carpe diem, 269, 270, 271, 336
   fugere urbem, 127, 150, 151, 290, 318
   locus amoenus, 269, 270
Tratado de direito natural (Tomás Antônio Gonzaga), 12, 13, 14, 15, 19, 26, 27, 28, 39, 44, 51, 54, 63, 99, 104, 127, 144, 166, 168, 170, 187, 191, 212, 220, 222, 264, 266, 275, 282, 283, 284, 289, 292, 297, 299, 303, 304, 306, 320, 335
   concepção das instâncias públicas e privadas no, 168, 169, 170, 171, 172, 173, 174, 175
   concepção de tempo e de história inerente ao, 222, 223, 224, 226, 228, 229, 230, 231, 232, 234
   Deus como categoria central do, 54, 55, 56, 57, 59, 60, 61, 62, 63, 64, 66, 67, 68, 222, 223, 224, 225, 226, 227, 228, 229, 233
   noções de sociedade e política no, 106, 107, 108, 109, 110, 111, 112, 113, 114, 115, 116, 117, 118, 119, 120, 121, 122, 123, 124; *ver também* Direito; Estado; sociedade civil e sociedade cristã

Tratado do sublime (pseudo-Longino), 336
Tratado elementar de filosofia moral (Antônio Soares Barbosa), 306
Tratado sobre a educação (Tomás Antônio Gonzaga), 298

utopia, 52, 89, 150, 154, 221, 290

Vasconcelos, Diogo Pereira Ribeiro de, 310
Vênus, personagem mitológica, 91, 201, 310, 324
Verdadeiro método de estudar (Luís Antônio Verney), 34, 64
Veríssimo, José, 38, 301
Verney, Luís Antônio, 34, 64, 95, 306, 307, 310, 323, 336
Vila Rica (Cláudio Manuel da Costa), 128, 318

Vila Rica (Minas Gerais), 14, 15, 28, 71, 105, 127, 128, 130, 151, 155, 198, 202, 256, 290, 307, 316, 321
Virgílio, 243, 269, 336
Voltaire (François-Marie Arouet), 229, 316, 326, 327, 330

Watteau, Jean-Antoine, 309, 337
Wellek, René, 332, 333
Williams, Raymond, 324
Wolfius, 66

Xavier, Joaquim José da Silva *ver* Tiradentes

Zéfiro, personagem mitológica, 89
Zenon (Zenão de Cício), 226

Este livro, composto na fonte Fairfield
e paginado por Alves e Miranda Editorial,
foi impresso em pólen soft 80g na Imprensa da Fé.
São Paulo, Brasil, no verão de 2004